BATALHA ESPIRITUAL

— PARA VENCER O —

MEDO

— E A —

ANSIEDADE

DRA. CAROL PETERS-TANKSLEY

BATALHA ESPIRITUAL

— PARA VENCER O —

MEDO

— E A —

ANSIEDADE

Tradução:
Maurício Bezerra Santos Silva

THOMAS NELSON
BRASIL®

2023

Título original: *Overcoming Fear and Spiritual Anxiety Through Spiritual Warfare*

Copyright © 2017 Carol Peters-Tanksley
Edição original por Charisma House.
Todos os direitos reservados.
Copyright de tradução © Vida Melhor Editora LTDA., 2018. As citações bíblicas são da *Nova Versão Internacional* (NVI), da Biblica, Inc., a menos que seja especificada outra versão da Bíblia Sagrada.

Os pontos de vista desta obra são de responsabilidade de seus autores e colaboradores diretos, não refletindo necessariamente a posição da Vida Melhor,, da HarperCollins Christian Publishing ou de sua equipe editorial.

PUBLISHER	*Omar de Souza*
GERENTE EDITORIAL	*Samuel Coto*
EDITOR	*André Lodos Tangerino*
ASSISTENTE EDITORIAL	*Bruna Gomes*
COPIDESQUE	*Fernanda Silveira*
REVISÃO	*Jean Xavier e Francine de Souza*
DIAGRAMAÇÃO	*Julio Fado*
CAPA	*Rafael Brum*

CIP-BRASIL. CATALOGAÇÃO NA PUBLICAÇÃO
SINDICATO NACIONAL DOS EDITORES DE LIVROS, RJ

P575b

Peters-Tanksley, Carol
  Batalha espiritual para vencer o medo e a ansiedade / Carol Peters-Tanksley ; tradução Maurício Bezerra Santos Silva. - 1. ed. - Rio de Janeiro : Thomas Nelson Brasil, 2018.
  256 p. ; 23 cm.

  Tradução de: Overcoming fear and spiritual anxiety through spiritual warfare
  ISBN 9788578603564

  1. Ansiedade - Aspectos religiosos - Cristianismo. 2. Medo - Aspectos religiosos - Cristianismo. 3. Vida cristã. 4. Fé. I. Silva, Maurício Bezerra Santos. II. Título.

18-49985 CDD: 248.86
          CDU: 27-584

Meri Gleice Rodrigues de Souza - Bibliotecária CRB-7/6439

Thomas Nelson Brasil é uma marca licenciada à Vida Melhor Editora LTDA.
Todos os direitos reservados à Vida Melhor Editora LTDA.
Rua da Quitanda, 86, sala 218 – Centro
Rio de Janeiro – RJ – CEP 20091-005
Tel.: (21) 3175-1030
www.thomasnelson.com.br

Este livro foi impresso pela Vozes, em 2023, para a Thomas Nelson Brasil.
O papel do miolo é avena 70g/m², e o da capa, cartão 250 g/m².

Ao Wil,
por ser a luz de Cristo para mim durante a minha jornada pessoal do medo e da ansiedade para a vida plena.

Sumário

Agradecimentos 9
Introdução 11

PARTE I. O PROBLEMA DO MEDO E DA ANSIEDADE

Capítulo 1. O que há de errado comigo? 19
Capítulo 2. Causas físicas do medo e da ansiedade 34
Capítulo 3. Situações que causam medo e ansiedade 51
Capítulo 4. O papel da mente 67
Capítulo 5. O papel do estilo de vida 83
Capítulo 6. Raízes espirituais do medo e da ansiedade 102

PARTE II. O QUE A BÍBLIA DIZ

Capítulo 7. "Não andem ansiosos por coisa alguma" 121
Capítulo 8. "Não tenha medo" 135
Capítulo 9. Como Jesus tratou o medo 149

PARTE III. ESTRATÉGIAS DE BATALHA ESPIRITUAL PARA DERROTAR O MEDO E A ANSIEDADE

Capítulo 10. Estratégia um: guarde seu coração 167
Capítulo 11. Estratégia dois: não se isole 182

Capítulo 12. Estratégia três: fale! 196
Capítulo 13. Estratégia quatro: não tenha medo 213
Capítulo 14. Estratégia cinco: envolva-se na adoração 226
Capítulo 15. Estratégia seis: ande em vitória 239

Notas 251
Sobre a autora 256

Agradecimentos

O período de gestação é maior para alguns livros do que para outros. Este livro em particular teve um processo de elaboração de quase dez anos. Pensar nas várias pessoas que ajudaram a torná-lo realidade me traz um sentimento profundo de gratidão.

Em primeiro lugar, quero agradecer pelo programa de doutorado em ministério da Oral Roberts University, pois foi durante o período do curso que fiz boa parte do estudo e da pesquisa dos princípios fundamentais que estão por trás das ideias deste livro.[1] Não posso deixar de agradecer de forma especial ao diretor do curso, dr. Kenneth Mayton, pela sua sabedoria; ao meu supervisor, o dr. Ed Decker, por me desafiar continuamente; e ao dr. Thomson Mathew, que era o diretor da Escola de Teologia e Missões na época, pelo seu apoio gentil e pelo seu exemplo inigualável de excelência cristã. Quero estender meu agradecimento à faculdade, pois a orientação ali recebida me permitiu ver as sementes desse projeto dando frutos valiosos; além disso, a confiança depositada em mim foi decisiva para que me tornasse a profissional que sou atualmente.

Agradeço ao pastor Henry Adams e à igreja Believers Christian Center, onde parte desse material foi apresentada pela primeira vez. A agradável acolhida e o *feedback* honesto que vocês ofereceram abençoaram-me e aperfeiçoaram este material.

Sou muito grata a Ann Byle, minha agente literária, por me ajudar a ter uma visão equilibrada em meio aos dias difíceis e incentivar-me quando precisei. Agradeço também a Tim Beals e à Credo Communications por sua influência sempre presente na minha carreira de escritora.

Deixo registrado meu agradecimento a Maureen Eha, minha editora na Charisma House, por perceber o potencial deste livro e confiar em minha capacidade de escrevê-lo. Sem seu estímulo e sem sua orientação experiente, ele não teria ficado tão bom. Agradeço também ao pessoal da Charisma House que foi crucial para o lançamento, especialmente a Megan Turner, Ann Mulchan e Debbie Marrie.

Um agradecimento amoroso ao meu marido, Al Tanksley, que partiu para junto do Senhor um pouco antes de eu começar a escrever este livro. Até hoje você é, e sempre será, minha inspiração. A confiança que você depositou em mim me deu forças para prosseguir e levar essa mensagem a quem precisa; além disso, tenho uma vontade enorme de reencontrá-lo em breve, em um lugar onde não haverá lágrimas, nem ansiedade, nem morte.

Em um sentido muito profundo e importante, posso dizer que esta obra é fruto da pessoa que Deus fez brotar em mim durante os últimos 25 anos e das várias outras que ele usou para ajudá-lo nesse processo desafiador. Agradecer a todas elas exigiria um capítulo à parte, mas este livro nunca seria lançado sem o apoio dos mentores, dos conselheiros, dos ajudantes profissionais, dos amigos, dos pastores e de outros que fizeram a diferença na minha vida e estavam presentes nos momentos em que eu queria desistir. Eu me esforçava para ter esperança. Parte do legado de vocês permanece por meio das pessoas que serão impactadas por este livro.

Acima de tudo, sou grata a Jesus, meu amigo e Salvador, por transformar meu quebrantamento em algo edificante que pode fortalecer e abençoar as pessoas. É por causa dele que posso dar meu testemunho de vitória. Que seu amor e sua graça possam usar estas páginas para trazer esperança, cura, liberdade, vitória e transformação para os homens e as mulheres que as lerem.

Introdução

O vice-almirante James B. Stockdale era oficial da marinha norte-americana durante a guerra do Vietnã. Ele se tornou piloto de caça e, em 1965, teve o avião derrubado enquanto voltava da sua segunda missão de combate no Vietnã do Norte. Detido por oito anos como prisioneiro de guerra na Hanoi Hilton, ele sofreu torturas e enfrentou períodos na solitária sem direito a nada e sem garantia nenhuma de que sobreviveria à guerra ou de que teria a chance de ver a sua família novamente.[1]

Como era o oficial de patente mais alta no campo de prisioneiros, Stockdale responsabilizou-se pelos outros homens que estavam presos ali e assumiu a missão de fazer todo o possível para ajudá-los a sobreviver intactos enquanto comandava a resistência norte-americana contra as tentativas vietnamitas de usar os prisioneiros como propaganda. Ele instituiu uma série de regras bem coerentes que regulava a conduta dos prisioneiros, dando-lhes esperança e capacitação, e criou um sistema detalhado de comunicação interna que os homens podiam usar mesmo durante o silêncio forçado ou a prisão na solitária. Sob risco de mais tortura ou morte caso fosse descoberto, ele desenvolveu modos de passar informações de inteligência para o governo dos Estados Unidos por meio das cartas que obteve a permissão de enviar para sua esposa, e logo depois de ser libertado, Stockdale recebeu 26 medalhas, incluindo a Medalha de Honra.

O que impedia que o vice-almirante Stockdale enlouquecesse durante os anos de prisão e de tortura? O que permitia que ele fizesse tanto para ajudar vários outros homens a sobreviver intactos? O pesquisador e escritor Jim Collins escreveu sobre uma conversa esclarecedora que teve com Stockdale. Quando o pesquisador perguntou como ele conseguiu passar por tudo aquilo, Stockdale respondeu: "Eu nunca perdi a confiança no final da história... Eu nunca duvidei de que sairia de lá, nem de que levaria a melhor no final, nem de que faria disso o acontecimento que definiria minha vida. Ao olhar em retrospecto, não abriria mão dessa experiência."[2]

Entretanto, nem todas as pessoas saíram de lá incólumes. Quais foram as pessoas que não sobreviveram? Os otimistas: "Eram aqueles que diziam: 'Vamos sair daqui na época do Natal'. Depois do Natal, eles diziam: 'Sairemos na Páscoa'. Depois da Páscoa, vinha o Dia de Ação de Graças e novamente o Natal. Então, eles morriam de decepção".[3]

E foi então que Stockdale contou a Collins a moral da história: "Essa é uma lição muito importante. Não se deve confundir a fé na vitória final (a qual nunca se pode perder) com a disciplina de enfrentar os fatos mais brutais da realidade atual, sejam eles quais forem".[4]

Essa lição ficou conhecida como o Paradoxo de Stockdale: "Mantenha a fé no resultado, independente de quais sejam as dificuldades, *e, ao mesmo tempo,* enfrente os fatos mais brutais da realidade atual, sejam quais forem".[5]

Você e eu também estamos em uma guerra. Não, não estamos pilotando jatos no Vietnã, tampouco estamos com as pernas acorrentadas ou presos em uma solitária; também não temos de entrar em contato com o comando central por meio de códigos secretos nas cartas que escrevemos, mas, mesmo assim, estamos em guerra!

Se você tomou a decisão de seguir Jesus e de ficar ao lado de Deus, então você passa a ter um inimigo, que não é seu chefe arrogante e exigente, nem seus filhos desobedientes, tampouco seu cônjuge, que sabe como tirar você do sério. Seu inimigo é o inimigo de Deus — Satanás e o reino da escuridão, que está sob seu comando. Apesar de não enxergarmos o inimigo com os olhos físicos, ele está disposto a nos destruir com mais persistência do que qualquer exército vietnamita lutando contra as forças norte-americanas.

Podemos achar que nosso medo e nossa ansiedade não fazem parte da batalha entre o bem e o mal, entre Deus e Satanás, mas isso não é verdade. Seu transtorno psicológico pode vir de seus pontos fracos físicos, de circunstâncias externas ou de desafios no seu estilo de vida, mas, no final das contas, ele impede que você experimente o melhor de Deus e que seja eficiente para o Reino no nível em que ele precisa que você esteja. Ou pode ser que seus problemas tenham origem mais direta dessa guerra entre Deus e Satanás e sejam, portanto, resultados de um ataque direto do inimigo.

Independentemente dos detalhes envolvidos, se você estiver experimentando o medo e a ansiedade, escolheu este livro na esperança de encontrar um caminho para a libertação, e esse caminho é o paradoxo de Stockdale — observar os fatores que fazem parte do seu transtorno psicológico, inclusive a batalha espiritual, com honestidade brutal, ao mesmo tempo que desenvolve uma fé absoluta na liberdade e na vitória para as quais Jesus lhe dá acesso tanto agora quanto na eternidade.

Durante a prisão, Stockdale não desperdiçou energia colocando a culpa na política dos Estados Unidos pelo resultado infrutífero da guerra, por mais equivocada que ela fosse. Ele não reclamou da brutalidade daqueles que o capturaram, nem se retorceu com pena de si mesmo e também não deixou que o medo tomasse decisões por ele. É verdade que ele tinha razões de sobra para estar ansioso e para ter medo, mas ele concentrou energia na sobrevivência, na resistência e na ajuda às pessoas.

Este livro o ajudará a adotar o paradoxo de Stockdale no que se refere ao seu medo e à sua ansiedade, bem como a fazer uma avaliação honesta, ainda que desconfortável, do momento em que está vivendo. Nas próximas páginas, você encontrará ajuda para enfrentar a realidade que pode estar contribuindo para o seu transtorno psicológico, seja ela física, mental, situacional, relacionada ao estilo de vida ou espiritual. Além disso, lhe ajudará a confrontar os fatos brutais sobre suas fraquezas, incluindo a contribuição destas para o seu transtorno. Por fim, este livro o ajudará a perceber várias áreas onde você pode implementar mudanças para aliviar seu transtorno.

Esta obra também o ajudará a amadurecer sua fé com a certeza da vitória — tanto atual quanto final. Você entenderá o significado da vitória de Cristo na cruz para sua vida no que diz respeito ao medo e à ansiedade e como isso pode libertá-lo da escravidão neste exato momento. Este livro o ajudará a experimentar o que significa vencer o medo e a ansiedade por meio de estratégias práticas que você pode aplicar hoje mesmo. Você conhecerá a segurança e a vitória que Jesus quer que você tenha apesar das circunstâncias que afetam sua vida e também aumentará sua confiança no resultado dessa batalha, quando o medo, a ansiedade e todo o mal serão destruídos para sempre e Jesus vencerá!

Como médica e doutora em ministério pastoral, pude entender como nossa natureza humana é integrada, isto é, o que afeta uma parte do seu ser afeta todas as outras, e não é possível vencer um problema em uma área sem envolver simultaneamente todas as outras. A doença deixa a pessoa vulnerável a pensamentos negativos, mas o medo e a ansiedade também deixam você mais vulnerável aos ataques diretos de Satanás contra sua mente. Por outro lado, um estilo de vida saudável facilitará o domínio dos pensamentos e aumentará sua sensibilidade ao que pode estar acontecendo no reino espiritual, ao passo que um pensamento saudável aumentará seu bem-estar e facilitará o reconhecimento dos ataques do inimigo. As práticas coerentes de saúde espiritual tornarão todo o seu ser — corpo, alma e espírito — mais resistente diante a qualquer desafio que possa aparecer, uma vez que não se escolhe somente um aspecto, ou seja, tudo o que mencionamos está envolvido.

Recomendo que você não pule nenhum capítulo durante a leitura simplesmente por achar que não se aplica a você. Tratar um problema físico (por exemplo, diabetes) com uma arma espiritual (por exemplo, pedir pelo sangue de Jesus) não é o suficiente; você também precisa mudar seus hábitos alimentares e talvez tomar remédios. De modo semelhante, tratar um problema espiritual (por exemplo, um ataque de Satanás contra sua mente) com meios físicos (como exercícios ou remédios) não é o suficiente; você também precisa aprender a dominar seus pensamentos e caminhar na vitória de Cristo.

Certamente você pode — e provavelmente precisará — efetuar mudanças em várias áreas da vida a fim de experimentar a liberdade que

Jesus tem para você e, assim, vencer o medo e a ansiedade que o têm aprisionado. Não descuide de nenhuma dessas áreas.

O vice-almirante Stockdale manteve a fé no resultado que esperava — que as forças armadas dos Estados Unidos acabariam prevalecendo e que ele e os prisioneiros de guerra que estavam ali seriam libertados. Ele só não sabia ao certo qual seria o momento ou se todos viveriam o bastante para passar por essa experiência pessoal. Seja qual for a situação que estivermos passando, podemos também ter fé absoluta no final da batalha em que lutamos, e esse resultado vem em duas fases. Sabemos que Jesus já venceu Satanás e seu reino tenebroso e que podemos viver em triunfo aqui e agora. Além disso, a vitória que podemos experimentar é real, mesmo se formos feridos no fogo cruzado da batalha em andamento.

Entretanto, essa guerra não durará para sempre. Podemos chegar a esse conhecimento com uma certeza muito maior do que a de Stockdale sobre o fim desse conflito: a morte, o pecado, Satanás e todo o mal serão destruídos para sempre. Conhecemos o fim da história: quem vence é Jesus!

Ao final de cada capítulo deste livro há algumas perguntas. Se estiver lendo sozinho, reserve algum tempo para meditar sobre as respostas e, se for possível, escreva-as. Todavia, é possível que você tenha um benefício maior com este livro se o ler com alguns amigos e debater as perguntas com eles.

Estou feliz que esteja disposto a vencer o medo e a ansiedade na sua vida, e tenho uma grande expectativa quanto ao que Deus fará em seu favor, com sua cooperação e sua ajuda, por causa dessa decisão. Portanto, vamos começar!

PARTE I

O PROBLEMA DO MEDO E DA ANSIEDADE

Que o próprio Deus da paz os santifique inteiramente. Que todo o espírito, a alma e o corpo de vocês sejam preservados irrepreensíveis na vinda de nosso Senhor Jesus Cristo.

— 1Tessalonicenses 5:23

Pois Deus não nos deu espírito de covardia, mas de poder, de amor e de equilíbrio.

— 2Timóteo 1:7

CAPÍTULO 1

O que há de errado comigo?

Denise sentia-se péssima! Quanto mais tentava melhorar, piores as coisas pareciam ficar. Ela estava exausta, mas, sempre que tentava dormir, seus pensamentos aceleravam ao máximo. Ela acordava várias vezes durante a noite; além disso, seu esforço para se concentrar nas reuniões com os funcionários e nos telefonemas drenava sua energia cada vez mais. Parecia que um escoteiro havia dado um nó em sua barriga, e havia momentos que o peito parecia estar a ponto de explodir. Quando eu a vi sentada no consultório, ela mal conseguia segurar as lágrimas.

Denise já tinha aceitado Jesus há muitos anos e trabalhava como administradora de uma escola cristã fazendo o que acreditava ser a obra de Deus, até pensar consigo mesma: *Por que sofro tanto?* Ela preocupava-se sempre com o que pensavam dela ou se tinha ou não alguma doença que deixaria seu marido viúvo. Por que ela não conseguia ter uma noite decente de sono? Ela sentia-se culpada pelo que lhe parecia ser falta de fé. *Tenho certeza de que Deus tem a resposta*, ela pensou.

Por causa disso, Denise dedicou-se mais à oração e se inscreveu em mais um grupo virtual de mensagens devocionais para ler no tablet durante o intervalo no trabalho. Pediu oração ao marido e a duas amigas da igreja, e também fez uma análise da sua vida para encontrar alguma brecha que tivesse deixado o diabo entrar e causar problemas. Também tentou todas as táticas espirituais que conhecia.

Porém, sua mente e seu coração continuavam agitados, e ela percebeu que se irritava facilmente com todos à sua volta, mas parecia não conseguir evitar reagir com exagero diante dos menores contratempos. Além disso, seus sentimentos de medo, fracasso, isolamento e vergonha só pioravam com o passar do tempo.

Denise não é a única cristã que sofre com essa quantidade enorme de sintomas. A Bíblia diz: "Não andem ansiosos por coisa alguma" (Filipenses 4:6). "Não tenha medo, pois eu estou com você" (Isaías 43:5). Mas como se evita o medo? Se você faz parte da multidão de cristãos que tenta lutar contra o medo e a ansiedade, sabe que essa não é simplesmente uma questão de escolha, pois esses pensamentos e sentimentos parecem tomar conta do corpo, da mente, das emoções, dos relacionamentos com as pessoas ao redor e do ânimo espiritual.

Você precisa elaborar um plano, uma estratégia de ação, um caminho que o retire da areia movediça do medo e da ansiedade para a cura. Não adianta somente se esforçar mais, até porque o fato de estar lendo este livro indica que você certamente já tentou fazer isso. É preciso que alguém o ajude a avaliar o que está acontecendo e a ver os passos que você deve dar para chegar ao outro lado.

É possível que o medo e a ansiedade sejam os dois problemas mais incômodos que se pode ter, pois o indivíduo sente que a vida perde o controle de forma parcial ou total.

Mas as coisas não precisam continuar assim!

Acredite que você pode vencer o medo e a ansiedade! Você não é obrigado a colocar um curativo sobre os sintomas e se virar a cada dia, simplesmente se limitando a sobreviver, tampouco é obrigado a viver paralisado pelo medo do que pode ou do que não pode ver. Você pode compreender bem o que se passa no seu interior e dar os passos necessários para a vida plena que Jesus veio trazer em todas as áreas (João 10:10). A caminhada para a cura da ansiedade e do medo envolverá todo o seu ser — e isso é bom! — e você pode chegar ao final mais forte e resistente do que nunca.

A melhor parte dessa jornada é a oportunidade de aprender mais sobre Deus e sobre si mesmo que tornarão a vida bem melhor do que antes. Você pode realmente desfrutar da graça que cura, liberta e restaura seu ser integralmente.

Eu já estive no seu lugar. Quando era mais nova, passei anos tratando sintomas de medo e ansiedade. Nas consultas, os profissionais deram-me vários diagnósticos, mas as coisas pioravam cada vez mais, e eu quase enlouqueci no período que chamo de "quatro anos de inferno". Agora tudo isso já passou. Todos esses sintomas se foram e nunca mais voltaram nesses quase 20 anos desde que me libertei.

Desejo que sinta a mesma cura, o mesmo alívio e a mesma alegria; que possa olhar para trás e se lembrar do sofrimento sem que isso o afete; que tenha uma história para contar para as pessoas que não conseguem sair do lugar onde estão agora.

E então? Quer me acompanhar nessa jornada?

O QUE É ANSIEDADE?

Ansiedade é um sentimento de apreensão e medo caracterizado por sintomas físicos e sensações de estresse. Essa é uma definição clínica, o tipo de coisa que o médico ou o psicólogo diria.

> **Ansiedade: um sentimento de apreensão e medo caracterizado por sintomas físicos e sensações de estresse.**

Mas como alguém sabe se o que está sentindo é ansiedade? Como ela se apresenta? Que sentimento ela provoca? Cada pessoa sente medo e ansiedade do seu jeito, mas vamos apresentar alguns exemplos de como a ansiedade se manifesta.

O lado mental da ansiedade

Os sintomas mentais e emocionais da ansiedade são aqueles que a maioria das pessoas pensa logo quando se diz a palavra *ansiedade*. Ela pode provocar a sensação de que o acelerador da sua mente emperrou na posição máxima e você não consegue desligar o motor. Você não consegue parar de pensar em todos os seus problemas, e, mesmo que as coisas não estejam indo tão mal no momento, você não consegue parar de ter medo do que pode dar errado no futuro. A parte racional da sua mente pode dizer que você só está se preocupando com coisas que nunca acontecerão, mas, mesmo assim, seus pensamentos não conseguem se alinhar com o que a consciência está tentando dizer.

Às vezes nossos pensamentos não são muito claros, e os sentimentos que você vivencia podem ser mais fortes do que seus pensamentos. Você pode ter medo de coisas que acontecem no momento ou de coisas que ainda não aconteceram, ou pode ser incapaz de dizer o que lhe dá medo. O sentimento persiste mesmo que sua mente racional tente dizer que seu medo não faz sentido. Você pode interpretar tudo o que é negativo ao seu redor como uma prova de que seu medo está para acontecer. Possivelmente, você nem consegue observar os sinais animadores de que seu medo não corresponde à realidade; e mesmo que perceba esses sinais, você continua com a mesma tensão e o mesmo aborrecimento de sempre.

Você pode se sentir constantemente no limite, tenso e incapaz de relaxar, fazendo com que o menor incômodo seja capaz de irritá-lo mais do que o normal. Certas imagens, sons ou cheiros, ou um toque físico podem assustá-lo facilmente. Pode também sentir como se estivesse na expectativa de que algo terrível aconteça, e você sabe ou não o que é. Além disso, pode ter a suspeita de que sua mente lhe está pregando uma peça e você não pode confiar completamente nas suas percepções da realidade.

A ansiedade pode afetar o raciocínio e você pode ter dificuldade para se concentrar em tarefas importantes à sua frente ou esquecer-se completamente de coisas relativamente simples de que você se lembraria normalmente. Pode também ter dificuldade para formar pensamentos claros ou pode tomar decisões precipitadas das quais logo se arrepende.

Esse retrato do medo e da ansiedade é bem negativo, e, se você estiver lidando com toda essa ansiedade, pode ser insuportável; no entanto, muitas pessoas lidam com um nível menor de ansiedade. Você não tem necessariamente de vivenciar todos esses sintomas para estar em um estado de medo ou ansiedade. O fato de seus sintomas serem menores ou maiores não é importante: se seus pensamentos e sentimentos de ansiedade estiverem interferindo na sua capacidade de viver normalmente e de desfrutar a vida, então você está sentindo ansiedade.

O lado físico da ansiedade

Os "sintomas físicos" referidos na definição de *ansiedade* citada anteriormente neste capítulo são extremamente comuns entre aqueles que sofrem desse mal. Algumas pessoas diriam que, se alguém não apresenta nenhum sintoma físico, essa pessoa não tem uma ansiedade significativa, visto que a ansiedade afeta todas as partes do corpo. Dificuldade em pegar no sono ou continuar dormindo é comum, assim como dores de cabeça, dores musculares constantes e sentimento de tensão em todo o corpo. Náusea, diarreia, dor abdominal, suor excessivo, tontura, fadiga e cansaço, palpitações no coração, idas urgentes e frequentes ao banheiro — esses são somente alguns dos sintomas físicos possíveis.

Acredito que cada um de nós tem uma área física onde somos mais vulneráveis, e, quando a capacidade de enfrentar o que quer que seja está sobrecarregada, uma parte do nosso corpo pode ser atingida — no meu caso, era a barriga, que por anos me mostrou exatamente quando eu estava me sentindo ansiosa ou aborrecida. A dor e as cãibras abdominais, ou coisas piores, eram o impacto que o corpo sentia de medo e ansiedade. Muitas vezes, tive de sair rapidamente da estrada para encontrar um banheiro, mas isso já deixou de me incomodar há vários anos. Que isso também lhe sirva de incentivo para superar a ansiedade e seus sintomas físicos.

Os sintomas físicos não são imaginários. O coração realmente está batendo rápido demais, a cabeça realmente dói e você realmente tem de ir ao banheiro. Deus criou o nosso corpo para reagir à tensão de várias maneiras úteis e importantes, mas quando esses sintomas causados pelo estresse se tornam frequentes e alteram sua vida, então eles se tornam anormais; se quiser, você pode encarar isso como o mecanismo de alerta que nasce conosco. Seus sintomas podem ser leves ou graves, constantes ou intermitentes; se começarem a afetar seu ritmo de vida, você deve começar a olhar para eles com atenção.

É melhor encará-los como um sinal de que algo não está bem. É o meio pelo qual o corpo lhe chama a atenção; de certo modo, eles são um sinal de alerta, então, cuidar dos sintomas físicos pode, às vezes, ser útil por si só, mas você somente encontrará a cura real quando tratar do medo e da ansiedade por trás deles.

Esses sintomas levam muitos pacientes a consultar o médico; e o profissional e o paciente, a princípio, podem não perceber que a ansiedade é a responsável. Um estudo indica que 19% dos pacientes que fazem consultas de pronto atendimento estão, na realidade, sofrendo de ansiedade,[1] o que significa praticamente uma em cada cinco pessoas. Lembre-se: esses sintomas são bem reais, não são imaginários, mas não há nada de errado com seu coração ou com seu estômago; a causa real é o medo e a ansiedade com os quais seu corpo está lidando.

> **Um em cada cinco pacientes procurando ajuda em um pronto atendimento médico pode ter sintomas físicos causados pela ansiedade.**

Falaremos mais sobre como cuidar dos aspectos físicos da ansiedade no próximo capítulo. Não há nada de errado em consultar o médico quando esses sintomas aparecem; na verdade, essa é uma boa ideia. Somente esteja aberto à possibilidade de que a raiz dos seus sintomas pode não ser necessariamente uma enfermidade física.

TRANSTORNOS DE ANSIEDADE

Nós, seres humanos, gostamos de rotular as coisas, o que é útil em algumas situações, mas também pode levar a enquadrar alguém (você!) em uma categoria específica à qual pode não se adequar completamente. Esse é o perigo de ser rotulado por um diagnóstico, pois você não é uma estatística, e sim um ser humano único. Lembre-se disso enquanto tratamos um pouco sobre os vários transtornos de ansiedade no que diz respeito ao diagnóstico médico. Se você vir que não se encaixa de modo exato em nenhuma categoria, não há problema nisso; mas mesmo assim este livro continua sendo útil para você.

Quando a ansiedade aumenta a ponto de interferir na capacidade de se comportar de forma adequada em meio às atividades diárias comuns, essa pessoa satisfaz aos critérios dos transtornos de ansiedade. Os psiquiatras assim identificaram esses distúrbios: Transtorno de Ansiedade Generalizado (TAG), Transtorno de Estresse Pós-traumático (TEPT), Transtorno Obsessivo Compulsivo (TOC), transtorno do pânico com ou sem agorafobia, transtorno de estresse agudo e várias fobias. Vários sintomas físicos estão quase sempre presentes quando a ansiedade é grande o suficiente para se enquadrar em um desses diagnósticos, e os profissionais da saúde mental geralmente tratam esses transtornos com vários medicamentos e/ou com a terapia cognitiva comportamental. Uma grande pesquisa no início da década de 2000 calculou que, a cada ano, 18% dos adultos — praticamente um em cada cinco — sofriam de transtornos de ansiedade.[2]

Esses diagnósticos se aplicam de modo especial quando sua ansiedade é desproporcional ao que se pode considerar uma reação comum de uma pessoa a situações parecidas e quando persiste por um período significativo. Algumas situações da vida são tão difíceis que praticamente qualquer pessoa teria ansiedade, mas trataremos disso no Capítulo 3. Com mais frequência, chega-se a um nível de medo e ansiedade que não tem relação com nenhum acontecimento sério da vida. É bem mais comum um nível mais baixo de ansiedade que pode nunca ser diagnosticado como transtorno de ansiedade. Este livro não é somente para aqueles que recebem um diagnóstico de transtorno de saúde mental, mas também se aplica a você que tem alguma dificuldade com relação ao medo e à ansiedade e quer aliviar-se o sofrimento que eles causam.

Os profissionais da saúde mental geralmente diferenciam a ansiedade em duas categorias gerais: a ansiedade-traço, quando a personalidade é caracterizada por uma postura ansiosa constante com relação ao mundo em geral e afeta a vida em várias áreas; e a ansiedade-estado, quando a ansiedade é relacionada a uma circunstância de estresse específica e geralmente temporária. As questões, as sugestões e as práticas espirituais relatadas neste livro aplicam-se da mesma forma, seja para ansiedade temporária e devastadora ou contínua e angustiante.

Existem muitos fatores comuns ao medo e à ansiedade, e a maioria das pessoas que passa por um tem sintomas do outro. Você já deve ter notado que o medo faz parte da definição clínica de *ansiedade*. O *medo* pode ser definido como um pensamento ou um sentimento e a *ansiedade*, como o estado mental relacionado com esse medo. Preocupar-se com essa diferença a esta altura não ajuda em nada, mas, se você estiver se identificando com alguma coisa que leu até agora, este livro e as estratégias discutidas aqui se aplicam a você.

UMA VISÃO INTEGRADA DA HUMANIDADE

Você provavelmente já entende que a mente pode afetar o corpo e talvez tenha aprendido a cuidar disso até certo ponto, porém, não está lendo este livro simplesmente porque quer lidar com isso; você quer vencer o medo e a ansiedade, e quer fazer disso uma coisa do passado. Eu também quero isso para você.

A maneira como vemos a natureza humana afeta nossa reação quando enfrentamos tribulações. É verdade que lutar contra um problema espiritual com uma arma física provavelmente não o levará muito longe; do mesmo modo, lutar contra um problema físico com uma arma espiritual pode não resolver as coisas da forma como você deseja.

Ao longo da sua jornada para a libertação, será útil entender um detalhe sobre o modo elaborado e integrado como Deus o criou. Em alguns grupos cristãos, as pessoas descrevem o ser humano como "um espírito com uma alma que habita em um corpo". Nunca me esquecerei do momento em que nasci de novo (espero que você nunca tenha esquecido esse momento também!). Tinha a noção bem clara de que uma parte de mim que não havia sido despertada nos primeiros 36 anos da minha vida passou a viver naquele momento. De algum modo, Deus tinha preservado essa parte essencial do meu ser até aquele momento, e então meu espírito foi vivificado pela sua graça.

No entanto, existe algo que ignoramos ao nos concentrarmos no ser humano como espírito, alma e corpo. Esses aspectos diferentes do nosso ser não são entidades separadas e distintas. Quando Deus criou Adão, a Bíblia diz que ele *"se tornou* um ser vivente" (Gênesis 2:7). O fôlego de Deus vivificou a coexistência de todo o ser de Adão. Você não é composto de três pedras separadas, uma em cima da outra, ou de três caixas que cabem uma dentro da outra; em vez disso, você é como um pão, isto é, não é possível separar as partes do seu ser que foram "assadas juntas", do mesmo modo que não se pode separar a farinha, os ovos, o açúcar e o sal do pão.

A ansiedade é a reação de todo o seu sistema humano integrado ao estresse que está acima da sua capacidade normal de lidar com ele.

É importante entender essa interconectividade, pois ela explica que tanto a causa quanto a solução para o medo e a ansiedade — ou de qualquer outro problema significativo — geralmente não envolvem somente um único aspecto. O melhor modo de pensar sobre a ansiedade é de que maneira você reage toda vez que o estresse estiver acima da sua capacidade normal de lidar com ele.

Tudo o que afeta um aspecto da sua vida afeta os outros também. A tentativa de diferenciar a causa principal de qualquer problema tem algum mérito, mas a maioria dos nossos problemas não é tão simples. Você verá posteriormente neste livro como é importante cooperar com Deus enquanto você busca compreender qualquer problema que possa ter. Isso significa tomar todas as providências possíveis em todas as áreas da vida, o que pode exigir que você mude seu estilo de vida, aprenda novos padrões de pensamento, procure ajuda especializada quando necessário e trate dos aspectos espirituais.

Você se lembra daquelas questões de múltipla escolha na escola? Quando se trata de transtorno psicológico, quase sempre a resposta certa é "d) todas as alternativas anteriores".

COMO O MEDO E A ANSIEDADE COMPROMETEM SUA VIDA

É verdade que os sintomas emocionais e físicos que você tem são difíceis, uma vez que tem convivido com eles todo dia. Entretanto, pode ser que a ansiedade o esteja afetando de muitos outros modos, especialmente em casos mais crônicos.

Algumas formas de ansiedade atrapalham a capacidade de uma pessoa trabalhar e ganhar a vida, e, mesmo que você consiga trabalhar, sua produtividade e suas chances de promoção podem ser comprometidas. As piores formas de ansiedade têm o poder de incapacitá-lo para realizar atividades consideradas comuns, como dirigir ou andar de carro, fazer uma caminhada, comer em um restaurante ou comprar comida. É possível que perca boa parte do dia procurando maneiras de contornar essas limitações, o que faz com que você tenha pouca energia para desempenhar algo além de cuidar do seu transtorno e das ramificações deste.

Você pode gastar muito dinheiro para encarar e tratar seu medo e sua ansiedade em consultas com profissionais da saúde mental e médicos, com remédios controlados e com outros tratamentos. Mesmo com a melhoria na cobertura dos planos de saúde para esses transtornos, muitos ainda pagam consultas particulares. Em 2007, estimava-se que, nos Estados Unidos, o custo anual de tratamento da ansiedade e de transtornos relacionados era de 36,8 milhões de dólares,[3] e esse número continua aumentando!

O custo do medo e da ansiedade para os relacionamentos também é alto, uma vez que você pode desejar desesperadamente aproximar-se das pessoas sem se sentir capaz de fazê-lo. Algumas pessoas não entendem você e nem o quanto se esforça para lidar com a situação, e chegam a dizer ou fazer coisas que parecem magoar, como: "É só você aprender a não se preocupar tanto!" Ou: "Você não acredita em Deus? É só confiar que ele vai cuidar de todas as coisas!" Nesse sentido, você pode se sentir isolado e sozinho mesmo ao lado de pessoas com as quais se importa.

Reconhecer os vários modos pelos quais o medo e a ansiedade comprometem sua vida pode ser desanimador, mas transforme isso em motivação para prosseguir na jornada rumo à cura e à libertação.

CUSTO ESPIRITUAL DO MEDO
E DA ANSIEDADE

Lidar com as questões que comprometem a vida espiritual pode ser bem complicado. Talvez você se pareça com Denise, a moça descrita no começo do capítulo, e, por ser cristão, sabe que Deus tem uma resposta para seus problemas; então, quando você passa pelo medo e pela ansiedade, vai a ele buscando uma solução. Há momentos em que você pode sentir que ele o está ajudando, pois suas orações parecem acalmar sua mente e até o ajudam a descansar mais.

Em outras situações, orar parece piorar as coisas. Você começa a se apegar a tudo o que lhe vem à mente para tentar receber a cura de Deus para seus sintomas e pode até passar a ler mais a Bíblia, frequentar mais a igreja ou encontrar vários outros modos de praticar a batalha espiritual. Você tenta procurar ajuda de outros cristãos ou frequenta algum evento especial, mas isso parece um círculo vicioso, e quanto mais você se esforça para encontrar a resposta de Deus, mais ansioso se torna.

Se você fizer parte de uma igreja que ensina e acredita que podemos buscar o poder de Deus para fazer milagres nos dias de hoje, a coisa se complica ainda mais, e quanto mais você ora por um milagre, mais decepcionado fica quando parece que Deus não está fazendo nada em seu favor. Por que os outros estão recebendo o milagre e você não? Ou talvez você passe por momentos em que sente a presença de Deus e tem a certeza de ter recebido a cura. Nessa hora, o medo e a ansiedade desaparecem, mas então você fica ainda mais frustrado quando, depois de algumas horas, dias ou semanas, tudo volta rapidamente e o desestrutura com uma força maior do que antes.

Pode ter certeza de que acredito em milagres, inclusive, já recebi, já vi, já orei por pessoas e já presenciei Deus operar algo milagroso em resposta às minhas orações. Continuo a orar pelas pessoas e pelas minhas próprias necessidades, e continuarei a fazer isso enquanto estiver nesta terra, pois não tenho dúvida de que Deus é bom, amoroso e poderoso — e está conosco neste momento.

Também tenho sido testemunha da frustração, da minha decepção e da decepção dos outras pessoas quando a resposta de Deus não traz uma cura completa e imediata. Qualquer solução precipitada para essa frustração seria superficial demais, mas vamos conversar mais sobre isso posteriormente, e acredito que você encontrará alento e esperança enquanto continua a percorrer essa jornada em direção à cura que Deus tem para você.

Ao tratar do medo e da ansiedade, você pode achar bem difícil ter um relacionamento com Deus. Se você orou por cura e até agora não a recebeu, pode se perguntar se essa história de cristianismo não é, na verdade, uma ilusão. "Qual é o sentido de acreditar em Deus ou orar se isso não muda nada?" Posso garantir que Deus ouve seu clamor, e não há problema em ter esse tipo de dúvida, pois ele não se chateará com você; pelo contrário, ele estará com você onde você estiver.

Você também pode se sentir um fracasso total como cristão se não conseguir manter a situação sob controle, afinal, a Bíblia diz: "Não andem ansiosos por coisa alguma" (Filipenses 4:6). Então, é possível que você se considere uma pessoa extremamente distraída se não conseguir guardar essas instruções bíblicas. Você diz a si mesmo: "Não é à toa que tudo dá errado na minha vida. Eu não estou fazendo o que Deus me disse para fazer na sua Palavra. Eu tenho de me comportar melhor".

Então você se esforça mais e mais, e sente cada vez mais medo e ansiedade.

Deve haver um caminho melhor, e realmente há! É por isso que você está lendo este livro. Já demos uma dica sobre parte da resposta, e ela está relacionada ao modo integrado pelo qual Deus o fez. Encontrar a cura de algo como o medo e a ansiedade geralmente abrange todas as áreas da vida, e examinaremos cada uma delas individualmente. Conversaremos sobre como cooperar com Deus em todas essas áreas faz parte do que ele deseja para você na sua jornada rumo à saúde e ao bem-estar.

Falaremos também com detalhes sobre o que significa tratar espiritualmente o medo e a ansiedade, bem como sobre as pistas da origem espiritual dos seus sintomas, e então lhe mostrarei um conjunto de maneiras específicas pelas quais você pode colocar em prática sua fé que o ajudarão a encontrar a cura. Passarei para você o que aprendi na minha jornada para a libertação do medo e da ansiedade, e fico feliz por você não ter desistido até aqui.

A ANSIEDADE É SEMPRE NEGATIVA?

A ansiedade quase sempre é um sentimento desagradável, mas nem sempre é completamente negativa. Lembre-se de que ela geralmente surge quando sua capacidade de lidar com alguma coisa estressante se esgota. O estresse e a ansiedade geralmente são muito próximos, mas talvez você saiba fazer alguma coisa quanto a esse estresse, e a ansiedade lhe possa trazer um sinal de alerta para que você realize as mudanças necessárias.

Você consegue se lembrar de algum momento em que fez algo bem difícil que acabou trazendo resultados positivos? Ou de uma ocasião em que teve dificuldade para aprender alguma coisa, como uma matéria complexa na escola, que agora é relativamente fácil? Quem sabe você conseguiu terminar um relacionamento destrutivo ou alcançar uma conquista importante em sua carreira. Certamente você teve de vencer alguma ansiedade significativa para chegar lá.

Certo grau de ansiedade pode alertá-lo para o fato de que algo não está bem e traz a energia necessária para dar os passos em direção à mudança, mesmo que demonstrem ser difíceis. Dentro de um grupo de pessoas que vivenciou uma mudança significativa e duradoura por causa de alguma forma de terapia, nada mais nada menos do que 75% dos entrevistados declararam que a predisposição para enfrentar algum tipo de ansiedade pelo caminho foi um fator de importância fundamental no seu sucesso.[4]

É importante que você saiba que seu alvo não é a ausência completa de todo o estresse ou de todo o sentimento de conflito, pois a ansiedade pode ser parte do método que Deus usa para estimular nosso crescimento e nossa transformação.

Então o que indica o aparecimento de sintomas físicos, emocionais e espirituais fulminantes de medo e ansiedade? Tome a decisão de encarar os sintomas como um sinal de alerta. Você pode não conseguir ver nada de positivo na sua situação, mas a ansiedade indica que você está vivo e que seu corpo e sua mente conseguem reagir ao que se passa ao seu redor. Isso significa que você tem uma energia interna que pode ser usada para o crescimento, para o aprendizado e para a transformação e, também, que Deus pode ajudá-lo a usar essa energia, a aprender o que ela indica e a canalizá-la para se tornar a pessoa que ele quer que você seja.

Não estou fazendo pouco dos seus sintomas. Longe de mim fazer isso! Sei que você não está nada bem e que precisa de cura — o mais rápido possível —, mas eu também quero que você sinta uma esperança verdadeira. Você encontrará esperança nestas páginas e conseguirá entender o que está acontecendo na sua vida, e também encontrará as medidas práticas a tomar para possibilitar a cura. Além disso, você encontrará meios de se relacionar com nosso maravilhoso Deus, que quer que você tenha uma vida plena em todos os sentidos.

Falando nisso, Denise encontrou a cura! Ela precisou fazer algumas alterações no seu estilo de vida e aprender alguns padrões de pensamento que fizeram toda a diferença. O tratamento de um problema de saúde que diagnosticamos ajudou Denise a dormir melhor, e seu relacionamento com Deus foi fortalecido, já que ela também aprendeu coisas novas sobre ele.

ESPERANÇA EM MEIO AO MEDO E À ANSIEDADE

O medo e a ansiedade estão entre os problemas de saúde mental mais comuns e angustiantes dos dias atuais. Os aspectos mentais e emocionais causam uma ampla variedade de sintomas físicos que podem levar a uma assistência médica cara e frustrante.

Deus criou cada ser humano como um sistema lindo e integrado. Tudo o que afeta um dos seus aspectos, afeta todos os outros. Um problema significativo, como a ansiedade, raramente é causado somente por um fator, mas por vários fatores trabalhando juntos. A solução quase sempre passa pelo exame dos elementos físicos, emocionais, comportamentais e espirituais do seu ser individual.

Além das consequências emocionais e físicas, o medo e a ansiedade podem trazer consequências espirituais significativas. Seja qual for o estado em que você se encontra neste momento, pode vivenciar um crescimento espiritual efetivo por meio da cooperação com Deus em todas as áreas de sua vida.

PERGUNTAS PARA MEDITAÇÃO E DISCUSSÃO

1. Quais sintomas de medo e de ansiedade que o perturbam mais: físicos, emocionais ou espirituais?
2. Você pode citar uma experiência em que algo afetou uma área da sua vida e influenciou também outras áreas?
3. Você já conseguiu perceber algum lado bom na sua ansiedade que o ajudou a ter o combustível interno necessário para alcançar algo positivo?

CAPÍTULO 2

Causas físicas do medo e da ansiedade

O coração bate acelerado, você está com vários nós no estômago, tem dores por todo o corpo e não consegue dormir. Será que sua mente está simulando sintomas no seu corpo outra vez ou você realmente está com algum problema físico?

Já conversamos sobre os sintomas físicos que podem ser associados ao medo e à ansiedade, no entanto, existem várias circunstâncias em que a flecha aponta para outra direção e o corpo está "brincando" com a mente. Geralmente, não se trata somente de um ou do outro, mas sim da combinação dos dois, uma vez que corpo e mente podem reagir um ao outro. Os sintomas de uma doença ou de um problema de saúde podem perturbar a ponto de causar ansiedade, a qual pode agravar o transtorno psicológico, dando andamento a um círculo vicioso.

Sou uma médica especializada na saúde da mulher e tenho atendido muitas pacientes que apresentam sintomas genéricos que podem indicar uma série de problemas. Nem sempre é possível separar a causa do efeito, ou os problemas físicos dos problemas mentais ou emocionais. O mais importante é observar com cuidado todos os fatores que possam estar contribuindo para a situação e fazer todo o possível para tratar tudo o que estiver ao seu alcance. Às vezes a ansiedade é o primeiro sinal de alguma questão importante de saúde e não se pode ignorar essa mensagem. Independente da origem, tratar a parte física de qualquer sintoma é um ótimo lugar para começar a jornada rumo à libertação.

Neste capítulo, vamos observar como o medo e a ansiedade se relacionam com sintomas físicos, com algumas enfermidades físicas e com problemas de saúde que podem causar ansiedade, bem como alguns aspectos que se deve levar em conta no tratamento desses problemas de saúde.

A REAÇÃO AO ESTRESSE

A reação natural ao estresse é ativada sempre que alguém se depara com circunstâncias com as quais não têm capacidade de lidar naturalmente. Hans Selye, considerado o pai da pesquisa científica sobre o estresse, formulou boa parte do seu conceito sobre o estresse com base no modo como observava as pessoas reagirem ao estresse físico, como uma lesão com risco de vida ou uma enfermidade grave.[1] Seja quando há um problema físico, seja quando o estresse tem origem na mente, existem determinadas maneiras por meio das quais todo o sistema reage e tenta se ajustar.

É fácil perceber como os cinco sentidos — visão, audição, tato, olfato e paladar — criam informações de entrada que o cérebro recebe e às quais reage, porém, todos os outros órgãos internos também mandam informações para o cérebro. O sistema nervoso e o sistema circulatório transmitem essas informações para todo o corpo a partir de qualquer fonte, e às vezes o cérebro reage a esses sinais por meio do medo ou da ansiedade.

Um dos melhores exemplos é a comunicação entre o sistema digestivo e o cérebro. As terminações nervosas no estômago e no intestino são sensíveis à natureza de qualquer material dentro deles, como alimentos, substâncias químicas, líquidos, gases etc. Além disso, muitas células na parede do estômago e do intestino secretam uma ampla variedade de hormônios que são transportados pela corrente sanguínea. A variedade e a quantidade desses hormônios são alteradas em parte pelo que você come. Esses sinais nervosos e hormonais são levados ao cérebro, que, por sua vez, reage enviando sinais nervosos e hormonais de volta para o trato digestivo e para todas as outras partes do corpo.

> **Cérebro e corpo se comunicam constantemente por sinais nervosos e hormonais. O que afeta um afeta o outro.**

Não é surpresa que certos tipos de alimento tendem a fazer você se sentir sonolento, irritadiço ou confortável (vamos discutir bastante sobre a importante conexão entre a alimentação e a ansiedade no Capítulo 5). Existem conexões entre o cérebro e a maioria dos outros sistemas do corpo também, e quando parte do corpo não está funcionando bem ou está doente, seu cérebro geralmente capta a mensagem. Por meio desses caminhos, o cérebro geralmente sabe o que está acontecendo no corpo até quando não tem uma noção consciente disso. Seu estado emocional — tal como a ansiedade — pode ser o modo pelo qual o cérebro reage a qualquer tipo de questões médicas ou físicas com as quais o corpo esteja tentando lidar.

O transtorno psicológico pode ser a maneira que seu corpo encontrou de lhe dizer que algo não está bem e de lhe chamar a atenção. Certamente é possível se sentir bem ansioso e estar com vários sintomas físicos, mas não ter nenhum problema físico com seu corpo; este é o assunto dos capítulos seguintes. Porém, quando existe um problema físico, não se deve ignorar a mensagem que o seu cérebro está tentando passar.

A PREDISPOSIÇÃO GENETICA À ANSIEDADE

Os genes com os quais você nasceu influem na facilidade com a qual você pode ficar com medo ou ansioso quando surgem os problemas e no tempo que você passa cuidando desses sintomas na vida. Cada um de nós tem uma predisposição genética para lidar com o estresse de certo modo, e a ansiedade pode ser parte de sua predisposição.

Se outros membros da sua família têm um histórico significativo de problemas de ansiedade, é mais provável que você tenha os mesmos problemas. Por alguns anos, os cientistas têm andado à procura de genes específicos que predisponham a pessoa a esses problemas, mas é claro que nenhum gene específico é responsável; geralmente se trata da interação complexa entre os genes, as experiências que teve em seu crescimento e outros fatores ambientais. Quando uma criança tem problemas de ansiedade aos oito anos de idade, ela tem uma grande chance de que esses problemas continuem com o passar dos anos.[2]

Mesmo que você tenha uma predisposição à ansiedade ou tenha passado por problemas com o medo desde a infância, ainda pode vencer seus medos e suas preocupações. Cada um de nós nasce com questões das quais deve cuidar, e, no seu caso, essa predisposição psicológica pode ser uma delas. Você pode ter uma dificuldade maior para vencer o medo e a ansiedade do que outra pessoa, mas ainda pode conseguir, e isso terá uma importância especial para você quando colocar em prática todos os passos tratados neste livro para lidar com seus sintomas. Lembre-se de que Deus está com você e o ajudará com a sabedoria e a coragem de que você precisa para continuar a vencer independente de qual seja sua herança genética ou o ambiente ao seu redor.

Se você tiver alguma predisposição genética para o medo ou para a ansiedade, pode ter mais dificuldade do que outras pessoas para vencer, mas pode conseguir.

PROBLEMAS MÉDICOS QUE PODEM CAUSAR MEDO E ANSIEDADE

Quase todo problema ou enfermidade física pode fazer com que seu cérebro reaja com medo e ansiedade, e essa atividade cerebral tem a possibilidade, por sua vez, de agravar sintomas físicos. Você já deve ter descoberto isso se tiver sido diagnosticado com alguma doença física. Qualquer doença pode melhorar ou piorar dependendo da atitude que se toma, e fazer todo o esforço possível para tratar sua doença trará uma melhora nos sintomas psicológicos.

Uma causa frequente do medo e da ansiedade é sentir que perdeu o controle, e estar com uma doença certamente pode fazê-lo se sentir assim. Você pode ser tentado a sentir como se sua doença tomasse conta de você, mas, em vez de aceitar essa ideia, tome a decisão consciente de assumir o controle da sua doença. Invista tempo para aprender tudo o que puder sobre ela — os sintomas aos quais deve prestar atenção, as mudanças que deverá fazer no seu estilo de vida, o modo de seguir os conselhos médicos adequados etc —, pois atitude simples de reunir informações suficientes e de fazer escolhas conscientes a respeito de como cuidar da sua doença pode ajudá-lo a se sentir mais no controle.

Se você não tiver nenhum diagnóstico de alguma doença física, lembre-se de que, às vezes, a ansiedade é o modo pelo qual seu cérebro clama pela sua atenção. Observaremos rapidamente várias causas possíveis de medo e ansiedade nesta seção. Não será uma lista exaustiva, mas se uma ou mais dessas causas parecem ser um fator importante no seu caso, converse com seu médico sobre isso.

Doença cardiovascular

O ataque de pânico e o ataque do coração podem ter sintomas praticamente idênticos, e o único modo de definir o que se passa com você é fazer exames médicos no momento em que estiver manifestando os sintomas. Algumas pesquisas indicam que a ansiedade contínua pode contribuir para uma futura doença cardíaca,[3] e normalmente essa doença e a ansiedade têm em comum o ritmo rápido e anormal do coração.

Isso levanta a questão sobre o que veio primeiro: será que seu coração começou a bater rápido demais e causou a ansiedade ou sentir-se com medo e ansioso fez com que seu coração batesse rápido demais? Usar um monitor cardíaco por um ou vários dias pode fornecer informações importantes e ajudar seu médico a entender melhor qual problema veio antes, e o tratamento pode se concentrar primeiramente em aliviar os sintomas.

O medo e a ansiedade também são comuns entre as pessoas que tiveram algum ataque cardíaco ou outros problemas de saúde relacionados ao coração. Você pode ter um sentimento de condenação e pensar da seguinte maneira: "Será que meu coração vai parar de funcionar de repente?" Ou: "Se eu fizer essa atividade, será que meu coração vai sofrer muito estresse?" Se você se preocupa com essas coisas, conversar com o cardiologista e com um profissional da saúde mental poderá ser bem útil.

Doença pulmonar obstrutiva crônica e outros problemas respiratórios

Quando você se sente como se não conseguisse respirar, é compreensível que sinta medo e ansiedade. Asma, doença pulmonar obstrutiva crônica (DPOC) ou outros problemas respiratórios podem provocar falta de ar; além disso, quando surge a ansiedade, as vias aéreas se contraem ainda mais, tornando mais difícil para o ar entrar e sair. A ansiedade e a falta de ar podem se tornar um círculo vicioso, uma piorando a outra. Sei como isso pode ser complicado, pois vi meu marido tendo problemas de ansiedade em combinação com a DPOC por um longo período.

Se você sente falta de ar, os exames respiratórios podem ajudar a definir se tem asma, DPOC ou algum problema de saúde parecido, e, se realmente estiver com alguma doença respiratória, os remédios ou os outros tratamentos podem melhorar bastante sua qualidade de vida. Você pode encontrar maneiras de diminuir os fatores ambientais que o fazem ter falta de ar, e isso também diminuirá seu transtorno psicológico.

Diabetes

Seu cérebro precisa de um fornecimento estável de glicose — açúcar no sangue — para funcionar normalmente; se esse nível diminui muito, as células do cérebro podem ficar lentas ou pararem de funcionar. O corpo reage ao baixo nível de açúcar no sangue produzindo adrenalina, que, entre outras coisas, o faz sentir ansioso; por outro lado, se o nível de açúcar aumentar demais, as células do cérebro direcionarão muita energia para se protegerem do excedente de glicose, o que também pode prejudicar seu funcionamento normal.

Se você toma remédio para diabetes, sabe como pode ficar ansioso quando o nível de açúcar no sangue cai demais; nesse sentido, ingerir algo que possa levar a glicose de volta ao nível normal geralmente soluciona o problema temporariamente.

Praticamente 10% dos norte-americanos estão com diabetes, mas outros 25% estão com pré-diabetes, e a maioria nem sabe disso.[4] A dieta norte-americana (frequentemente prejudicial à saúde), estar acima do peso ou com obesidade, e a falta de atividades físicas com certeza contribuem para o problema. As pessoas com pré-diabetes podem ter oscilações maiores de glicemia do que as outras, e os períodos de baixo nível de açúcar podem contribuir para que se sintam ansiosas.

O mesmo princípio se aplica quando você fica com muita fome; nesse caso, seu cérebro precisa de combustível. Fazer refeições saudáveis regulares e conservar o hábito de exercícios ajuda a controlar o nível de glicemia (consulte o Capítulo 5 para mais informações), mas, se isso não for suficiente, os remédios para tratar o diabetes e o pré--diabetes podem ser úteis.

Mudanças hormonais

As mudanças drásticas nos hormônios logo antes do período menstrual da mulher ou durante a transição para a menopausa geralmente trazem sintomas psicológicos significativos. A ansiedade é um dos sintomas mais comuns para as mulheres com tensão pré-menstrual (TPM), e tanto na TPM quanto na menopausa o nível absoluto de estrógeno ou de outros hormônios femininos não é importante; na verdade, o que provoca os sintomas de estresse é a mudança rápida nos níveis desses hormônios.

Se você sente ansiedade somente nos dias que antecedem o período menstrual ou se sua ansiedade começou praticamente na época da menopausa, há uma boa chance de que as mudanças hormonais sejam as responsáveis por esse mal-estar. Além disso, a menopausa também pode provocar um aumento nos sintomas psicológicos se você tiver um histórico de medo e ansiedade.

Da mesma maneira, as mudanças hormonais tornam as mulheres vulneráveis logo depois do nascimento de um bebê, uma vez que os níveis de boa parte dos hormônios desabam no momento em que se retira a placenta, agravando todas as outras coisas que a nova mãe tem de enfrentar. Embora a depressão pós-parto tenha se tornado relativamente bem conhecida, o medo e a ansiedade podem ser, pelo menos, fatores igualmente importantes para muitas mães que deram à luz recentemente.

Se estiver com problemas de TPM, menopausa ou depressão pós--parto somados à ansiedade, você precisa de um apoio maior das pessoas mais próximas. Nesse sentido, os fatores comportamentais do capítulo 5 são especialmente importantes; além disso, quando necessário, os remédios (inclusive os hormônios) podem salvar sua vida.

Distúrbios da tireoide e outros distúrbios endócrinos

O excesso de hormônio da tireoide (hipertireoidismo) frequentemente causa ansiedade e muitos sintomas físicos associados a ela, como palpitações no coração, suor, insônia e tensão muscular. A falta de hormônio da tireoide (hipotireoidismo), em geral, não causa ansiedade, no entanto, qualquer remédio com hormônio da tireoide usado para tratar o hipotireoidismo pode provocar sintomas de medo e ansiedade se a dose for muito alta.

A otimização do seu estilo de vida pode ajudar a lidar com os sintomas originados na tireoide, mas provavelmente não tem um papel muito importante para ajudar a tireoide a funcionar melhor. Geralmente, exames de sangue bem simples podem definir se os problemas da tireoide são a causa por trás dos seus sintomas, e, para a maioria das pessoas com hipotireoidismo, é fácil chegar a uma dose adequada de reposição do hormônio. Existem outras situações em que é um desafio determinar uma dose adequada, e pode levar meses para acertar essa dose. Se você tiver hipertireoidismo, às vezes os remédios tratarão os sintomas suficientemente bem; em outros casos, o tratamento com iodo radioativo ou a cirurgia se fazem necessários.

Problemas gastrointestinais

O cérebro e o sistema digestivo são bem conectados, conforme analisamos anteriormente, e a associação dos sintomas gastrointestinais com a ansiedade é tão comum que é difícil definir qual vem primeiro — náusea, cãibra ou diarreia, ou medo e ansiedade. Os sintomas do trato digestivo são especialmente frequentes entre os sobreviventes de abuso ou violência, entre outras causas.

Muitos problemas gastrointestinais podem causar sintomas parecidos com os da ansiedade: gastrite, doença de Crohn, várias formas de colite, pancreatite, síndrome da bexiga irritável etc. Às vezes, é preciso fazer um dentre os vários tipos de exame do tubo digestivo para identificar ou descartar um desses problemas. Nesse sentido, ajustar a alimentação e outros aspectos do seu estilo de vida geralmente tem um papel importante para o ajuste dessas situações, inclusive par o nível de estresse.

Ter rótulos para classificar os sintomas gastrointestinais ajuda algumas pessoas a se sentirem mais seguras quanto a eles, e a medicação adequada no momento certo trará melhorias tanto para o problema digestivo quanto para o transtorno psicológico.

Efeitos colaterais de medicamentos

Algumas pessoas caem na armadilha de procurar pílulas para tratar todos os males da vida, outras se recusam a tomar remédios mesmo quando é preciso e quando recebem recomendação médica, mas esses extremos não são sábios nem saudáveis. É verdade que algumas pessoas tomam remédios demais, mas, em outros casos, eles podem ajudar a ter mais qualidade de vida, ampliar o bem-estar, evitar complicações posteriores da doença atual ou até mesmo salvar uma vida. Sendo assim, é importante ter cuidado na administração de medicamentos; além disso, considere o remédio (ou o suplemento) como uma ferramenta para sua jornada rumo a uma saúde melhor, não como um simples paliativo.

A ansiedade pode ser efeito colateral de uma ampla variedade de remédios. Se seu transtorno psicológico tiver começado ao iniciar uma nova medicação, você pode trabalhar em conjunto com seu médico para buscar alternativas. Às vezes o efeito de uma combinação de remédios pode levar a sintomas psicológicos; o mesmo se aplica a suplementos nutricionais, tendo em vista que muitas pessoas não levam em conta os efeitos colaterais desses suplementos. Se estiver tomando alguma medicação, algum remédio vendido sem receita ou algum suplemento, minha sugestão é levar a lista completa para seu médico. Muitas vezes, um farmacêutico poderá ser uma fonte de ajuda para avaliar se sua combinação pode estar causando efeitos colaterais.

Deixar de fazer uso de alguma medicação também pode levar à ansiedade; em outras palavras, se você tomou algum remédio para tratar sintomas psicológicos — com ou sem receita médica —, a abstinência desse remédio pode levar a um aumento drástico da ansiedade. Isso acontece especialmente com os benzodiazepínicos. Portanto, o mais correto a fazer é ter uma boa conversa com o médico antes de suspender qualquer remédio, especialmente aqueles utilizados para tratar de sintomas psicológicos.

Sempre que pensar em tomar um remédio ou um suplemento sem receita médica, ou quando seu médico prescreve algum remédio, não se esqueça de perguntar sobre os efeitos colaterais. Entenda por que você está usando esse remédio, observe a posologia e com o que deve tomar cuidado, lembrando que às vezes será necessário lidar com efeitos colaterais leves para ter outros benefícios importantes para sua saúde como um todo.

Drogas ou álcool

Muitas pessoas tentam tratar o medo e a ansiedade usando as drogas ou bebidas alcoólicas como válvula de escape; outros começam a usar tais substâncias com algum grau de "inocência" para, em seguida, sentir que têm de usá-las para encarar a rotina diária. Passar por um estado de dependência química pode causar transtornos psicológicos significativos — trataremos disso no Capítulo 3 —, e é importante perceber que os aspectos físicos do uso e do excesso da substância podem levar a sintomas psicológicos sérios. Além disso, algumas drogas também causam ansiedade como resultado direto do seu efeito sobre o cérebro.

Quando o cérebro se acostuma com o álcool ou as drogas, interromper o uso até mesmo por um curto período às vezes pode causar ansiedade aguda; no entanto, não há nada melhor para superar a dependência dessas substâncias e melhorar o bem-estar e o futuro de um dependente químico do que essa interrupção. Se você tem problemas com o uso excessivo de alguma substância, procure a assistência especializada do médico da família, de um profissional de saúde mental ou de um centro de tratamento. O impacto físico das drogas e das bebidas alcoólicas é real, e obter a assistência de um especialista aumentará muito as suas chances de alcançar a libertação.

Síndrome da dor crônica

Dores de cabeça, musculares, pélvicas, nas costas e em várias partes do corpo ou qualquer tipo de dor crônica podem se tornar uma doença em particular. A dor causa uma desordem no seu cérebro, e pode-se consumir uma energia mental e física imensa para lidar com a dor crônica, deixando pouca energia para enfrentar qualquer outro estresse. Você pode ter dificuldade para encarar as atividades comuns da vida diária, isso sem falar no relacionamento com a família e com os amigos, que talvez não entendam o que se passa com você, os exames médicos e os tratamentos recomendados, e a pressão financeira. Muitos fatores relacionados com a dor crônica podem aumentar o nível de ansiedade.

Uma das coisas mais importantes que as pessoas com dor crônica têm de fazer para ampliar seu bem-estar é tomar a decisão de ser responsável em cuidar de sua vida integralmente. Se você sofre de dor crônica, precisará se esforçar para assumir o controle de cada aspecto do seu estilo de vida, dos seus padrões de pensamento e das suas interações com o sistema de saúde — a maioria das pessoas precisa de ajuda para fazer isso da maneira correta. Procure um profissional da área que não esteja simplesmente interessado em receitar analgésicos, mas que trabalhe com você a fim de encontrar as melhores estratégias para administrar seus sintomas como um todo com ou sem medicação.

CONVERSANDO COM O MÉDICO SOBRE O MEDO E A ANSIEDADE

Os profissionais da área de saúde têm um papel importante a desempenhar no convívio de seus pacientes com os sintomas, mas é importante que você continue no comando. Você precisa do conhecimento especializado deles, mas eles não podem solucionar seus problemas por você. Lembre-se de que nenhum médico, hospital, loja de alimentos saudáveis, companhia de seguros, nem mesmo programa do governo terá tanto interesse no seu bem-estar quanto você mesmo, pois é da sua vida, da sua saúde e do seu futuro que estamos falando.

Se você ainda não tomou essa decisão, assuma nesse instante a responsabilidade de cuidar da própria vida e saúde e permaneça no controle dela — e da sua assistência médica.

O que significa ter o controle?

Deus lhe deu autoridade executiva sobre certa parte do seu mundo e também a capacidade de fazer escolhas, e você é responsável pelas consequências dessas escolhas. Isso não quer dizer que você não cometerá erros; certamente isso acontecerá, pois você não é Deus; é ele quem sabe de tudo, não você; além disso, ele é maior do que você em todos os aspectos. Porém, Deus lhe deu a capacidade de cooperar com ele em todas as áreas da sua vida — conversaremos um pouco mais sobre isso no capítulo 6. Por enquanto, perceba que você é o único responsável diante de Deus por tomar decisões baseadas nas melhores informações que tem.

É importante que você assuma essa responsabilidade pessoal enquanto interage com o médico e com outros profissionais da área médica, pois eles podem ajudar, mas não podem colocar sua vida em ordem por você. Você tem bem mais escolhas do que imagina para fazer em cada etapa do caminho, e uma das mais importantes é encarar a si mesmo como o administrador da sua assistência médica — o diretor executivo, por assim dizer.

Com relação à assistência médica, você pode não conseguir tudo o que quer no momento desejado e também pode não receber as respostas que esperava, mas pode tomar a decisão de enfrentar a realidade em vez de simplesmente reagir.

Você continua no controle.

Encontrando o médico certo

Nem todo profissional da área médica estará interessado, disposto ou será capaz de ajudá-lo a entender e cuidar das questões médicas que podem estar por trás do seu medo e da sua ansiedade. As alterações recentes no sistema de saúde têm dado acesso a planos de saúde para quem anteriormente não tinha, embora outras pessoas tenham tido relacionamento mais difíceis com os médicos. Muitas vezes, você pode se pegar interagindo com várias clínicas, vários consultórios médicos e outros centros de tratamento, o que pode parecer frustrante; mas importante que você se lembre de que quem está no controle é você!

> **Você é o único responsável diante de Deus por assumir o controle da sua saúde — e da sua assistência médica — e continua no controle.**

A seguir, apresento alguns aspectos para levar em consideração na primeira consulta com um médico ou para se pensar quando estiver avaliando o relacionamento com seu médico atual:

- Eles me escutam? Os profissionais da área da saúde podem ter somente alguns poucos minutos com você — bem menos do que gostariam. De qualquer modo, você deve ter a sensação de que foi ouvido e deve ter a oportunidade de tirar todas as dúvidas, abordar qualquer assunto e sentir-se razoavelmente compreendido.
- Posso trabalhar em parceria com esse médico? Um bom médico o ajudará a entender suas opções e respeitar suas decisões. Ele deve conversar sobre as coisas que cabem a você fazer em prol do seu bem-estar e o ajudará a se informar sobre a sua doença, explicar as coisas de modo que possa entender e se mostrar aberto a pelo menos tirar dúvidas sobre as opções de tratamento.
- Será que eu gosto desse médico e confio o suficiente nele? Seu médico não é seu melhor amigo, mas você deve sentir que ele é confiável e que está verdadeiramente interessado em você.

Se a sua resposta às questões anteriores for negativa, pode ser o momento de procurar outro médico. Esse é o seu direito, mas veja se está pronto para a difícil tarefa de se relacionar com outro médico.

Dicas para conversar com o médico

Durante a consulta médica, vale a pena fazer antes a lição de casa, isto é, se você tiver mais do que um ou dois itens para discutir, leve com você uma lista de perguntas. Quanto mais claro você for sobre onde quer chegar na sua consulta, mais chance terá de sair dela satisfeito, lembrando que a clareza é especialmente importante na sua primeira consulta. Os médicos e os outros membros da equipe de assistência médica também são seres humanos, e o respeito, a honestidade e a comunicação clara faz com que eles reajam da melhor forma.

Muitas vezes, até o melhor médico só lhe dará um pequeno instante para explicar a razão da sua consulta antes de começar a fazer perguntas ou tomar a iniciativa em dar explicações, e esse é o motivo pelo qual é sempre melhor expor, logo de pronto, seu problema mais urgente. Explique em poucas palavras o problema que pensa estar acontecendo, todas as iniciativas que você tomou e seus maiores receios sobre a situação, e também esteja pronto para responder à pergunta: "Por que você veio aqui hoje?"

Você pode dizer algo parecido com: "Nos últimos meses, eu não tenho me sentido muito bem. Não consigo dormir direito, meu coração está acelerado e fico tenso a maior parte do tempo. Estou preocupado que possa haver algum problema no meu coração". Quando você aborda o assunto desse modo, o médico está sendo informado sobre o que tratar e você também, e vocês passam a ter um objetivo comum para a consulta.

O médico provavelmente começará a fazer várias perguntas, e é importante que você as responda da forma mais clara e honesta possível; em outras palavras, não esconda nada por medo de que o médico o menospreze. Lembre-se de que ele está trabalhando em seu favor! Sonegar informações pode diminuir as chances de que se encontre o problema real; além disso, é quase certo que o seu médico já tenha ouvido coisas piores no passado.

Faça também o possível para tirar todas as suas dúvidas, lembrando que nenhuma dúvida é ridícula. Certifique-se de que está entendendo o que o médico acha que está acontecendo com você, pois, mesmo que não tenha um diagnóstico, ele deve ser capaz de discutir suas ideias sobre o problema e poderá recomendar uma ação imediata. Se algo não ficar claro, pergunte! Antes de ir embora, veja se entende perfeitamente o que deve fazer em seguida: é preciso fazer algum exame? Precisa de uma receita? Deve mudar algo na sua rotina? Quando você deve voltar?

Coopere com o médico para encontrar as melhores respostas e soluções para seus sintomas ou para seu problema de saúde, lembrando que a maioria dos médicos tem o maior prazer em ajudá-lo na melhora das suas condições, e, com essa cooperação, vocês dois podem chegar a esse objetivo.

Exames a considerar

Os exames que você precisa fazer dependem dos sintomas que você apresenta. Consulte esta pequena lista dos exames que o médico poderá solicitar. Você vai precisar fazer todos eles, mas pode haver outros que terá de fazer, dependendo da situação. Esta lista pressupõe que você tenha uma ansiedade significativa com problemas físicos e ainda não tem um diagnóstico para alguma doença em particular.

Exames laboratoriais de rotina

- Painel metabólico básico: verifica os eletrólitos básicos e o funcionamento do rim e do fígado.
- Hemograma completo: verifica anemia e problemas relacionados a ela.
- Teste de tolerância à glicose: verifica o nível de açúcar no sangue em poucas horas, utilizado para diagnosticar o diabetes ou o pré-diabetes.
- Exames para avaliar a tireoide: pode incluir o TSH (hormônio estimulante da tireoide), T3, T4 e/ou outros.
- FSH (hormônio folículo-estimulante): para mulheres de meia--idade, pode indicar se está na fase de transição para a menopausa.
- Níveis de medicamento: caso você esteja tomando algum remédio que precise de monitoramento de seu nível no sangue.

Exames cardiovasculares ou respiratórios (se você tiver sintomas de doença no coração ou relativos à respiração)

- Eletrocardiograma (ECG): verifica o ritmo preciso do coração.
- Holter: mede o ritmo por um ou vários dias.

- Ecocardiograma: ultrassonografia para observar o funcionamento do músculo do coração.
- Teste de estresse cardíaco: por meio de exercício ou de uma dose de medicação intravenosa, verifica como o coração reage em situação de estresse.
- Espirometria: por meio do sopro em um tubo, verifica se o paciente tem asma, doença pulmonar obstrutiva crônica etc.

Exames gastrointestinais (se você apresentar sintomas no tubo digestivo)

- Endoscopia digestiva alta: um endoscópio passa pela garganta do paciente para observar o esôfago, o estômago e, possivelmente, o intestino delgado.
- Colonoscopia: um endoscópio passa pelo intestino grosso para verificar a ocorrência de colite ou de outros problemas.

Não se aborreça quando o médico não recomendar exames, pois sua situação é única, e outros fatores, incluindo seu histórico médico, ajudarão a definir quais os exames podem ser mais úteis. Não tenha medo de fazer perguntas. Se você tiver de fazer exames, assuma a responsabilidade de verificar se tem acesso a e se entende os resultados.

CUIDANDO DA SAÚDE FÍSICA

Um passo importante para vencer o medo e a ansiedade é fazer todo o possível para definir se alguma condição médica está contribuindo com seus sintomas. Muitas vezes esse não será o único passo que você precisa dar, mas peço que marque uma consulta com seu médico se não tiver se consultado recentemente. Analise e anote de antemão quaisquer sintomas que você possa ter e vá ao médico.

Se você não tiver certeza se as recomendações do médico são corretas, busque uma segunda opinião. Tire mais dúvidas e ore com dedicação sobre isso, pois parte da solução de Deus para o problema pode estar em ajudar você e seu médico a encontrar uma maneira de tratar seus sintomas que melhore seu bem-estar tanto agora quanto no futuro. Dê a Deus essa oportunidade.

Depois disso, continue a ler. Existem outros passos que devem ser dados para vencer o medo e a ansiedade e para desfrutar da vida em abundância que Deus tem para você.

PRÓXIMOS PASSOS

A ansiedade geralmente causa uma ampla variedade de sintomas físicos, inclusive insônia, manifestações gastrointestinais, problemas do coração ou de respiração, dor física etc. Além disso, vários problemas de saúde podem levar ao medo e à ansiedade. Entre as causas mais comuns estão as doenças do pulmão e do coração; os problemas da tireoide; diabetes ou pré-diabetes; as mudanças hormonais; e os efeitos colaterais de remédios, suplementos ou drogas.

Se você ainda não foi ao médico, este é o momento de reservar algum tempo para se submeter a uma avaliação clínica. Mesmo que você precise dar outros passos para vencer o medo e a ansiedade, passar por uma avaliação física o colocará em uma posição melhor para prosseguir na sua jornada rumo à libertação e à vitória.

PERGUNTAS PARA MEDITAÇÃO E DISCUSSÃO

1. Quanto tempo faz desde que você fez um *check-up* médico? Se já faz bastante tempo, você pode se comprometer agora?
2. Existe alguma(s) doença(s) que você já sabe que tem e pode estar contribuindo com seu transtorno psicológico? Você está tratando dela(s) da melhor forma possível?
3. Que medicamentos, com ou sem receita médica, ou suplementos você está tomando? Você já conversou sobre todos eles com seu médico ou com o farmacêutico?

CAPÍTULO 3

Situações que causam medo e ansiedade

James Beamed sorria enquanto se sentava para participar como convidado no nosso programa de rádio, mas ele nem sempre teve uma visão tão positiva da vida. O pai morreu quando ele tinha doze anos, e, com o apoio da mãe, James conseguiu lidar com essa perda por alguns anos, mas, na época em que se formou no Ensino Médio, ele usava drogas nos fins de semana. Ele largou a faculdade alguns meses depois e, em pouco tempo, era dependente de drogas e morando na rua.

O caminho para vencer a dependência das drogas foi difícil, e parte do tratamento era enfrentar tudo o que tinha de esquecer em razão da morte do pai e aprender a ser adulto em um mundo com o qual estava despreparado para se relacionar. Ele não podia mais afogar preocupações e medos nas pílulas ou na bebida.

A vida é difícil — para James, para mim e para você. As coisas ruins acontecem, e seu corpo, sua alma e sua mente não podem se isolar completamente do que acontece com você e do que acontece à sua volta. Até certo ponto, você fica vulnerável, e, quando isso acontece, você fica magoado.

Às vezes essas mágoas são temporárias. É como se sua alma pegasse uma gripe, isto é, elas doem bastante, mas em pouco tempo as coisas melhoram e você toca a vida.

Em outros momentos, as feridas são profundas: o abuso infantil que persiste por anos a fio; o sentimento de estar preso a um casamento violento e destrutivo; a dependência destruindo seu cérebro; um desastre natural ou um acidente que altera sua vida de modo permanente; ou presenciar a morte de uma pessoa importante para você. Seus melhores mecanismos mentais, físicos e espirituais para lidar com essa situação não são suficientes para o levar de volta ao normal. Seu mundo mudou para sempre.

O cérebro reage a essas circunstâncias desconcertantes de várias maneiras, inclusive com medo e ansiedade, e você provavelmente terá uma maneira própria de lidar com as situações difíceis; isso é normal. Alguns traumas são tão devastadores que até a pessoa mais forte pode passar por transtornos graves. Você pode estar pensando em situações perturbadoras de sua vida, mas não perca tempo avaliando se a situação é ruim o suficiente para trazer o impacto que você sente agora. Esse é o modo como você reage; e é exclusivo, por isso você merece ser levado a sério.

Vamos analisar algumas maneiras pelas quais você pode reagir às situações difíceis e alguns traumas específicos que você pode estar vivenciando. Tenho inúmeras sugestões sobre como você pode encontrar a cura apesar das dificuldades que enfrenta, ou até mesmo por causa delas.

A REAÇÃO DO CÉREBRO AOS TRAUMAS

Boa parte das melhores pesquisas sobre o trauma observou as pessoas que passaram por perturbações graves na vida: ex-prisioneiros de guerra; adultos que passaram por um abuso durante longo tempo na infância; pessoas cujos entes queridos morreram; ou sobreviventes de ataques terroristas. Essas são circunstâncias em que o sistema de qualquer ser humano pode ter uma sobrecarga, mas tais histórias nos ajudam a compreender parte do que o cérebro faz quando enfrenta situações difíceis e trazem elementos que podem ajudá-lo a encontrar uma vida nova no final do processo.

Lembre-se de que, até em momentos nos quais a situação difícil não parece tão ruim, o cérebro pode reagir de modo semelhante. Se você estiver passando por um transtorno psicológico, é válido examinar o passado e o presente para encontrar questões que não foram resolvidas — traumas dos quais você não cuidou ou dos quais ainda não obteve a cura.

Alguns cientistas e profissionais da saúde mental dedicaram a carreira inteira estudando o trauma e tratando de pessoas que sofrem disso, no entanto, falarei de dois conceitos que acredito serem especialmente úteis no processo de perceber o peso que as situações difíceis exercem sobre o medo, a ansiedade e sobre os sintomas relacionados.

Primeiro, você sofre influências tanto internas quanto externas das situações difíceis. Os efeitos externos (ou visíveis) podem ser facilmente reconhecíveis à primeira vista, e é possível que haja algum impacto sobre a saúde física, a saúde financeira ou sobre ambas. Talvez não tenha como retornar ao seu modo antigo de viver. Outras pessoas podem ter colocado você em situações que você não pode mudar.

Entretanto, os efeitos internos muitas vezes têm o mesmo impacto ou até um impacto maior do que os externos. As situações difíceis podem tê-lo impedido de desenvolver sua sensação de segurança e estabilidade no mundo, ou mesmo ter abalado a sensação que você carregava, e pode ser que alterem sua identidade como pessoa ou minem a confiança em sua capacidade de pensar, tomar decisões e agir para que elas façam a diferença. Talvez até desestruturem sua capacidade de confiar em Deus.

Esses efeitos provavelmente são até mesmo mais duradouros e mais difíceis de tratar do que as próprias situações em questão. A tentativa de ignorá-los não faz com que eles desapareçam, portanto, a única maneira de diminuir a influência deles sobre você é enfrentá-los e desmascará-los. Se você não completar esse processo, eles o devorarão por dentro, e provavelmente seu corpo sofrerá a maior parte do impacto e os sintomas físicos podem continuar e até se agravar até que você aprenda a lidar com o que aconteceu ou está acontecendo. Essa é a razão porque muitas (nem todas) as pessoas com uma doença crônica também sofrem de trauma não resolvido de abuso infantil ou têm raiz de amargura por erros do passado.

Em segundo lugar, você é quem escolhe o modo de reagir até mesmo às circunstâncias mais difíceis e nocivas, mas isso pode ser difícil de avaliar em meio a dificuldades. Pode ser que você sinta que perdeu o controle, e isso só agrava a ansiedade e o transtorno, mas mesmo assim você tem mais chances do que imagina.

Quem pode ter menos controle da situação do que os prisioneiros de guerra? Você se lembra do vice-almirante Stockdale? Nem todos os prisioneiros desenvolvem transtorno de estresse pós-traumático, e parte daqueles que sofrem da doença vencem seus sintomas e seguem em frente vivendo bem. Uma pesquisa demonstrou que os prisioneiros de guerra que escolhem se concentrar em algo bom — como pensar sobre o fim iminente da guerra ou sobre a família que ora pelo seu retorno — chegaram aos melhores resultados na saúde mental e no crescimento positivo depois da experiência devastadora.[1]

A escolha quanto ao modo de reagir não consiste em ignorar e recusar o reconhecimento da injustiça, da dor, da destruição ou quem sabe do estado realmente péssimo da sua realidade. (Lembre-se do paradoxo de Stockdale.) Em vez disso, consiste em ser completamente honesto sobre as coisas que estão fora do controle, mas escolher utilizar boa parte da sua energia concentrando-se nas coisas que estão ao seu alcance. Como a história dos prisioneiros de guerra ilustra, mesmo quando não consegue controlar nada ao seu redor, você sempre pode escolher em que pensar, e, na maior parte do tempo, você também sempre tem opções à disposição.

Uma das melhores expressões disso que eu conheço é a Oração da Serenidade: "Concedei-me, Senhor, a serenidade necessária para aceitar as coisas que não posso modificar. Coragem para modificar aquelas que posso e sabedoria para conhecer a diferença entre elas". Que você possa encontrar a sabedoria para entender que pode mudar e a coragem de adotar as melhores atitudes ao seu alcance. Oro para que este livro seja decisivo para ajudá-lo a encontrar sabedoria para fazer essa distinção.

QUAL É O ASPECTO GERAL DA CURA?

Como você imagina a cura? Será que ela indica que você será exatamente como era antes da experiência traumática? Será que sua mente e seu corpo parecerão nunca ter sido feridos? É possível que você tenha problemas de medo e ansiedade no momento por causa do resultado que espera e pode estar à procura de um modo de fazer com que tudo desapareça — quem sabe alguma pílula mágica, uma terapia nova, uma técnica de batalha espiritual ou um evento ou pessoa especial que faça tudo voltar a ficar bem. Mas esse não é o modo como mente e corpo funcionam, e geralmente não é o tipo de cura que Deus reserva para você. Não é possível passar por cima ou escorregar pelos lados do trauma: é preciso enfrentá-lo; e isso significa que o medo e a ansiedade podem piorar por algum tempo antes de melhorar. Além do mais, isso geralmente indica que você precisará de alguém para acompanhá-lo na jornada — um amigo atencioso e sábio, um grupo de apoio ou um terapeuta consciente.

A cura que você pode esperar ao final dessa jornada será totalmente exclusiva, e Deus operará uma cura sob medida para você. Conversaremos posteriormente neste capítulo sobre alguns aspectos dessa jornada que você pode achar úteis e algumas tarefas nas quais você pode se concentrar pelo caminho. Mesmo nos dias mais difíceis, nunca perca a esperança, poias as coisas não continuarão a ser tão difíceis como estão agora e Deus tem algo melhor para você.

Talvez seu sinal de cura seja lembrar o que aconteceu, mas não mais deixar isso controlar sua vida, isto é, abuso, a dependência, a perda, o trauma não terão mais efeito sobre você. Você será uma pessoa diferente do que era, mas nem todas essas diferenças serão negativas, e você descobrirá qualidades que não imaginava ter, coisas a respeito de Deus das quais não tinha conhecimento e dons que nem sabia ter para compartilhar do fundo do seu coração.

Agora, vamos dar uma olhada nos tipos mais comuns de situações difíceis que podem levar a transtornos psicológicos. Se seu trauma não se enquadrar aqui, não se preocupe; lembre-se de que, seja qual for o problema, ele merece ser levado a sério.

TRAUMAS QUE PODEM CAUSAR MEDO E ANSIEDADE

Estou usando a palavra *traumas* aqui só porque não encontrei palavra melhor. Só temos espaço para analisar traumas mais frequentes ou mais óbvios que podem causar medo e ansiedade, entretanto, a avaliação se a experiência que você passou é grave não é importante, mas sim o modo como essa experiência o afeta.

Abuso infantil e *bullying*

Os efeitos do abuso físico, sexual, emocional ou verbal que aconteceram com você quando era criança não desaparecem só porque você ficou adulto, e o abuso pode ser especialmente prejudicial quando foi perpetrado por alguém que devia cuidar de você, como o pai ou a mãe; o avô ou a avó; irmão ou irmã mais velho; padrasto ou madrasta; ou outro parente, professor, treinador, amigo. Os sintomas físicos associados podem incluir dores de cabeça, dor pélvica, problemas gastrointestinais etc., e também são comuns ataques de pânico, transtorno de estresse pós-traumático, ansiedade, depressão e todo tipo de transtorno psicológico.

O Distrito Escolar Unificado de Los Angeles, nos Estados Unidos, é responsável por mais de 650 mil alunos. Pia Escudero, diretora da escola de saúde mental, relatou que, ao examinar se seus alunos estavam com algum tipo de trauma, 98% deles relataram pelo menos um acontecimento traumático, e a maioria passou por mais de um trauma. Nem toda essa angústia era decorrente de abuso; eles também passaram por uma avaliação para saber sobre sua situação de moradia ou se algum dos pais estava preso, mas 98% é um número bem alarmante. Embora a Los Angeles do século XXI seja um lugar especialmente traumático para as crianças crescerem, continua sendo um dado importante sobre o quanto esses problemas são comuns.[2]

O *bullying* pode ser comparado a uma brincadeira de criança para as pessoas ao redor, mas tanto aqueles que discriminam como aqueles que são discriminados podem desenvolver transtornos psiquiátricos significativos no futuro. Um estudo recente realizado no Reino Unido demonstrou que os efeitos psicológicos do *bullying* geralmente persistiam por pelo menos quarenta anos e afetavam a qualidade de vida dos adultos de forma significativa.[3]

Se você sofreu abuso, *bullying* ou por causa de outro trauma durante os primeiros anos de vida, é quase certo que exista uma relação direta entre essas experiências e seu transtorno psicológico atual. Não adianta simplesmente tomar a decisão de não permitir que isso o influencie, pois, para desfrutar da cura, é importante que você encontre um local seguro para colocar para fora as suas histórias. Você precisa de um diálogo atencioso e honesto com pessoas que o compreendem, e talvez você chegue à conclusão de que um grupo de apoio ou um terapeuta especializado nos efeitos do trauma infantil possa ser útil.

Dinâmica familiar desestruturada

Será que existe alguma família que funcione perfeitamente? Se existir, gostaria de encontrá-la. Toda família tem seu modo de se comportar, o qual aprendeu com as gerações anteriores, e você naturalmente adotará um comportamento próprio, a não ser que examine sua herança familiar aberta e honestamente, faça escolhas conscientes sobre o que manter e o que deixar para trás, e trabalhe com dedicação para aprender novas maneiras de se comportar nas áreas a serem transformadas.

Certamente, há famílias mais desestruturadas do que outras, e algumas dinâmicas familiares podem causar problemas permanentes relacionados com a ansiedade, que incluem insanidade mental, violência, vícios, abuso, encarceramento ou outras formas de instabilidade. Essas questões podem coincidir com o abuso infantil. Você pode se sentir manipulado atualmente por membros da família autoritários ou pode ter terminado alguns relacionamentos por prejudicarem sua vida.

Em toda família há mais culpa em circulação do que se deseja, pois as pessoas aprontam umas com as outras; aprontam com você, e você apronta com elas. Ninguém reagiu bem, e, na desordem atual, ninguém sabe onde começaram os problemas ou o que fazer a respeito deles. Essa desarmonia familiar pode continuar a comprometer seu bem-estar psicológico, tendo você ou não um relacionamento atual com os membros problemáticos da família, e talvez você tenha sua parcela de culpa nesse caos.

Superar essas dinâmicas familiares exige maturidade da sua parte. As habilidades discutidas neste livro — o perdão, a responsabilidade pelas próprias ações, aprender a dizer não etc. — podem ajudá-lo a se tornar a pessoa que Deus quer que você seja independente seu histórico familiar, mas não adianta simplesmente vislumbrar um acontecimento da família e dizer: "Não quero fazer o mesmo!" É um bom começo, mas em seguida você precisará aprender, de modo consciente, um novo modo de pensar, falar e se comportar nessa área, seja ao expressar suas emoções, administrar suas finanças, gerenciar seus conflitos, lidar com sua sexualidade ou qualquer outra coisa que queira fazer de forma diferente.

Vícios

Os vícios representam mais do que uma simples circunstância externa que causa medo e ansiedade, mas, de fato, são estímulos externos. Pílulas, drogas, bebidas alcoólicas, jogo, sexo, fumo — você pode ter começado a usar ou a adotar esse comportamento para experimentar ou para ajudá-lo a passar por alguma situação estressante, ou talvez tenha começado por alguma outra razão. No entanto, o transtorno psicológico que o vício acarreta é só um gancho a mais que parece fazer com o que o medo e a ansiedade o capturem.

Libertar-se de um vício exige cuidar de todos os aspectos que ele atinge — a saúde, o raciocínio mental, as emoções, o passado e o bem-estar espiritual. Sendo assim, é preciso analisar todas essas áreas de forma honesta, trazê-las à luz da presença de Deus e permitir que sejam curadas.

Atualmente, existe muita discussão entre os médicos e os profissionais da área da saúde mental sobre o vício ser ou não uma doença, mas encará-lo como uma doença faz sentido em vários aspectos, pois certamente ninguém acorda um dia e decide se viciar em alguma coisa. Os fatores genéticos têm parte nisso, e existem efeitos biológicos bem concretos no corpo e na mente, porém, se pensar no vício como uma doença impede a pessoa de assumir toda a responsabilidade pelos seus atos, então isso passa a ser um conceito perigoso. Independentemente dos fatores envolvidos, você é responsável por dar todos os passos necessários para obter ajuda e se libertar do vício.

Isso não quer dizer que você possa se libertar sozinho. Você pode precisar de uma equipe para auxiliá-lo — médicos, terapeutas, outros dependentes que buscam a libertação — e, acima de tudo, da graça de Deus. A batalha espiritual, a qual abordaremos posteriormente, geralmente é importante, mas é somente uma das ferramentas do processo de libertação. Ela pode ajudar a encarar o vício como um problema devastador, mas um problema que não se confunde com sua identidade como pessoa. As outras pessoas podem ajudá-lo a resgatar sua identidade escondida pelo rótulo do problema: a identidade de uma pessoa pela qual Jesus morreu e que Deus quer libertar. Sendo assim, procure ajuda e não desista!

Violência

A violência doméstica ou do parceiro íntimo cria feridas invisíveis que permanecem mesmo depois de a ferida física sarar. Hoje em dia, apesar de ser mais seguro conversar sobre o assunto do que anos atrás, falar sobre isso não é fácil. Parece mais fácil dizer "Meu coração está acelerado e eu não consigo dormir" do que conversar sobre os acessos de raiva do seu cônjuge e as feridas físicas de que teve de cuidar. Pode ser mais fácil falar sobre suas dores de barriga do que sobre as surras verbais ou a exploração sexual que você recebe do seu namorado. Estatisticamente, as mulheres são as vítimas mais comuns de relacionamentos violentos, mas os homens também podem sofrer com isso.

Um tiroteio ao acaso, o estupro por um estranho, um ataque terrorista, estar em uma zona de guerra — essas são somente algumas das situações de violência que podem desencadear uma ansiedade crônica, além de todos os sintomas físicos e emocionais que ela provoca.

A libertação de um relacionamento violento ou a cura do transtorno do estresse pós-traumático depois de estar em uma zona de guerra ou de passar pelo assédio sexual é um assunto extenso demais para ser abordado completamente neste capítulo. Falamos sobre violência nesse contexto para reconhecer que ela é extremamente comum e que há uma boa chance de ter sido a experiência base do transtorno psicológico com o qual você tem de lidar no momento. As mudanças no comportamento, a prática do pensamento positivo e a oração podem ser úteis, mas você só será capaz de resolver os efeitos do trauma sobre seu corpo e sua mente com uma abordagem direta. Felizmente, existem mais profissionais dedicados atualmente do que nunca; sendo assim, busque um especialista e obtenha ajuda.

Morte e luto

Estou escrevendo estas linhas somente algumas semanas depois da morte do meu amado esposo. Eu tinha me preparado para os sentimentos de tristeza e de perda, mas me surpreendi com o tamanho da ansiedade pela qual também passei. Meu mundo caiu, e foi difícil para minha mente se reorientar, refletir e buscar algum sentido.

Se você perdeu alguém próximo — pai, mãe, cônjuge, filho, sobrinho, amigo —, pode estar passando por algo parecido, pois não há como colocar o luto em uma embalagem bonita. A ansiedade é só uma parte do luto, mas é importante reconhecer que a morte de alguém próximo é uma das experiências mais estressantes pelas quais um ser humano pode passar, e essa carga de estresse é suficiente para levá-lo a sentir-se desorientado, ansioso, com medo e traumatizado.

Se você tiver problemas de medo e ansiedade em outras áreas de sua vida, a perda de um ente querido pode fazer com que os sintomas retornem, até mesmo sintomas físicos, mas isso não quer dizer que você seja fraco ou que tenha posto a perder alguma vitória anterior. A morte é uma aberração do modo como Deus nos criou, uma vez que ele não queria que vivêssemos por alguns anos, até mesmo por muitos anos, e depois morrêssemos; na verdade, ele nos criou para viver para sempre. A morte pode ser normal para esta terra, mas não é normal para o universo de Deus, portanto, é normal sentir-se ansioso por uma coisa que nunca foi a intenção de Deus.

Não permita que sua ansiedade ou seu medo aumente por se sentir irritado depois da morte de alguém que você ama, porque esse é o momento de ser gentil consigo mesmo e buscar apoio. Encontre um amigo ou algum grupo de apoio a enlutados no qual você possa expressar seus sentimentos e deixe que eles ministrem o conforto de Deus na sua vida.[4] O que você está sentindo é normal e pode melhorar quando você tiver passado por todo o processo do luto.

EFEITOS DO TRAUMA

Essas são apenas algumas situações causadoras de ansiedade. O modo pelo qual o trauma o afeta dependerá de muitas coisas, inclusive da sua idade na época do acontecimento, da sua personalidade, do quanto você se sente ou se sentia no controle das outras áreas de sua vida, de quanto apoio recebeu na época ou tem agora etc. Se você sabe que alguma situação despertou seu transtorno psicológico, deve começar por ela. Lembre-se: o que importa não é o quanto o acontecimento foi ruim, mas sim como ele o afetou. Talvez as tarefas sobre as quais discutiremos a seguir sejam úteis na sua jornada para a vida plena independente do tipo de trauma pelo qual passou ou há quanto tempo ele ocorreu.

DO TRAUMA À CURA

O tempo por si só não cura nada. O passar do tempo pode fazer com que se forme uma cicatriz sobre a ferida, mas, se o que está por baixo dela não for tratado e se o seu processo de cura não for finalizado, a dor e a mágoa persistirão. Você ainda será como aquela garotinha de cinco anos que se escondia atrás da cama esperando que seu pai alcoólatra não a encontrasse; ou ainda olhará desconfiada ao redor se assustando com qualquer som estranho vinte anos depois de ter sido vítima de estupro. Você se retrairá sempre que outra pessoa a tocar de determinada maneira ou ficará bem tenso para evitar tomar aquela pílula quando fica irritado. Você se negará a ir para o reencontro da turma do Ensino Médio porque aquele que o agredia antigamente estará lá; ou se sentirá tão chateado com a morte de um ente querido como logo que ele partiu. Isso não é cura!

A única maneira de o tempo curar é se você fizer bom uso dele se envolvendo ativamente em iniciativas de recuperação, pois a cura não é passiva e não acontece espontaneamente. É um processo no qual você participa ativamente, pesquisa, trabalha em seu favor e vivencia; também não acontece sem a companhia de alguém: você precisa encontrar outras pessoas pelo caminho. Além disso, você precisa, acima de tudo, da presença curadora e libertadora de Deus para que a cura aconteça. Não precisa exagerar a ponto de se esgotar, mas seja parte ativa do processo.

Eis algumas maneiras de participar ativamente de sua cura que são importantes independentemente de quanto tempo foi seu último trauma ou de quão pequeno ou grande ele foi.

Ouça a voz do seu corpo e da sua mente

Reconhecer que está com medo, ansioso ou mesmo transtornado é uma maneira de começar, pois isso ajuda a assumir sua parcela de responsabilidade sobre o que se passa com você; ou seja, é parte da sua verdade, e, sem assumi-la, é impossível prosseguir.

Você pode descobrir mais coisas ouvindo com mais atenção seu corpo e sua mente, chegando até mesmo a fazer perguntas a eles. Observe que pensamentos passam na sua mente quando está irritado — falaremos mais sobre isso no Capítulo 4 — e perceba como seu corpo se sente enquanto tem esses pensamentos. Note o que acabou de acontecer e tudo ao seu redor que lhe provoca sentimentos de medo e ansiedade.

Além disso, você também pode observar outros sentimentos querendo surgir ou se somar ao medo e à ansiedade, entre eles a raiva, o cansaço, a perplexidade, o senso de perda, impotência etc. Sinta os sinais no seu corpo físico para começar a compreender suas emoções e talvez a razão desses sentimentos. Você pode usar o que descobriu sobre si para encontrar pessoas e locais de apoio seguros, e também descobrir outras atividades que o ajudem a alcançar a cura.

Nem tudo são sentimentos, então, aprender a ouvir o corpo e a mente é apenas um passo para encontrar a cura. Será preciso também dar outros passos que, com o passar do tempo, mudarão o modo como você se sente. Seus sentimentos lhe darão informações importantes sobre si mesmo e sobre as situações da vida; eles são verdadeiros, mas não são toda a verdade.

Aprenda maneiras saudáveis de expressar seus sentimentos

Se você tem tido problemas com medo e ansiedade por um longo tempo, essa sensação é a principal forma pela qual você se expressa emocionalmente, mas será útil aprender outras maneiras de expressar esses mesmos sentimentos. O modo pelo qual isso acontecerá depende da sua personalidade e das suas preferências.

É difícil falar sobre o benefício de conversar com pessoas confiáveis a respeito de situações difíceis, mas outras vítimas de abuso infantil, da violência doméstica, da guerra ou de qualquer outro trauma podem trazer-lhe uma ajuda valiosa. Essas conversas podem ajudá-lo a se sentir valorizado, e você pode se sentir estimulado ao ver outros que estão à sua frente na jornada e se fortalecerá ao apoiar as pessoas que ainda não chegaram onde você está agora. Procure alguém que o permita falar com franqueza, mas que também o ajude a encontrar maneiras positivas de expressar seus sentimentos.

Ouça seus sentimentos: eles lhe dão informações importantes. Seus sentimentos são verdadeiros, mas são apenas um ângulo da verdade.

Chorar, escrever, desenhar, pintar, cantar e gritar (não nos ouvidos de alguém) são maneiras de expressar suas emoções, e tudo isso é bom, até mesmo pedir a Deus, lembrando que ele é o único que o pode compreendê-lo totalmente e que sempre estará com você. Causar dano a pessoas ou propriedades — ou mesmo a si próprio — é inadequado. Se você tiver problemas com o impulso de prejudicar a si mesmo e aos outros, procure ajuda imediatamente. Se você não tem ideia de onde encontrar ajuda, você pode ligar, no Brasil, para o Centro de Valorização da Vida (CVV).

Dê um passo de cada vez

Não é possível ter um trauma e ser curado imediatamente. Você sente um transtorno psicológico depois do trauma porque seus mecanismos normais para lidar com ele se esgotaram completamente. É importante prosseguir na jornada em pequenas doses, até porque não há medalhas para a velocidade; o importante é que você continue a caminhar em direção à cura.

Talvez sua jornada para a cura leve mais tempo do que você imagina, mas não deixe que essa preocupação traga um transtorno adicional ao peso que você já está carregando. Pense em escrever um diário da sua jornada rumo à vida plena e registre o que quiser, mas especialmente o que estiver aprendendo sobre seu corpo e sua mente, os passos que estiver dando para encontrar a cura e todos os pequenos avanços pelo caminho. Sempre que se sentir desanimado quanto ao processo, a leitura de algo que você escreveu semanas ou meses antes pode ajudá-lo a recobrar o ânimo sobre o que alcançou até o momento.

Se você se pergunta por onde começar na sua jornada para a cura, veja alguns passos que podem ajudá-lo logo no início:

- Escreva o que aconteceu e como isso o afetou.
- Escolha uma pessoa ou grupo confiável para conversar sobre a sua experiência
- Pense ou escreva sobre algo que provocou medo e ansiedade no dia de hoje.
- Pense ou escreva sobre algo saudável que o fez se sentir melhor — alguma música, conversa, uma boa noite de sono, uma oração etc.

Faça todas as escolhas possíveis

Uma parte fundamental do transtorno psicológico é a sensação de perder o controle da vida — tanto do que aconteceu quanto de como isso o afeta no momento. Nesse sentido, cada pequena ação para a retomada desse senso de controle será útil na sua jornada em direção à cura.

Pense nas escolhas que tem à sua frente. Talvez você não consiga se imaginar vivendo sem a bebida alcoólica, mas pode ir até o local mais próximo onde o grupo de Alcoólicos Anônimos se reúne e participar de uma reunião. Quem sabe você não consiga se ver livre do controle da sua mãe, mas você pode deixar o próximo telefonema dela ir para a caixa de mensagens e responder quando estiver pronto.

A prática de fazer escolhas em áreas não relacionadas o ajudará, então, exercite nas pequenas escolhas, isto é, experimente novos alimentos, escolha algo diferente para vestir ou escolha conversar com algum colega que pareça confiável no ambiente de trabalho. Fazer uma pequena escolha e tomar uma atitude fará com que você pratique e também o capacitará para o próximo passo.

Chegue à superação por meio de uma vida espiritual ativa

Você está lendo este livro porque pelo menos uma parte de você acredita que Deus tem uma solução para seu transtorno psicológico, e essa fé é poderosa. Descobrir a resposta de Deus para o seu transtorno exige mais do que orar pedindo que ele o ajude e depois esperar que ele faça alguma coisa; em outras palavras, sua iniciativa e cooperação ao longo do caminho farão uma grande diferença.

Já foi mais do que provado que participar de uma igreja apoiadora é benéfico para aqueles que passaram ou ainda estão passando por um trauma.[5] Isso significa ir além de simplesmente frequentar os cultos, ainda que isso já ajude bastante; na verdade, é o contato com as pessoas que ajuda mais. Espero que você faça parte de uma igreja em que encontre auxílio e apoio, mas, se isso não acontecer, essa é a melhor oportunidade para entrar em contato com outro grupo do corpo de Cristo. Não existe igreja perfeita, mas ter comunhão com outros cristãos será benéfico para a cura de qualquer trauma que marcou sua vida.

Se você foi magoado por alguém, terá de enfrentar a questão do perdão, pois não encontrará a libertação e a alegria enquanto não encarar esse problema de frente. Perdoar não é dizer que o que aconteceu com você não teve importância, pois é óbvio que importou! É por isso que o perdão é a única maneira possível de encontrar a libertação da influência que o trauma tem sobre você, pois perdoar é renunciar ao direito de continuar a ser ferido pela pessoa que o feriu e fazer a escolha de deixar Deus tratar com ela, já que você nem tem como fazer isso. Se essa pessoa continuar a ter um comportamento destrutivo, você terá de se proteger de novos ataques, porém, pode perdoar uma pessoa escolhendo manter ou terminar o relacionamento com ela.

Se você tem dificuldade de perdoar, saiba que não é o único. Lembre-se de que o perdão é uma escolha e leva tempo; então, dê a Deus a permissão de continuar a trabalhar em você nessa área, e ele fará exatamente isso.

INICIE O PROCESSO DE CURA

O cérebro reage a situações difíceis ou traumáticas de maneira compreensível e individualmente exclusiva. Se algum trauma no passado ou no presente causou um transtorno psicológico em você, o ponto de partida é tomar conta dessa situação. Talvez sua jornada rumo à cura seja mais longa do que você esperava, mas a ela é possível.

O abuso infantil, o *bullying*, a dinâmica familiar desestruturada, a violência, o vício e a perda de alguém próximo são somente alguns dos traumas que geralmente levam ao medo e à ansiedade. Sua participação ativa na jornada será necessária para encontrar a cura, e você pode fazer isso aprendendo a ouvir seu corpo e sua mente, buscando maneiras saudáveis de expressar seus sentimentos, tomando a iniciativa de fazer as escolhas ao seu alcance e cooperando com Deus para encontrar a cura que ele tem para você.

PERGUNTAS PARA MEDITAÇÃO E DISCUSSÃO

1. Quais situações difíceis do passado ou do presente estão influenciando seu transtorno psicológico no momento?
2. De que maneira você tem tentado encobrir os efeitos desse trauma em vez de trabalhar abertamente para encontrar a cura?
3. Como sua fé o influencia na jornada em direção à cura do trauma? Como ela o tem ajudado? De algum modo ela tem sido um obstáculo?

CAPÍTULO 4

O papel da mente

O que se passa na sua cabeça neste momento? Antes de continuar a ler, faça uma lista dos seus pensamentos e seus sentimentos.

Você pode estar pensando uma série de coisas: "Meu colega fez tudo errado no trabalho hoje e levarei três dias para organizar tudo". "Eu me pergunto o que meu filho e os amigos dele estão fazendo agora. Não deve ser coisa boa!" "Estou com medo de ir ao médico esta semana, pois tenho certeza de que as notícias não serão nada boas". "Meu marido nunca percebe quando estou cansada ou irritada; ele só pensa em si mesmo".

Sua mente nunca desliga de verdade. Ela pode estar distraída ou concentrada, criativa ou confusa, confiante ou irritada, mas os pensamentos e os sentimentos se misturam de tal modo que fica difícil distinguir um do outro. As emoções têm um grande papel no que acontece na mente, e você pode não ser capaz de mudar seus sentimentos de acordo com sua vontade, mas *pode* mudar seus pensamentos, e, com o passar do tempo, esses novos pensamentos levarão a sentimentos transformados.

Este capítulo fala sobre a parte da sua mente sobre a qual você tem o controle e sobre como suas escolhas afetam a parte que você não pode controlar. Você não pode alterar o que o seu colega de trabalho ou o seu filho fez, o relatório do médico nesta semana ou a personalidade do seu marido, mas tem um poder enorme para decidir a maneira como pensa sobre esses fatos ou mesmo se quer pensar mesmo nisso. Na verdade, você pode controlar mais coisas do que pode imaginar.

O medo e a ansiedade são constituídos de pensamentos e sentimentos, e seus pensamentos afetam seus sentimentos. Essa não é a única área da sua vida da qual precisa tomar posse, mas, se você quiser vencer o medo e a ansiedade e desfrutar a vida abundante que Deus deseja para você, é extremamente importante que assuma o controle.

Existe algo que precisamos deixar bem claro: seus pensamentos são poderosos, mas não de forma absoluta, e seu modo de sentir pode ser alterado pelos seus pensamentos, mas você não pode mudar tudo. Não é uma questão de "mente sobre a matéria". É importante dar aos seus pensamentos o devido crédito — nem mais nem menos —, mas é mais provável que você dê muita atenção ao que pensa em vez de dar destaque exagerado. Foi assim que me comportei por anos a fio, mas minha vida mudou radicalmente quando aprendi que podia escolher meus pensamentos — e que, no tempo certo, isso mudaria meus sentimentos.

A BÍBLIA E OS PENSAMENTOS

A Palavra de Deus tem muito a dizer sobre os pensamentos. A Bíblia supõe que, a partir do momento que Deus nos pede para tomar alguma atitude com relação ao nosso pensar, somos capazes de seguir sua orientação. Não podemos segui-la perfeitamente, pois precisamos do perdão, da graça, do poder libertador de Deus para ter uma mente liberta e purificada, mas temos de nos esforçar, e podemos nos aprimorar nisso.

No que devemos pensar? Deus disse a Josué para "meditar nelas [nas palavras deste livro, isto é, a palavra de Deus] de dia e de noite", e que agir assim o levaria ao sucesso na missão que Deus lhe deu (Josué 1:8). Nos Salmos, somos encorajados a meditar sobre o próprio Deus e sobre as coisas boas que ele fez no passado (Salmos 63:6; 77:12); sendo assim, pensar sobre Deus, sobre sua Palavra e sobre o que ele fez por você certamente são boas coisas para se pensar. Mas ainda existem outras.

É necessário um esforço para manter os pensamentos sob controle. Em seu momento de angústia, Davi disse a si mesmo: "Por que você está assim tão triste, ó minha alma? Por que está assim tão perturbada dentro de mim? Ponha a sua esperança em Deus!" (Salmos 42:5). Pedro incentivou os cristãos a estarem "com a mente preparada" (1Pedro 1:13). Isso demonstra que você fará uma escolha consciente em vez de deixar sua mente pensar e sentir qualquer coisa da maneira mais fácil.

Paulo declarou enfaticamente tudo o que os cristãos devem fazer com seus pensamentos. Você deve ter ouvido este versículo várias vezes: "Finalmente, irmãos, tudo o que for verdadeiro, tudo o que for nobre, tudo o que for correto, tudo o que for puro, tudo o que for amável, tudo o que for de boa fama, se houver algo de excelente ou digno de louvor, pensem nessas coisas" (Filipenses 4:8). Isso não significa se recusar a ver os problemas quando surgirem ou ser menos honesto quanto às suas dificuldades, mas sim que você tem uma escolha sobre em que sua mente se concentrará, e é mais saudável concentrar a maior parte da sua energia nessas coisas positivas.

Ele é ainda mais específico em 2Coríntios, quando escreve: "levamos cativo todo pensamento, para torná-lo obediente a Cristo" (2Coríntios 10:5). Isso é bem difícil. Se nosso pensamento não nos servir — ou ao propósito de Cristo em nós — muito bem, chegou a hora de nos fortalecer ou até nos engajar na iniciativa de examinar os pensamentos e, em seguida, verificar tudo aquilo que se opõe ao que Deus tem a dizer. Esse é o padrão que a Bíblia estabelece para a sua mente.

E então? Como se faz tudo isso? Não se trata de pensar apenas em Deus, sua Palavra e o que ele tem feito por você o tempo todo. Existem outras coisas na vida quem merecem atenção — o trabalho e as responsabilidades familiares, os problemas, as situações que fogem ao seu controle ou coisas negativas que parecem não sair da sua mente.

Vamos ser bem práticos e observar o que significa, hoje em dia, tomar posse do nosso pensamento da maneira como a Palavra de Deus diz que devemos fazer. Com isso, você terá ferramentas precisas para lidar com o medo, com a ansiedade e com qualquer tipo de transtorno psicológico, pois essas habilidades o ensinarão a obter o controle da sua mente da maneira como Paulo nos ensinou a fazer.

PERCEBA SEUS HÁBITOS DE PENSAMENTO

Hábitos tornam a vida mais fácil, e por causa deles nós não temos de ponderar sobre como tomar banho, qual caminho seguir para o trabalho nem sobre o significado de cada toque do nosso telefone. Você também desenvolve hábitos no modo de pensar, e alguns desses hábitos prestam-lhe um bom serviço, mas outros não. Se você tiver problemas contínuos de medo e ansiedade, os hábitos de pensamento provavelmente precisarão de um alinhamento, ou, quem sabe, de uma reformulação significativa.

Você não desenvolveu os hábitos atuais do dia para a noite. Muitos fatores contribuíram para sua continuidade: experiências da infância, sua personalidade, coisas que outras pessoas lhe disseram, mídias que você consumiu, escolhas que fez etc. Um dos primeiros passos para obter o controle da mente é observar os pensamentos que circulam na sua cabeça neste momento. Se você estiver aflito, pergunte a si mesmo: "No que estou pensando agora?" Em seguida, pergunte-se: "Por que estou pensando nisso?"

Não se torture se não estiver contente com o que você anda pensando, mas observe e tente compreender o que está ocorrendo. Você pode ter a tendência a se concentrar em um resultado ruim de algo que pode ou não estar acontecendo ou gastar uma energia incrível imaginando o que os outros estão pensando de você. Você pode estar remoendo experiências negativas do passado ou repetindo para si mesmo todas as razões pelas quais acredita ser um fracasso.

Ao questionar os motivos de certos pensamentos, você pode compreender algumas situações que o fizeram criar esses hábitos. Lembre-se de que seu propósito no momento é, a princípio, observar e entender, não se criticar duramente; sendo assim, escute o que sua mente está lhe dizendo e encare a si mesmo como observador, assistindo ao funcionamento da sua consciência.

Pergunte a si mesmo: "No que estou pensando no momento?" e "Por que estou pensando nisso?"

No começo, é possível que você se esqueça de observar seus pensamentos por alguns períodos de tempo. No final do dia ou no dia seguinte, você lembrará de repente e dirá a si mesmo: "No que estava pensando?" Isso é normal. Você pode achar que escrever um diário o ajudará a desenvolver o novo hábito. Eu mantive um diário por muitos anos e ainda faço uso dele quando me sinto agitada, pois escrever os pensamentos ajuda a entendê-los; nesse sentido, você pode sentir-se mais seguro só pelo fato de ter tudo isso por escrito.

Não pare por aqui. O objetivo não é uma análise pessoal infinita; na verdade, o propósito é ajudá-lo a identificar de forma objetiva seus pensamentos frequentes para que você possa levá-los "cativos", como Paulo instruiu. Conversaremos sobre como fazer isso ao longo da leitura.

O ESTILO DE VIDA AFETA O PENSAMENTO

Por quanto tempo você dormiu essa noite? O que você comeu na sua última refeição? Esse e muitos outros fatores certamente influenciam seus sentimentos e seus pensamentos. Em 2015, o chocolate Snickers lançou um comercial em que dizia: "Você não é você quando está com fome". Como se o doce fosse adequado para aliviar o estresse! Da mesma forma, é possível que você pense que o problema seja insuportável durante a noite, mas parece bem mais tranquilo depois de algumas horas de sono.

Estes são alguns fatores que influenciam o que você pensa:

- O que você come e bebe. Seu cérebro precisa de um fornecimento regular de água, glicose, aminoácidos e gorduras saudáveis para funcionar bem. Por esse motivo, é importante beber água suficiente e ter uma dieta saudável, constituída, na maior parte, de alimentos não processados, pois isso facilita a escolha dos nossos pensamentos.
- Exercício físico. Seu cérebro precisa de oxigênio, e exercitar-se aumenta a oxigenação de todo o corpo, inclusive do cérebro. As endorfinas liberadas com o exercício também ajudam a pensar de modo mais positivo.

- Descanso. Quando a mente está cansada por qualquer motivo — falta de sono, estresse ou excesso de trabalho —, ela não consegue pensar tão claramente. O descanso melhora tanto o ânimo quanto a capacidade de controlar o pensamento.
- Pessoas ao redor. Passar o tempo com pessoas positivas, seja com a família, os amigos e os colegas de trabalho, ajuda a mente a perceber as coisas positivas e a ter pensamentos positivos.

Trataremos mais detalhadamente das escolhas de comportamento no Capítulo 5, mas, por hora, observe como sua mente pensa de forma diferente sob os fatores listados. Se você estiver cansado e com fome, pode pensar: "Nunca conseguirei terminar esse projeto!" Ou: "Todos acham que sou um fracasso!" Depois de descansar um pouco, de uma caminhada animada, de uma refeição saudável ou de uma boa conversa com um amigo, você pode pensar: "Esse é um desafio gigantesco, mas meu desempenho melhorará bastante". Ou: "Essa não foi uma decisão sábia. Posso aprender com ela e fazer uma escolha melhor da próxima vez." Consegue ver a diferença?

Uma parte do aprendizado de assumir o controle do pensamento — levar "cativo todo pensamento" — é buscar hábitos que o ajudarão a fazer isso. Se você tem dificuldades para controlar a mente, reflita sobre as melhorias que pode implementar em seu estilo de vida.

ENTRA LIXO, SAI LIXO

No último ano do Ensino Médio, aprendi programação básica de computador — usando o velho cartão perfurado. Se o cartão fosse furado de forma errada, o resultado não teria sentido algum na programação. Nossa instrução era: "Lixo que entra, lixo que sai".

De vários modos, o cérebro se parece com um computador. Os neurônios, os vasos sanguíneos e as outras partes da anatomia cerebral se parecem com a máquina em si; já o alimento e o oxigênio são a fonte de energia; e o cérebro não pode funcionar sem essa entrada de dados. Essa é a razão pela qual o cuidado com a saúde física faz tanta diferença no seu bem-estar mental e emocional, embora esse seja somente um passo.

O que você deixa entrar na sua mente se parece com os dados que um computador recebe — downloads, fotos do celular, palavras digitadas etc. Os programas que existem dentro do computador não agem sozinhos, a menos que você entre com os dados; o mesmo acontece com a sua mente.

Pense nas mensagens — a entrada de dados — que seu cérebro recebeu hoje. Você pode ter assistido ao noticiário enquanto se preparava para o dia e ouvido o rádio a caminho do trabalho. Seu cônjuge, seus filhos ou outros membros da família podem ter reclamado, se preocupado ou culpado você por alguma coisa pela manhã. Pode ser que seu chefe o tenha pressionado ou que seus colegas tenham dito que estavam insatisfeitos com seu desempenho. Os anúncios da internet o cercaram quando você deu uma olhada nos e-mails, e você certamente viu as postagens "socialmente aceitáveis" dos seus amigos no Facebook. No farmácia, você não conseguiu se desviar dos cartazes que promoviam as propriedades emagrecedoras ou energéticas de um produto novo, e os folhetos expostos no caixa mostraram que a vida dos outros é mais interessante que a sua. Sua correspondência o fez lembrar das suas obrigações financeiras; em casa, o telejornal da noite dramatizou o fim do mundo, e a programação aberta do horário nobre garantiu seus lucros com sexo, violência e realismo fantástico.

Ufa! Você não ficou estressado só de ler essa lista? Consegue ver como as informações que você deixa entrar em sua mente afetam os pensamentos e o funcionamento do cérebro?

Você está se esforçando para aprender a controlar os pensamentos, então, aprenda também a observar as mensagens que chegam à mente e podem até parecerem suas, mas têm uma boa chance de ser o que a mídia quer que você pense. As mensagens se assemelham a isto:

- "Sua vida não é interessante nem faz sentido algum."
- "Sua família, seu trabalho e sua vida não são bons o suficiente."
- "Você será um fracasso se não fizer isso ou alcançar aquilo."
- "Você precisa perder peso (ou comprar o produto X ou entrar no grupo Y) para ter sucesso."
- "O governo, sua estabilidade financeira, nosso modo de vida — tudo está prestes a entrar em colapso."

Absorver essas mensagens diárias sem notar suas sutilezas certamente o deixará frustrado, triste, com medo, ansioso ou irritado. Para ter pensamentos e sentimentos de alta qualidade, preste atenção nas mensagens que você se permite acessar. Não há como ignorar as mensagens negativas por completo, mas você não deve aceitar cegamente o que elas o levam a pensar. Você tem a capacidade de escolher as informações que deseja que sua mente receba, então, escolha as que o ajudarão a prosseguir levando "cativo todo pensamento". Além disso, você pode escolher o que fará com as mensagens que a mente assimila.

ESCOLHA AS INFORMAÇÕES QUE SUA MENTE VAI RECEBER

Não podemos passar a vida em uma bolha, mas você tem de colocar um filtro nas entradas da mente e ter consciência dessas entradas. Se não fizer isso, a mente aceitará passivamente toda perturbação, todo estresse e toda maldade que o ambiente a nossa volta deseja servir. Se você assumir a direção sobre o que entra na sua mente, seus pensamentos terão mais "combustível" positivo com o que trabalhar.

Em primeiro lugar, reflita sobre quais são as informações negativas que você pode diminuir ou descartar — geralmente, elas vêm de pessoas negativas ou da mídia. Aqui vai uma dica para a vida: você não precisa dar a todas as pessoas o mesmo acesso à sua vida só porque elas esperam que isso aconteça! Muitas pessoas podem provocar raiva, tristeza ou desconforto simplesmente com sua presença. Seu dia lindo escurece de repente quando elas chegam, mas você pode assumir o controle dessa situação. Se essa pessoa não tiver nada a acrescentar e não for capaz de aceitar nada do que você quer comunicar, se possível diminua o período de tempo que passa com ela. Nada de se precipitar dizendo que não dá para fazer isso! Se essa pessoa for o seu pai ou a sua mãe, limite o número de telefonemas ou de visitas e evite falar com essa pessoa se estiver sozinho. Se a pessoa negativa for seu chefe, você ainda tem a possibilidade de limitar o contato ou mesmo pensar em mudar de emprego.

> **Se quiser ter pensamentos e sentimentos de alta qualidade, preste atenção ao tipo de mídia e de mensagens que você deixa entrar em sua mente.**

Mas e quando essa pessoa complicada for mais próxima, como o cônjuge ou os filhos? Ouvir palavras negativas constantemente partindo de alguém tão próximo é desanimador. Se o cônjuge tiver boa vontade, pode reagir positivamente a uma conversa conscientizando-o de que você precisa que ele ou ela o ajude a ser mais positivo. No caso do filho, sugiro que tenha contato com outros pais com problemas parecidos para ajudá-lo a manter a perspectiva. Se o seu cônjuge insistir nos comentários negativos e não estiver disposto a investir no relacionamento, procure ajuda o mais rápido possível.

A outra categoria de dados de entrada é a mídia: sites da internet, programas de televisão, música, livros, revistas, podcasts, vídeos, redes sociais etc. É bem fácil consumir o que é popular e divertido sem prestar a devida atenção ao seu efeito sobre a mente. Faça os meios de comunicação que você consome passarem pelo filtro de Paulo em Filipenses 4:8. Não penso que os cristãos precisem limitar seu consumo de mídia somente a fontes abertamente cristãs, mas todas as coisas para as quais você dá permissão para entrar na sua mente surtirão algum efeito. Por esse motivo, pode ser necessário tomar algumas decisões difíceis com relação a parar de acessar parte do material a que você está acostumado.

A quantidade é tão importante quanto a qualidade; sendo assim, se você tem problemas com o medo e a ansiedade, assistir constantemente aos telejornais certamente não cooperará muito para seu bem-estar mental. Acessar o Facebook por vinte minutos uma vez por dia para manter contato com os amigos e com a família pode ser aceitável, mas fazer com que isso prejudique sua produtividade no trabalho ou interfira nas conversas com as pessoas ao redor não é saudável.

Diminuir ou vetar o acesso a informações negativas é só metade do caminho, pois a mente precisa de insumos positivos, e você é responsável por garantir que ela os receba. Pense em como aprendeu a se alimentar quando era criança. No começo, você não tinha muita opção quanto ao tipo de comida, à hora da refeição ou à quantidade de alimento, mas, quando aprendeu a se alimentar sozinho, ganhou mais controle. Agora que você é adulto, pode comer o que quiser, na hora que quiser e o quanto quiser. Considere coisas que, em sua opinião, exercitam a mente — uma mídia edificante, um tempo de qualidade com a família e com os amigos, o contato com a natureza ou mesmo ficar sozinho ou com Deus. Procure algo que alimente seu pensamento, que traga encorajamento, inspiração, ensino construtivo, bom exemplo, descontração ou ministração espiritual.

> **Aprenda a alimentar-se mentalmente. Escolha com cuidado receber alimento mental de alta qualidade, como uma mídia edificante, um tempo com a família e com os amigos, o contato com a natureza, um tempo solitário ou mesmo com a Palavra de Deus.**

Eu recebo centenas de e-mails todos os dias, mas existem três listas específicas pelas quais procuro todas as manhãs e das quais gosto muito vindas de ministérios que eu acho edificantes e encorajadores para minha alma. Você pode fazer o mesmo. Os recursos são infindáveis. Escolha um alimento mental de alta qualidade e seus pensamentos naturalmente melhorarão.

ESCOLHA EM QUE PENSAR

É nessa parte que você coloca em ação Filipenses 4:8 — pensando sobre o que é verdadeiro, honesto, justo, puro, amável, de boa fama etc. A palavra que Paulo usa aqui, *logizomai*, é forte. Eu a traduzo como "continue a meditar, concentre sua mente nessas coisas". É uma palavra bem ativa e que indica esforço concentrado e contínuo. É justamente o oposto de deixar a mente divagar, elaborando tudo o que vier à cabeça.

Quando seus hábitos de pensamento são negativos, ansiosos, preocupados ou — sendo honesta — preguiçosos, o esforço para se concentrar no tipo de pensamento positivo ao qual Paulo se refere parece impossível de ser realizado, mas isso não é verdade! Lembre-se, os prisioneiros que passaram intactos pela experiência da guerra escolheram concentrar-se no que era positivo e nas coisas que realmente podiam controlar. As consequências ruins pelas quais você está passando não importam; sempre há coisas positivas para pensar.

Listamos a seguir algumas coisas boas para pensar. Reserve algum tempo para considerar cada item e veja se não existem boas opções nas quais você pode se concentrar.

- Pessoas com quem você se importa e que se importam com você. Não consigo permanecer irritada quando penso em passar um tempo com meus quatro netos. Nossa família pode não ser a ideal, mas ela se importa conosco. Pense em seus amigos e lembre-se dos momentos em que você se sentiu próximo e feliz com eles.
- Pessoas que você admira. Biografias de pessoas bem-sucedidas, histórias de pessoas que venceram obstáculos significativos, pessoas cujo caráter você admira: bons exemplos como esses são um grande fundamento para pensamentos positivos. Busque materiais sobre essas pessoas que inspirem sua própria vida.
- Pensar em outras pessoas que precisam de ajuda. Parar de pensar só em você é uma das melhores maneiras de se animar e parar de se preocupar. Há sempre pessoas necessitadas, então, envolva-se com uma causa que seja importante para você, por exemplo: ajudar moradores de rua, dar mentoria para pessoas mais novas, fomentar a alfabetização, resgatar animais maltratados, resgatar e dar apoio a vítimas de tráfico humano, entre muitas outras causas.
- As coisas boas que Deus fez. Um dos benefícios do meu diário tem sido olhar para trás e ver as situações em que Deus fez algo maravilhoso por mim. Se ainda não teve a oportunidade de fazer isso, comece agora a recordar o que Deus faz por você ao criar o hábito de olhar para trás e trazer tudo isso à memória. Ouvir o que ele fez por outras pessoas também pode estimular

sua fé e lhe dar a esperança de que ele pode fazer a mesma coisa com você.
- A Palavra de Deus. Ler, meditar, memorizar e estudar a Palavra de Deus é um alimento mental de grande qualidade. Não temos desculpa nos dias de hoje para não obter a dieta mental do próprio Deus por meio da Bíblia. Assine uma lista de e-mail devocional baseada na Palavra de Deus, instale um aplicativo da Bíblia no seu *smartphone* ou participe de um pequeno grupo de estudo bíblico na sua igreja. Em outras palavras, preencha a mente com os nutrientes da Bíblia regularmente.

Talvez você pense: *Será que eu tenho de fazer isso tudo?* É a mesma coisa que dizer: "Será que eu tenho de me alimentar todo dia?" Não há nenhum legalismo nisso. Estamos falando sobre alimentarmos bem a mente de modo que ela se torne resistente, positiva, cheia de esperança e tenha vida plena. Não é errado se distrair de modo sadio de vez em quando, da mesma forma que não é errado tomar sorvete uma vez ou outra, mas, quando isso se torna sua dieta diária, nem sua cabeça nem seu corpo serão saudáveis. Se você nutrir a mente de modo consistente com alimento de alta qualidade, experimentará o sabor de uma sobremesa deliciosa todos os dias.

ESCOLHA O MODO DE ENCARAR SEUS PENSAMENTOS

Já tratamos do que se deve pensar, já cuidamos da máquina que é o cérebro e alimentamos a mente com qualidade, mas existe ainda outro passo: escolher o programa que transformará todas essas entradas de dados em bons frutos nos pensamentos, nos sentimentos, no comportamento e no caráter.

A boa notícia é que você pode reprogramar seu computador, ou, por assim dizer, atualizar o software: além da capacidade de mudar os pensamentos, você também consegue mudar seu ponto de vista sobre eles, e a dieta de alta qualidade que você está oferecendo à sua mente o ajudará nessa questão. Lembrar-se disso é importante quando surgem pensamentos negativos, dolorosos ou ruins, como quando recebe más notícias por meio da mídia, quando tem problemas saúde ou nos relacionamentos, ou quaisquer outros momentos difíceis. Um pensamento espiritual não implica fechar os olhos para o que não vai bem. Leia a Bíblia e verá que boa parte dela fala sobre erros e tragédias do povo de Deus e sobre como Deus reagiu a essas situações.

> **Não assuma o controle somente do que pensa, mas também do seu ponto de vista sobre esses assuntos.**

Veja algumas características positivas que devem ser cultivadas no desenvolvimento de novos hábitos de pensamento:

- Reflita sobre suas escolhas, pois você tem opções até mesmo nas piores situações. Se seu trabalho for estressante demais, você pode escolher estabelecer limites, procurar outro emprego, otimizar o modo de administrar o estresse quando não estiver trabalhando ou abrir o próprio negócio. Se o cônjuge estiver doente, em vez de se preocupar, você pode escolher concentrar-se em achar o melhor tratamento e fazer parte de um grupo de apoio. Suas opções podem não ser as de que gostaria, mas sempre existem escolhas à disposição.
- Mantenha a alegria e a esperança. Você pode reconhecer que as coisas não vão bem enquanto a mente se concentra nas coisas positivas. Quando passar por problemas financeiros sérios, seja grato pela sua saúde, que permite que você procure por outras fontes de renda; quando desfizer um relacionamento, apegue-se à família ou aos amigos que ainda tem. Resumindo, você pode aprender refletindo, fazendo com que as dificuldades fortaleçam seu caráter.
- Tenha atitudes positivas. O medo e a ansiedade sempre diminuirão quando você der passos concretos em uma direção positiva. Você pode não conseguir muita coisa, mas concentrar a energia onde pode agir reduzirá sua sensação de desânimo e

aumentará seu bem-estar psicológico. Isso pode não ser muito fácil, uma vez que essas ações podem incluir mudar seu estilo de vida, pedir perdão, obter ajuda ou entrar em uma batalha espiritual.

- Descubra o olhar de Deus para essas situações. Leia sua Palavra, ore e receba alimento espiritual de outras pessoas usadas por Deus. Depois pense, fale e volte a atenção ao que Deus diz sobre seu problema, pois ele pode direcioná-lo a realizar mudanças significativas no seu estilo de vida ou no seu pensamento, ou ainda a tomar outras atitudes para cooperar com ele. Depois de ter feito tudo o que estava ao seu alcance, manter-se concentrado no ponto de vista divino o ajuda a ficar firme em uma posição de confiança, esperança e resistência.

Eu o desafio a praticar essa maneira de pensar. Declare esses pensamentos em voz alta quando estiver sozinho e para outras pessoas, e também os escreva em seu diário. Quando você der esses passos, o aplicativo do seu cérebro será atualizado para rodar em uma direção positiva mais naturalmente; além disso, veja se os sentimentos não mudam também ao colocar esses hábitos de pensamento em ação.

RESERVE TEMPO PARA PENSAR

Às vezes a vida se torna atarefada e limitamo-nos a reagir a todo o lixo recebido em vez de pensar. Com intervalos regulares — pelo menos uma vez por semana — reserve tempo para refletir de verdade. Consiga mais ou menos uma hora e vá a um lugar onde se sinta calmo, sem nenhuma perturbação. Se desejar, comece com uma oração: "Senhor, estou com medo, ansioso e confuso. Eu clamo pela tua promessa de uma mente saudável. Fica comigo agora. Eu te peço lucidez e sabedoria. Amém".

Dê um tempo para que as emoções se estabilizem; chore, implore ou clame a Deus se precisar; e depois se acalme na presença dele. Reflita sobre as perguntas que vierem à mente e faça essas perguntas a Deus; ou escreva ou diga em voz alta, como quiser. Escute o que Deus tem a dizer sobre a situação e pense sobre quais serão seus próximos passos em cooperação com ele. A atitude simples de ficar quieto com o propósito de pensar pode ser um dos melhores investimentos que você pode fazer para o seu bem-estar pessoal.

OBTENDO AJUDA

Você precisa de ajuda em alguns momentos para quebrar hábitos de pensamento doentios e estabelecer outros mais saudáveis. Admitir que precisa de ajuda não é sinal de fraqueza; pode ser a coisa mais corajosa e saudável que você tem a fazer. Felizmente existem muitos recursos disponíveis nos dias de hoje se você precisar de ajuda nessa área.

> **Ao menos uma vez por semana, reserve algum tempo simplesmente para pensar, pois isso pode permitir que a mente pense em coisas que nunca imaginou antes.**

A *Celebrate Recovery é uma comunidade biblicamente fundamentada de* grupos de apoio de recuperação individual que ajudam pessoas com mágoas, hábitos e problemas em um ambiente confidencial centrado em Cristo.[1] Sem dúvida há grupos em igrejas próximas a você. Ter outras pessoas que partilham a mesma jornada por perto pode trazer encorajamento, equilíbrio e apoio maravilhosos. Se você achar que não consegue escolher seus pensamentos, e especialmente se for assolado por ideias que o prejudicam e também prejudicam outras pessoas, ou se sentir que a realidade é difícil demais de enfrentar, você pode precisar de ajuda profissional. Peça aos amigos, ao pastor ou ao médico para indicar um conselheiro ou um terapeuta cristão na sua região — uma busca na internet pode dar-lhe mais possibilidades; no entanto, se nem na primeira nem na segunda consulta você se sentir confortável, procure por outro grupo. Você não é a primeira pessoa a enfrentar dificuldades como essas, e existem muitas pessoas que estão dispostas e motivadas a ajudar. Sendo assim, ore a Deus para direcionar você à pessoa certa.

SELECIONE SEUS PENSAMENTOS

Os assuntos em que você pensa e os pontos de vista que você tem sobre eles trazem um impacto poderoso ao seu bem-estar. Embora tenha menos controle sobre as situações externas, você tem um controle significativo sobre seus pensamentos, portanto, preste atenção aos alimentos que nutrem sua mente e verifique se terão o resultado que deseja.

Opte por concentrar a mente nas coisas que fazem parte do filtro de Filipenses 4:8: tudo que é verdadeiro, honesto, justo, puro, amável e de boa fama. Mesmo não podendo ignorar os problemas, concentre a maior parte da sua energia mental na direção positiva e escolha assumir o controle dos pensamentos específicos que você tem sobre qualquer problema. Concentre-se nas escolhas disponíveis, nas atitudes ao seu alcance e na posição de Deus sobre o assunto.

PERGUNTAS PARA MEDITAÇÃO E DISCUSSÃO

1. Que tipo de pensamentos você permite que lhe ocorram passivamente e sobre quais possui um controle efetivo? Cite alguns.
2. Que tipo de alimento você deixa entrar em sua mente — vindo das pessoas ao redor e dos meios de comunicação?
3. Ao seguir os princípios deste capítulo, pense, fale ou escreva sobre alguns pensamentos positivos que você pode escolher com relação a algum problema pelo qual você esteja passando.

CAPÍTULO 5

O papel do estilo de vida

Você não colocaria lenha em uma fogueira que está tentando apagar, não é verdade? Tentar vencer o medo e a ansiedade tocando naquilo que os potencializa seria algo assim. Você não escolheria conscientemente viver de um modo que pudesse aumentar seu transtorno psicológico, mas é possível que esteja fazendo exatamente isso todos os dias. Não é apenas o que nos acontece que pode despertar nosso medo e nossa ansiedade; o que fazemos com nós mesmos também pode ser um gatilho e um agente em potencial.

Pode ser incômodo imaginar que alguns elementos do seu estilo de vida estejam fazendo de você seu pior inimigo, mas isso, na verdade, é uma boa notícia, pois seja qual for a proporção em que seu estilo de vida esteja causando ou agravando seu transtorno, você tem o poder de mudar a raiz desse transtorno e experimentar uma libertação incrível por meio disso. Não se trata de encontrar um culpado; na verdade, é uma explicação séria e empoderadora de uma categoria de medidas nas quais pequenas mudanças da sua parte podem ter consequências imensas para o seu bem-estar.

Quando ouvem a expressão *estilo de vida*, algumas pessoas podem ficar na defensiva ou parecerem desanimadas. Talvez você pense: *Ela vai dizer para eu parar de fumar e perder peso. Já tentei isso, e não dá.* Ou talvez: *Estou estressado e estou fazendo o melhor que posso. Não tente me fazer mudar*. Eu sei disso. Eu também não gosto que as pessoas venham me dizer o que fazer.

Certamente não dará certo pressioná-lo a implementar mudanças que não quer fazer, pois no máximo você irá à academia umas duas semanas, se cansará e desistirá; prometerá ao cônjuge que sairá do trabalho no horário certo e, na semana seguinte, quando o chefe pedir que participe de um novo projeto, você trabalhará até tarde novamente.

Mudanças no comportamento geralmente são difíceis, e o único modo de você efetuar de verdade essas mudanças difíceis é encontrando *um porquê* para elas. Vamos tratar de uma série de atitudes no estilo de vida que afastará o medo e a ansiedade e lhe trarão uma sensação de bem-estar pessoal, mas é importante identificar como você pode armazenar a motivação necessária para aderir a essas mudanças mesmo quando não tem vontade.

ENCONTRANDO SEU *PORQUÊ*

Al, meu marido, certa vez me disse que não se lembrava da época em que não fumava. Depois de quase cinquenta anos, o fumo fazia parte dele, e presenciar a morte de seu melhor amigo em decorrência das complicações respiratórias causadas pelo fumo não foi suficiente para fazê-lo parar. Quando nos casamos, ele me contou que finalmente tinha uma razão grande o suficiente para passar pela agonia de largar o cigarro: ele queria permanecer vivo o quanto pudesse para desfrutar a vida ao meu lado.

Seu *porquê* pode ser exclusivo, mas você tem de encontrá-lo e ficar firme nele se quiser mudar, pois o simples fato de ouvir dizer que as pessoas que dormem certo número de horas por noite são mais felizes e saudáveis, ou que você morrerá mais rápido se não perder peso provavelmente não será suficiente para motivá-lo a se comprometer com quaisquer mudanças no longo prazo. Você precisa de *porquê* que seja pessoal e dê forças a seu coração e do qual deve recordar quando as coisas ficam difíceis; ele também deve ser maior que o desconforto que sentirá nas primeiras etapas da mudança.

Toda mudança é difícil. Se as consequências de continuar em seu comportamento autodestrutivo forem ruins o suficiente — a prisão, a falência ou a hospitalização —, a motivação negativa, em alguns momentos, é suficiente para vencer os obstáculos em direção à mudança. Se estiver enfrentando consequências negativas por causa do seu estilo de vida, observe-as e reconheça a dor, e use isso para iniciar o processo de fazer as coisas de modo diferente.

No entanto, a motivação positiva é geralmente mais poderosa em longo prazo. Pense como seria bom se você pudesse acordar renovado pela manhã com a cabeça boa, passar o dia concentrado e com energia, provocar um impacto significativo na vida das pessoas e terminar o dia com satisfação e esperança. Pense também como a vida seria se tivesse vários e vários dias como esse. Como seria diferente da vida que está tendo agora? De que maneira você poderia impactar as pessoas com as quais mais se importa?

Ao encontrar seu *porquê*, faça com que ela seja a mais específica possível. Veja algumas coisas para refletir enquanto pensa sobre qual será seu *desejo profundo*:

- A maneira como você quer se sentir e viver. Você deseja que seus pensamentos sejam libertos de ansiedade e medo e também quer ter a capacidade de participar de atividades específicas como viajar, trabalhar ou exercer o ministério. Além disso, quer ter alegria e paz em vez de estar sempre doente e cansado.
- O impacto sobre as pessoas próximas a você. Um casal que eu conheço perdeu bem mais do que cinquenta quilos cada um porque quiseram participar ativamente da vida e do crescimento dos filhos. Seu amor pelo cônjuge, pelos filhos ou por um amigo próximo pode trazer a motivação necessária para a mudança.
- A vontade de Deus para sua vida. Espero que seu relacionamento com Deus seja íntimo e forte, pois, se for assim, saber que ele quer que você viva de determinada maneira ou que mude algo em seu modo de vida talvez seja a maior motivação de todas. Você tem a sensação em seu coração de que prosperar desse modo o fará mais útil e eficiente no Reino de Deus.

Seja qual for seu *porquê*, reflita sobre ele com cuidado e faça dele o maior, o mais específico e o mais positivo possível, lembrando-se de que esse desejo é exclusivamente seu. Escreva-o, ou talvez encontre uma foto que o simbolize, e coloque como fundo de tela do *smartphone* ou sobre o espelho. Mantenha seu *porquê* diante dos seus olhos regularmente e isso o ajudará a ser bem-sucedido.

Para implementar uma mudança difícil no estilo de vida, encontre um *porquê* que seja grande o suficiente, positivo e exclusivamente seu.

O COMBUSTÍVEL NECESSÁRIO PARA O CÉREBRO E O CORPO

Está na hora de pensar em alimentar o cérebro com um suprimento constante da nutrição de que ele precisa e evitar substâncias que possam provocar transtornos psicológicos, o que significa prestar atenção ao que você anda ingerindo.

Alimentos desejáveis

Os neurônios precisam ser abastecidos com certa quantidade de glicose — açúcar no sangue — para funcionar normalmente. Com um nível baixo de açúcar no sangue, o cérebro pode se tornar lento e sensível; já o excesso, como no caso do diabetes, pode prejudicar as células cerebrais. Quando tiver vontade de comer um lanche no final da manhã ou da tarde, isso pode ser um sinal do cérebro de que o seu nível de açúcar está caindo.

Nossa dieta ocidental típica é cheia de carboidratos processados que são facilmente quebrados e absorvidos, aumentando rapidamente o açúcar no sangue. Com muita frequência, no entanto, o nível de açúcar cai logo depois, deixando-nos irritados e estimulando a fome novamente. Essas mudanças rápidas de nível de açúcar dificultam o funcionamento saudável e consistente do cérebro. Se você tiver dificuldades para controlar o peso, esse pode ser o fator que o faz consumir mais calorias do que seu corpo precisa.

A solução não é contar gramas de carboidratos, mas aumentar a quantidade de alimentos não processados na sua dieta. É fácil entender o motivo pelo qual o açúcar refinado na sobremesa, no refrigerante e em outros alimentos levam a um pico no nível de açúcar seguido de uma queda brusca, mas esse mesmo efeito acontece com os grãos processados, como a farinha refinada por exemplo. A maioria dos cereais matinais, das bolachas, das massas, dos pães, dos assados e dos lanches contém farinha refinada, e o efeito deles no corpo é quase o mesmo de ingerir açúcar refinado.

Os carboidratos não processados, por outro lado, têm um efeito bem diferente. Vegetais, cereais integrais e algumas frutas são mais lentamente digeridas, elevando o nível de açúcar sem nenhuma queda brusca posterior. A ingestão regular de carboidratos não processados fornece ao cérebro uma quantidade estável de glicose sem as altas e quedas dramáticas de nível que podem ser tão prejudiciais. Sendo assim, ao escolher vegetais e frutas, procure aqueles de cores mais intensas e brilhantes; quanto aos vegetais, quanto mais frescos, melhor, seguidos pelos congelados e depois pelos enlatados. Para as frutas, quanto mais frescas, melhor será também. Quanto às frutas enlatadas, procure aquelas que são envolvidas de suco natural em vez de xarope para diminuir o nível de açúcar; além disso, cereais integrais como a aveia e o pão integral podem também ser saudáveis. Para obter informações detalhadas sobre o modo como os alimentos em particular afetam o nível de açúcar no sangue, verifique o índice glicêmico.[1] Um nível glicêmico mais baixo indica que o alimento sobe menos o seu nível de açúcar e, portanto, geralmente é uma opção mais saudável. Mas não se preocupe tanto com a parte técnica, preste mais atenção em escolher mais alimentos não processados.

Do mesmo modo, o cérebro precisa de gorduras saudáveis e proteínas, as quais também são digeridas de forma mais lenta e ajudam a saciar a fome. Ingira alimentos não processados tanto quanto possível; carnes magras e peixe, nozes, legumes ou abacate são ótimos. Uma dieta vegetariana bem planejada pode fornecer a quantidade total de proteína e de outros nutrientes que um cérebro saudável precisa. Diminua o consumo ou evite alimentos fritos ou assados, biscoitos, sobremesas ou alimentos de preparo rápido como a maioria das refeições congeladas e lanches processados, pois eles geralmente são cheios de gorduras não saudáveis.

O efeito dos produtos derivados do leite no bem-estar mental é bem controverso. Se você usa muitos laticínios e tem problemas com medo e ansiedade, tente cortar drasticamente ou eliminar os derivados do leite por um período e avalie seu estado geral. Um grupo pequeno de pessoas tem sensibilidade aos laticínios, e você precisará fazer um teste tirando-os da sua dieta por algumas semanas para observar o resultado.

O que *não* comer

A segunda parte da integração entre dieta e ansiedade é eliminar as substâncias que provocam o transtorno psicológico — no topo da lista estão os aditivos alimentares. Você já leu a lista dos ingredientes nas caixas, nas latas ou nas embalagens dos alimentos que compra? Os ingredientes incluem conservantes, corantes, flavorizantes, estabilizantes — a lista é longa. Deus não criou seu corpo para lidar com todos esses produtos químicos. Se o alimento pode ficar muito tempo na prateleira ou estiver pronto para ser consumido, provavelmente é processado. Entre os representantes dessa categoria estão os frios, as refeições congeladas, os produtos embalados, os doces, as bebidas doces e os lanches.

A solução, novamente, são os alimentos não processados. Para se manter longe dos alimentos processados, pegue sua lista de compras e vá direto para o fundo do supermercado, nas seções de hortifrutigranjeiros, de carnes frescas etc. A seção de congelados também pode ser uma boa área (especialmente para frutas e vegetais), mas tome cuidado para ficar longe dos congelados embalados que também estão lá. Quanto menor for a lista de ingredientes na embalagem, geralmente será melhor. Se for um alimento perecível, provavelmente é menos processado. A feira livre também parece ser um lugar ótimo para encontrar alimentos saudáveis e não processados.

Muitas pessoas me perguntam sobre os alimentos orgânicos. Os conservantes e as outras substâncias químicas dos alimentos processados são claramente bem mais prejudiciais para a saúde e para o bem--estar do que os hortifrutigranjeiros não orgânicos e as carnes frescas. Se você tiver tirado a maior parte ou todos os alimentos processados da sua dieta, mas ainda tem problemas de transtorno psicológico e quer dar um passo a mais, limitar-se aos alimentos orgânicos pode ajudar bastante. A carne orgânica pode ter um efeito melhor do que os hortifrutigranjeiros orgânicos, no entanto, pense primeiro em se afastar dos processados.

Se os alimentos processados têm tido uma grande participação na sua dieta, pode ser um desafio mudar para os alimentos frescos. Para começar, retire um processado por semana e adote uma alternativa menos processada. Veja alguns exemplos:

- Em vez de um sanduíche congelado no café da manhã, escolha ovos e torradas integrais.
- Em vez de cereais doces de caixa, escolha a aveia.
- Em vez de peixe frito empanado, escolha filé de peixe fresco sem farinha e assado na hora.
- Em vez de batatas fritas ou uma barra de granola, escolha uma maçã ou uma banana com manteiga de amendoim.
- Em vez de uma refeição congelada, escolha frango refogado cozido na hora.

Quanto mais perto você pode chegar do verde natural da terra de Deus, melhor. Na nossa cultura do século XXI, isso nem sempre é possível, mas cada passo que você der nessa direção ajudará o corpo — e a mente — a ser mais feliz; além do mais, promover essas mudanças na alimentação lentamente ajuda a manter a saúde por mais tempo.

O que beber

Por fim, o que você bebe também é importante. O cérebro é composto na maior parte de água, portanto, você precisa de muita água todos os dias; nesse sentido, bebidas adoçadas ou com cafeína não são a solução. Você já entende como o refrigerante ou o suco de fruta pode criar um pico e uma queda brusca no nível de açúcar no sangue por ter glicose em sua composição, e as bebidas adoçadas artificialmente são igualmente prejudiciais, se não forem piores. Sendo assim, você deve evitar adoçantes artificiais se tiver transtorno psicológico, uma vez que essas substâncias criam uma reação semelhante ao vício no cérebro, fazendo você desejar mais comida — e açúcar.

A cafeína no chá e no café também pode provocar ansiedade. Tente ficar sem cafeína por um longo período; se a ansiedade diminuir, você tomou a decisão correta. Do contrário, pelo menos limite o uso de cafeína de manhã, ou utilize quantidades modestas, para ajudar a melhorar o sono à noite. Os chás de ervas (sem cafeína) são outra história, visto que alguns são calmantes e podem ser um acréscimo ótimo para seu estilo de vida com um nível menor de ansiedade.

PLANO ALIMENTAR

Este plano alimentar simples é saudável para o corpo e fornece apoio ao cérebro para pensar de forma clara e fazer com que você se sinta tranquilo.

Beba água, muita água. Qual é a melhor água? Aquela que você consegue beber! Se não estiver acostumado a beber água, tente acrescentar uma fatia de limão, de pepino ou de morango. Limite os sucos de frutas a uns 600 mL; as vitaminas podem ser saudáveis, mas o suco eleva o açúcar sanguíneo rápido demais.

Faça pelo menos três refeições por dia, compostas primeiramente de frutas, vegetais, proteína magra não processada e grãos integrais. Tente incluir a proteína em todas as refeições, pois ela ajuda na saciedade. Se achar que precisa de lanches, planeje antecipadamente e verifique se não são processados.

O assunto relacionado aos suplementos alimentares é extenso demais para ser abordado com detalhes neste livro, no entanto, posso oferecer umas dicas. Existem alguns indícios de que a camomila, a lavanda e a passiflora possam ser benéficas para o alívio da ansiedade. Também recomendo um suplemento alimentar com extratos vegetais naturais como o JuicePlus.[2] Não foram comprovados seus benefícios para melhorar especificamente o bem-estar mental, mas ele fornece nutrientes importantes; no entanto, não gaste seu dinheiro tão difícil de ganhar em suplementos até que otimize sua dieta, pois o dinheiro investido na saúde faz a maior diferença tanto de modo imediato quanto no futuro.

SONO, DOCE SONO!

Preocupações podem dificultar o sono ou fazer com que desperte durante a noite. Lembranças ou sentimentos perturbadores impedem que o cérebro possa desligar e se manter nesse estado, e você sabe que o cérebro funciona melhor depois de um período suficiente de sono — o qual você não pode alcançar se se preocupa mais, o que o torna ainda mais ansioso. É um círculo vicioso. A ansiedade também faz com que você não durma bem, ou seja, você acaba ficando ainda mais ansioso.

Ninguém morre por não ter uma boa noite de sono uma vez ou outra, mas se você não estiver dormindo bem quase todas as noites, elaborar um plano para melhorar a qualidade do sono vai contribuir bastante para o seu bem-estar psicológico. O cérebro funcionará com mais clareza e criatividade depois do sono, e você poderá lidar mais facilmente com suas emoções e com as tensões da vida.

Se tiver problemas de sono, verifique se deu os passos necessários para preparar o corpo, a mente e o ambiente para dormir.

Preparando o corpo para dormir

Existem vários passos para melhorar o sono.

Exercício físico

Um corpo cansado consegue dormir mais facilmente, e esse é um dos benefícios do exercício físico para todas as pessoas, mas especialmente para aqueles que têm problemas com o medo e a ansiedade. O exercício melhora o sono de vários modos. O estresse aumenta a quantidade de alguns hormônios no sangue como o cortisol, a adrenalina etc.; nesse sentido, trinta minutos de exercício físico diariamente "esgotam" esses hormônios do estresse, fazendo com que o corpo deseje a restauração — o sono. Depois do exercício, os músculos relaxam, você se sentirá menos tenso e o sono virá naturalmente. Além disso, o exercício em si reduz a ansiedade e também ajuda a eliminar outras toxinas e substâncias químicas do corpo que impedem o relaxamento.

O exercício tarde da noite pode não ser uma boa saída se você tiver problemas para dormir, tendo em vista que podem ser necessárias algumas horas a mais para que o sentimento de "perturbação" desapareça. O exercício matutino, ou pelo menos na saída do trabalho, pode ser melhor. Trinta minutos de caminhada ou de corrida intensa, de bicicleta, ou exercícios aeróbicos pelo menos quatro dias por semana fará uma grande diferença no seu bem-estar físico e mental. Algumas pessoas acham que o exercício regular é suficiente para melhorar o sono e curar o transtorno psicológico. Qual é o melhor exercício? É aquele que acelera os batimentos cardíacos — e aquele que você gosta de praticar!

Trinta minutos de exercício moderado pelo menos quatro dias por semana:

- Esgota os hormônios do estresse
- Promove o relaxamento físico e mental
- Melhora o bem-estar físico e emocional
- Melhora o sono

Preste atenção à dieta!

Comer tarde da noite pode impedir que você durma bem. Sendo assim, dê ao estômago três ou quatro horas para digerir boa parte da refeição noturna antes de ir para a cama.

Se precisar de um lanche antes de dormir, que seja bem leve; e fuja dos carboidratos refinados. Manter o corpo e a mente "limpos" ao limitar os alimentos processados também melhorará o sono.

Observe os sintomas de apneia do sono

Preste atenção nos sinais de apneia do sono. Se os outros lhe dizem que você ronca ou fica ofegante durante a noite, faça um exame. Dores de cabeça matinais ou boca seca, tontura durante o dia e dificuldades para se concentrar são outros sintomas comuns. Perder peso (se necessário) e tratar de forma específica da apneia farão maravilhas pelo seu sono e para o seu bem-estar psicológico.

Avalie medicamentos e suplementos

Medicamentos e suplementos podem alterar seu sono, então, converse com seu médico ou farmacêutico sobre se algum dos seus medicamentos ou suplementos podem estar colaborando com a insônia. Não consuma nada que tenha cafeína depois do meio-dia, pois ela permanece no corpo por muito mais tempo que a maioria das pessoas pensa. O fato de os suplementos como a melatonina, a valeriana, a camomila e o capim-limão afetarem o sono é controverso. Sendo assim, o ideal é que você verifique com seu médico antes de usar qualquer suplemento de longo prazo.

Será que você deve experimentar alguma medicação com ou sem receita médica para conseguir dormir bem? Mesmo que tecnicamente não seja um auxílio ao sono, a difenidramina ajuda algumas pessoas a dormir, é relativamente seguro para a maioria das pessoas e não precisa de receita. No entanto, medicamentos com receita não são uma boa solução duradoura e só devem ser usados em circunstâncias extraordinárias. Existe um risco real de dependência, e o sono que eles induzem é diferente do sono natural de que o cérebro e o corpo precisam.

Siga um horário regular de sono

Vá para cama e acorde aproximadamente no mesmo horário todos os dias, inclusive nos fins de semana, pois esse hábito ajudará o cérebro a se habituar. Uma soneca rápida — de aproximadamente vinte minutos — durante o dia pode ser muito útil; sonecas mais longas provavelmente dificultarão o sono à noite.

Preparando a mente para dormir

Aproximadamente uma hora antes de dormir, siga estes procedimentos para preparar o cérebro para o sono.

Escolha as informações que vai consumir à noite

Em vez de assistir à televisão, tente ouvir músicas que acalmem, ler um livro ou tomar um banho quente. Leia um ou mais salmos ou outras passagens bíblicas de sua preferência, pois isso vai ajudar a desacelerar a mente e preparar os circuitos do cérebro para o sono. O momento de se preparar para ir para a cama não é hora de começar um debate sério ou uma DR com o cônjuge, nem de começar a trabalhar em algo estressante, como em seu orçamento.

Afaste as preocupações

Quando você começar a se desligar das distrações e de outros estímulos, sua mente poderá querer divagar em distrações e preocupações — e, quando menos esperar, você estará irritado novamente. Experimente a técnica de colocar seus medos, suas preocupações e outros pensamentos de ansiedade em algo externo. Visualize uma caixa sobre a prateleira ou sobre a penteadeira, e, no momento em que for para cama, tire mentalmente cada preocupação da mente, olhe para ela por um instante, coloque-a na caixa e depois feche a tampa. Todas as suas preocupações estarão à disposição para que você as pegue outra vez no dia seguinte se precisar. Você pode até escrever sobre algumas inquietações ou ideias; depois a mente poderá relaxar sem ter de se preocupar em evitar esquecer algo importante.

Afirme algumas promessas de sono tranquilo da parte de Deus

Os salmos contêm algumas passagens maravilhosas sobre as quais você pode meditar enquanto prepara a mente para o sono:

> *Em paz me deito e logo adormeço, pois só tu, Senhor, me fazes viver em segurança.*
> — Salmos 4:8

> *Ele não permitirá que você tropece; o seu protetor se manterá alerta, sim, o protetor de Israel não dormirá, ele está sempre alerta!*
> — Salmos 121:3-4

Será inútil levantar cedo e dormir tarde, trabalhando arduamente por alimento. O SENHOR concede o sono àqueles a quem ama.
— Salmos 127:2

Em voz alta, coloque suas preocupações, seus medos, seu estresse ou sua ansiedade nas mãos de Deus e peça a ele para lhe dar descanso. Você pode ter a segurança de que ele estará cuidando de você enquanto estiver dormindo.

Para dormir melhor:

- Interrompa o estímulo mental uma hora antes de ir para cama.
- Visualize-se colocando seus medos e suas preocupações em uma caixa na prateleira e feche a tampa.
- Afirme as promessas de Deus de sono tranquilo.

Preparando o ambiente para dormir

As características físicas do que está ao seu redor podem fazer uma grande diferença no seu sono.

Se a cama ou o travesseiro for desconfortável, invista em algo mais agradável. Coloque para tocar um ruído branco, como sons gravados da natureza, de um ventilador ou de um motor suave, ou mesmo uma música que acalme. Escureça o quarto o quanto puder, porque para algumas pessoas até mesmo as pequenas luzes de LED dos aparelhos eletrônicos podem influir na qualidade do sono.

Preste atenção na temperatura do lugar onde dorme, lembrando que a maioria das pessoas dorme melhor quando o ambiente está entre 18 e 21 graus. Um quarto muito quente ou frio demais pode fazer com que você acorde várias vezes, portanto, tente ajustar a temperatura até encontrar aquela na qual você durma melhor.

Seu objetivo não é eliminar o estresse, mas aprender a fazer o estresse trabalhar a seu favor, não contra você.

Se tiver problemas para ter um sono de qualidade, limite quaisquer atividades que poderia ter na cama (exceto a intimidade conjugal, é claro). Não assista à televisão, nem trabalhe ou converse com amigos ao telefone deitado na cama, pois seu cérebro precisa receber a mensagem de que, quando você vai para cama, é hora de dormir.

Se todos esses procedimentos não o levarem a um sono razoavelmente bom e você ainda estiver ansioso, pense seriamente em fazer um exame com um especialista do sono.

ESTRESSE

Será que existe alguém que pode dizer com honestidade que não tem estresse algum na vida? Além disso, você não gostaria de ficar completamente livre de estresse, até porque as únicas pessoas sem nenhum estresse são as que já morreram! Atletas, executivos e pessoas criativas bem-sucedidas são aquelas que descobriram como usar o estresse a seu favor e estão dispostas a encarar o "estresse" artificial, como prazos, metas ou competições. Elas aprenderam como aproveitar esse estresse para maximizar o desempenho e alcançar coisas que os demais olham com inveja. Pense nas pessoas que você mais admira. Muitas delas provavelmente passaram por situações inacreditáveis de estresse e transformaram isso em uma plataforma para o crescimento pessoal e para ministrar a outras pessoas.

Em vez de eliminar o estresse, seu objetivo deve ser fazer com que ele trabalhe em seu favor, em vez de trabalhar contra você. O estresse não controlado é uma fonte gigante de medo e ansiedade; mas, do mesmo modo que aprendeu a controlar sua saúde física e mental, você precisa aprender a dominar seu estresse.

Cuide do estresse com sabedoria

Você conseguirá gerenciar muito mais o estresse do que imagina ao se lembrar de duas coisas: você sempre tem mais escolhas do que pensa e seus "músculos do estresse" se fortalecerão à medida que você alternar períodos de esforço com períodos de descanso. Vamos dar uma olhada nessas ideias.

Você tem opções

Conversamos bastante sobre assumir o controle e fazer escolhas em se tratando do seu pensar. Aqui está uma consequência desse princípio. Pense naquilo que está causando mais estresse no momento e quais são as opções aplicáveis. Veja alguns exemplos:

- Você tem pouco dinheiro. Suas opções podem ser examinar seu orçamento para encontrar áreas nas quais pode economizar, recusar-se a comprar coisas que compraria mecanicamente, fazer hora extra, pedir um aumento ou assistir às aulas de administração financeira.
- Você tem pouco tempo. Suas opões podem ser pedir ajuda, negar o envolvimento em algumas coisas, parar de fazer certas atividades ou dormir menos horas por um período para ajustar seu cronograma futuro.
- Você odeia seu emprego. Suas opções podem ser investir tempo e energia fora do trabalho nas coisas de que gosta, procurar outro emprego, trabalhar para mudar as condições no escritório, abrir o próprio negócio ou aprender como chegar à realização no trabalho que está fazendo no momento.
- Seu casamento está com problemas. Suas opções podem ser ler ou escutar *podcasts* sobre como ter um casamento mais saudável, pedir ajuda a um casal mais experiente e com um casamento bem-sucedido, terminar o casamento (como o último recurso possível), obter ajuda de um conselheiro matrimonial ou participar de um retiro de casais no fim de semana.

Qualquer opção terá consequências, algumas maiores do que outras, então, perceber que tem opções o capacitará e o colocará em um estado de espírito saudável.

Alterne estresse com descanso

Você conhece este princípio do treinamento físico: aumentar gradativamente a distância que corre ou o peso que você levanta fortalecerá seus músculos e o seu sistema cardiovascular, contanto que tenha momentos adequados de descanso entre os períodos de exercício. A administração do estresse funciona da mesma maneira. É impossível tratar o luto, o vício, os problemas conjugais, as questões de abuso infantil ou outros desafios que geram ansiedade continuamente, pois você acabará esgotado.

Em vez disso, procure conscientemente maneiras de encontrar descanso e renovação enquanto trata de seus desafios, lembrando que o que funciona para você dependerá da sua personalidade e do tipo de estresse pelo qual você está passando. Pense em momentos do passado nos quais se sentiu animado, feliz, com energia ou em paz, e encontre mais oportunidades de alimentar sua alma desse modo. Passar tempo na natureza, ler um bom livro, ouvir ou compor música, passar um tempo sozinho sem fazer nada, praticar exercício físico, ficar com os amigos ou com a família ou passar um tempo com Deus pode ajudá-lo. No processo de aprendizado de dar à mente uma alimentação bem nutritiva (veja o Capítulo 4), você precisa aprender a alimentar a alma também, pois nenhum outro ser humano ou instituição pode fazer isso por você.

A ideia é encontrar maneiras de alimentar a alma diariamente, bem como em algumas épocas mais dedicadas durante o ano, o que pode significar uma caminhada de cinco minutos durante o intervalo no trabalho ou ler um livro por vinte minutos antes de dormir. Você também pode reservar uma noite por semana para estar com os amigos em um grupo pequeno. Vá algumas vezes para um retiro de fim de semana com sua igreja ou promova uma escapada romântica com o cônjuge. Em outras palavras, encontre aquilo que lhe traz paz ou alegria e repita a experiência.

Tipos de estresse

Agora, vamos analisar três áreas comuns que causam estresse nas pessoas: dinheiro, tempo e pessoas.

Estresse e dinheiro

Em uma pesquisa recente, 72% das pessoas citadas declararam apresentar um tipo de estresse relacionado ao dinheiro.[3] Enfrentar uma dívida significativa, uma renda que não supre as necessidades básicas (não vontades, mas necessidades), ter uma personalidade financeira diferente da do cônjuge, não ter uma poupança para lidar com situações inesperadas, sofrer com uma doença que predispõe contas médicas altas e/ou o impede de trabalhar — essas e outras questões de dinheiro são, certamente, razão para o estresse.

Lembre-se de que você sempre tem escolhas. Você pode diminuir o estresse financeiro criando um processo no qual diz ao seu dinheiro para onde vai em vez de se perguntar para onde ele foi.

Deus se importa com o seu dinheiro e com o estresse relacionado a ele, então, escolher colocar seu dinheiro sob o controle de Deus é um fator que alivia o estresse — esse é o significado da mordomia cristã. Para o cristão, a mordomia não quer dizer dar dinheiro a sua igreja, ainda que isso faça parte da vida cristã, refere-se a reconhecer que Deus tem algo a dizer sobre os recursos financeiros e que ele quer ensiná-lo a como usá-los sabiamente, de modo que tanto você quanto os outros sejam abençoados.

Estresse e tempo

Tempo é um dos únicos recursos verdadeiramente não renováveis, e você, eu e todos no planeta temos exatamente a mesma quantidade para gastar todos os dias. É fácil deixar as pressões do tempo roubarem nossa paz; nesse sentido, atrasar-se com frequência para o trabalho ou para os compromissos, comprometer-se demais com organizações e pessoas, tentar que os filhos façam parte de todas as atividades extracurriculares possíveis, concordar em participar de eventos ou atividades que estão fora de suas verdadeiras prioridades — esses são apenas alguns exemplos dos hábitos relacionados ao tempo que levam ao estresse e à ansiedade.

Sou uma pessoa orientada para o desempenho e geralmente acredito que conseguirei alcançar algo em menos tempo do que realmente é preciso. Precisei descobrir que meu valor e meu sucesso não dependem do meu ritmo e tive de aprender a trabalhar de um modo mais inteligente do que esforçado, concentrando-me no que é mais importante em vez do que é simplesmente urgente.

Se o estresse com relação ao tempo lhe traz problemas, comece a observar o modo como passa seu tempo com uma questão de mordomia e inicie um processo no qual dita como utiliza o tempo em vez de se perguntar para onde o tempo foi. Peça que as pessoas o ajudem a detectar desperdícios e aprenda a dizer não a atividades ou compromissos que não se alinham com suas prioridades.

Estresse e pessoas

As pessoas podem nos enlouquecer! Pelo menos é isso que acontecerá se você deixar. Todo mundo sabe o que fazer em se tratando de família, dinheiro, tempo e vida, mas algumas pessoas parecem dificultar sua vida pelo simples fato de existirem.

Lembre-se de que você tem mais opções do que imagina e não há problema em algumas pessoas não gostarem de você; umas gostarão e outras, não. É libertador chegar à conclusão de que você não precisa agradar a todos! Seu nível de estresse e sua eficiência na vida aumentarão bastante quando você aprender a viver diante do auditório de uma pessoa só — o próprio Deus (ver Gálatas 1:10).

É difícil aprender a dizer não, e também é difícil aprender a não se preocupar com o que os outros pensam. Eu sei — eu tive de aprender essas coisas. A princípio parece bem desconfortável, mas a liberação de estresse que você terá depois de aprender a fazê-lo valerá a pena. Sendo assim, permaneça fiel ao seu propósito e peça a Deus que continue a deixá-lo bem claro para você.

ANSIEDADE E ESTILO DE VIDA

Nem todo transtorno psicológico é causado pelo que acontece a você; às vezes, trata-se do que você faz consigo mesmo. Seu estilo de vida contribui bastante para seu bem-estar psicológico, e, nesse sentido, encontrar um *porquê* — uma razão para viver — que seja grande o suficiente para suportar as dificuldades da mudança o ajudará a ser bem-sucedido em melhorar seu estilo de vida.

Alimentar-se de uma dieta baseada primeiramente em alimentos não processados e água na quantidade adequada fornecerá ao cérebro o combustível necessário para funcionar bem e limitará muitas substâncias que podem provocar medo e ansiedade. Trabalhar para preparar o corpo, a mente e o ambiente para um sono tranquilo trará mais paz e reduzirá a ansiedade na sua vida diária.

Todas as pessoas no mundo estão passando por algum tipo de estresse, e você pode administrar isso muito melhor do que imagina prestando atenção e tomando providências quanto às muitas opções que de fato você tem, não importando as situações, e encontrando conscientemente oportunidades para alimentar sua alma de forma saudável.

PERGUNTAS PARA MEDITAÇÃO E DISCUSSÃO

1. Que tipo de alimento você está fornecendo para o cérebro? Você precisa melhorar seus hábitos quanto o que come e ao que bebe?
2. Como está seu sono? No que se refere a preparar o corpo, a mente e o ambiente para dormir, o que faz mais diferença para você?
3. Qual é a situação mais estressante pela qual você está passando no momento? Que opções você pode ter quanto ao modo de reagir a essa circunstância?

CAPÍTULO 6

Raízes espirituais do medo e da ansiedade

Como chegamos a esse ponto? Você já pensou sobre isso? A sociedade e nossa vida pessoal estão muito distantes daquilo que Deus planejou para a humanidade, e estamos quebrantados, doentes e infelizes. Às vezes, esse pode ser o caso até mesmo para cristãos que têm um compromisso com Jesus.

A filha de um colega estava com um problema sério e seu coração via o mundo de um modo obscuro e revoltado. A separação dos pais e o comportamento ofensivo dos cristãos ao redor fizeram com que ela se rebelasse contra Deus e contra o cristianismo. Ela passou por um relacionamento destrutivo atrás do outro e envolveu-se com o ocultismo, o qual via como a única maneira de encontrar sentido na vida.

Eu sentia muita compaixão por ela. A mãe e outros cristãos lhe passaram vários "sermões" sobre a verdade, mas ela só se fechava e se afastava cada vez mais no seu mundo de escuridão. Eu queria colocar as mãos em seus ombros, olhar nos seus olhos e dizer: "Você não precisa viver assim!" No entanto, minha amiga se mudou antes que pudesse desenvolver o tipo de amizade com a filha dela que me daria a chance de cativar seu coração a esse ponto.

Percebo que, às vezes, Deus se sente desse modo com relação a seus filhos. Nós nos apegamos às feridas, aos comportamentos destrutivos, à insistência em viver à nossa maneira, e, por isso, nosso mundo torna-se cada vez mais escuro. Muitas vezes, Deus quer encontrar um modo de nos alertar: "Você não precisa viver dessa maneira! Não precisa magoar a si mesmo e aos outros. Deixe-me mostrar outro caminho".

Este é um retrato do pecado, e ele nos causa problemas — às vezes imediatamente, às vezes no futuro, e ainda de várias maneiras que nem mesmo percebemos. Deus se importa conosco a ponto de impedir que passemos pelo sofrimento que o pecado pode trazer.

O pecado não é um conceito arbitrário criado por um Deus perverso procurando um modo de nos maltratar; na verdade, ele é o fracasso de não viver à maneira de Deus. Algumas vezes são atos abertos que vão contra suas leis; outras vezes, é a nossa rebelião interior, mesmo quando exteriormente parece que obedecemos, como Jesus revelou no Sermão do Monte (veja Mateus 5). O pecado é um assunto politicamente incorreto na nossa cultura, mas o modo pelo qual ele nos afeta nunca mudou.

O que o pecado tem a ver com o nosso transtorno psicológico? Tudo e mais um pouco! Quando nossa vida está desalinhada com Deus e com seus planos para nós, o medo e a ansiedade são uma consequência natural. Pode ser o modo de Deus gritar: "Você não precisa viver assim!" Também é um sintoma do problema maior do pecado — o conflito cósmico entre o Reino de Deus e o reino da escuridão de Satanás. Ao observarmos as possíveis raízes espirituais do transtorno psicológico neste capítulo, oro para que Deus abra sua mente e seu coração para ver onde isso se aplica em sua vida.

ESTOU FAZENDO ALGO ERRADO?

Todo pecado pode confundir a mente e colocá-lo em um estado de medo e de ansiedade, mas alguns pecados habituais fazem isso de forma exponencial: ter um caso extraconjugal; ser viciado em jogo, pornografia ou compras; e constantemente ter de esconder suas mentiras com mais mentiras — as consequências naturais desses pecados são o medo e a ansiedade. Existe o medo de ser descoberto, o medo de não conseguir parar e o temor de Deus. Esses medos podem ser legítimos, mas graças a Deus existe uma saída!

O propósito principal de Deus para sua vida não é o conforto; é maior do que isso, e seus planos são gloriosos demais para que ele se satisfaça somente em deixá-lo feliz.

Imagine que você seja um colecionador de carros. Um dia você encontra o seu favorito — um Chevrolet 1957 de duas portas e com capota. Ele está bem destruído: os bancos de couro estão rasgados, a carroceria está enferrujada e o motor não é ligado há anos. Você gosta muito do carro, então, paga o preço e o leva de guincho para a oficina. Você começa logo a desmontá-lo, lixá-lo, pintá-lo, consertá-lo e a colocar as peças em ordem — transformando-o de volta no carro glorioso você sabe que ele pode ser.

Não somos diferentes daquele carro quebrado. Deus nos ama do jeito que somos — com pecados "grandes" ou "pequenos" —, mas ele nos ama demais para nos deixar na nossa condição de destruição. Ele pode nos fazer passar por uma lixa desconfortável, pode nos desmontar e nos colocar em ordem para ser o que ele sabe que podemos ser. Além disso, quando ele terminar o trabalho, seremos um exemplo da obra gloriosa que ele pode fazer com um ser humano totalmente dedicado a ele.

Podemos fazer com que esse processo seja mais fácil ou mais difícil. Podemos ter medo de abrir essas feridas dolorosas — talvez por alguma boa razão —, mas nossa resistência aumenta a dor. Podemos não entender quais são as disfunções causadas pelo comportamento das outras com relação a nós e quais são causadas pelas nossas escolhas, mas Deus sabe que passos cada um tem de dar para chegar ao final.

Quando Israel recusou-se categoricamente a atender aos chamados de Deus ao arrependimento, Deus prometeu complicar as coisas para seu povo. "Por isso bloquearei o caminho dela com espinheiros; eu a cercarei de tal modo que ela não poderá encontrar o seu caminho" (Oseias 2:6). Não era porque ele queria que o povo padecesse. Ele estava gritando: "Você não precisa viver assim!" Ele fez tudo o que pôde para fazer com que eles ouvissem, atendessem e voltassem. "Portanto, agora vou atraí-la; vou levá-la para o deserto e vou falar-lhe com carinho" (v. 14).

Ele o criou à sua imagem, como seu filho, para estar com ele, conversar com ele, compreendê-lo e cooperar com ele no domínio desta parte do seu universo. A natureza pecaminosa que herdamos, os pecados cometidos contra nós e o pecado no qual nos envolvemos são tão contrários à criação de Deus que temos a sensação de desconforto — medo ou ansiedade — quando agimos ou vivemos de modo contrário ao seu plano.

Do mesmo modo que os israelitas, no entanto, podemos nos tornar rebeldes e insensíveis. Se for necessário, Deus nos dará muita aflição na sua tentativa de nos trazer de volta; se você nunca fez de Jesus o Senhor da sua vida, o Espírito Santo usará todo o mal-estar possível para abrir seus olhos à verdade e trazê-lo para o Reino de Deus.

Será que Deus nos causa dor? Será que ele coloca o trauma, a tragédia e a doença em seres humanos inocentes para resgatá-los ao seu caminho? A realidade do mal — tanto no mundo quanto em nossa vida — só pode ser entendida à luz da batalha entre Deus e Satanás — trataremos disso um pouco mais adiante neste capítulo. Quanto ao que envolve o pecado em nossa vida, a Bíblia apresenta Deus como Pai amoroso, usando todos os meios possíveis para nos trazer à maturidade: "Deus os trata como filhos. Ora, qual o filho que não é disciplinado por seu pai?" (Hebreus 12:7).

"Mas eu não sinto que isso é errado"

Talvez você tenha evitado a ideia de pecado ou não se sente à vontade e se pergunta se algo que está fazendo é pecado, mesmo não achando que está errado. Como você pode saber?

Pessoas e instituições religiosas têm a tendência de criar listas de padrões comportamentais. Os judeus no Antigo Testamento eram muito bons nisso, e Deus não via essa atitude com bons olhos: "Pois desejo misericórdia, e não sacrifícios; conhecimento de Deus em vez de holocaustos" (Oseias 6:6). Os fariseus, na época de Jesus, também agiam assim, e ele citou a mesma passagem do Antigo Testamento para repreendê-los: "Vão aprender o que significa isto: 'Desejo misericórdia, não sacrifícios'. Pois eu não vim chamar justos, mas pecadores" (Mateus

9:13). O comportamento exterior tem sua importância, mas a maior preocupação de Deus é com o estado do seu coração.

Então, será que vale tudo desde que o seu coração esteja certo? Certamente é isso que nossa cultura apoia, mas não é o que a Palavra de Deus diz. A verdade não é o que se quer que ela seja. A Bíblia apresenta o caminho de Deus como o correto e todos os outros caminhos como errados, mas o problema é que os seres humanos têm a tendência de acrescentar os próprios regulamentos ao que Deus quer.

Como você pode distinguir entre o que Deus quer e o que os seres humanos podem dizer? É justamente aí que entra o Espírito Santo. Isaías profetizou: "Quer você se volte para a direita quer para a esquerda, uma voz atrás de você lhe dirá: 'Este é o caminho; siga-o'" (Isaías 30:21). O Novo Testamento cita a promessa de Deus por meio de Ezequiel, dizendo: "Porei minhas leis em sua mente e as escreverei em seu coração" (Hebreus 8:10). O Espírito Santo esclarecerá o que é pecado e o que precisa mudar para a pessoa que o ouve.

> **Quando o Espírito Santo indica alguma coisa no seu coração e diz: "Isto aqui precisa mudar", e você se recusa a escutar, isso se torna pecado.**

Muitas experiências — inclusive nossas decisões — podem matar nossa capacidade de ouvir a voz do Espírito. Ninguém pode tomar o lugar do Espírito Santo na vida de outra pessoa, o que não quer dizer que os pastores não tenham a responsabilidade de ensinar sobre o pecado quando Deus lhes dá a oportunidade. Mas temos de lembrar que é a ação do Espírito Santo no coração de cada pessoa que conta, não nossas palavras, tendo em vista que é Deus quem opera a salvação, a convicção e a mudança.

No que se refere ao nosso coração, a tendência humana natural é dizer: "Estou bem. O Espírito Santo não falou comigo sobre isso, portanto, isso não é pecado para mim. Então, não venha falar disso comigo também!" Esse é um lugar bem perigoso para se estar, uma vez que Deus pode usar pessoas para ajudá-lo a entender o que é pecado e que você precisa mudar. Porém, lembre-se de que algo é pecado por causa do que Deus diz a respeito disso, não por causa do que as outras pessoas falam.

As pessoas frequentemente perguntam se determinado comportamento é pecado. "É pecado fumar ou tomar bebidas alcoólicas?" Ou: "Até onde posso ir sexualmente com minha namorada antes de se tornar pecado?" Uma coisa é clara: a partir do momento que o Espírito Santo aponta e diz "isto aqui precisa mudar", e você se recusa a abandonar o comportamento, isso se torna pecado. Pode ser um comportamento exterior ou uma atitude do coração. Esse é o momento em que o desconforto de Deus pode entrar em ação, e você pode sentir todo tipo de aflição até que concorde com o que o Espírito Santo está dizendo: arrependa-se ou mude de direção, e faça as coisas à maneira de Deus.

Será que obedeceremos de forma perfeita? Provavelmente não. Quem dentre nós tem essa capacidade? Mas é por isso que Deus prometeu escrever suas leis em nosso coração (Hebreus 8:10). Quanto mais você está atento ao que ouve, mais rapidamente você adere à sugestão do Espírito, mais fácil o processo ficará e mais semelhante a ele você será; assim, reconhecerá sua voz mais facilmente e terá mais paz.

O Espírito Santo não joga sobre você toda uma lista de coisas que você precisa mudar de uma vez. É um processo, e haverá períodos mais fáceis e mais difíceis; períodos de crescimento mais rápido e mais lento. Então, permita que Deus tome conta da sua maturidade espiritual e ele não o decepcionará.

Só o perdão não basta

Na minha época de pré-adolescente, passei a me preocupar muito com minha postura diante de Deus. Eu cria no perdão, mas tinha medo de me esquecer de confessar algum pecado e acabar não indo para o céu. Toda noite, sentia-me na obrigação de escrever uma lista de tudo que tinha feito de errado e, depois, detalhadamente, pedia perdão a Deus e a todos com quem tinha falhado. Tinha muita vergonha de confessar meu erro para as pessoas, mas meu medo me fazia continuar com esse hábito.

Amadureci bastante desde então. Se fizer algo errado, ainda peço perdão a Deus e às pessoas envolvidas no erro, mas não sinto mais aquele medo constante, pois tenho confiança e firmeza no meu relacionamento com Deus. Boa parte desse crescimento veio por aprender que o perdão não é tudo, pois ele só trata do nosso passado, mas precisamos também de algo que trate do nosso futuro.

Jesus veio tratar tanto do nosso passado quanto do nosso futuro, e sua vida, sua morte e sua ressurreição cuidam dos dois — sim, nós temos a ficha limpa! Ele comprou e pagou pelo Chevrolet 1957 da nossa vida, e nós pertencemos a ele. Mas se não permitirmos que ele nos restaure, permaneceremos despedaçados, medrosos e ansiosos. Seu perdão nunca se afasta de nós, e continuaremos a precisar dele enquanto vivermos, entretanto, precisamos igualmente do seu poder curador e transformador na nossa vida.

Peço a Deus para que você não esteja se sentindo muito bem nesse momento — pelo menos sobre as coisas que precisa mudar — e oro para que, no instante em que estiver lendo estas palavras, o Espírito Santo comece a apontar algo na sua vida e diga: "Quero tocar nesta área. Deixe que eu o mude bem aqui". Peço para que entregue a você rapidamente esta questão específica, seja ela qual for, pois Deus tem grandeza, bondade e amor suficientes para transformá-lo justamente na área em que você tem mais vergonha. Arrepender-se não significa prostrar-se para fazer a coisa certa, mas sim abrir mão do próprio caminho, dando permissão a Deus para que o transforme de dentro para fora e coopere com ele.

Você deseja a paz em vez do medo e da ansiedade? Deixe que Deus aja como ele quer na sua vida, pois, enquanto isso não acontecer, "os ímpios são como o mar agitado, incapaz de sossegar e cujas águas expelem lama e lodo" (Isaías 57:20). Mas, desse momento em diante, "Os que amam a tua lei desfrutam paz, e nada há que os faça tropeçar" (Salmos 119:165).

A insatisfação que vem de Deus

Existe outro momento em que Deus quer que você se sinta incomodado — nem tanto com medo ou especialmente ansioso, mas insatisfeito. Podemos facilmente ficar presos na rotina, continuando a agir da mesma forma de sempre na nossa vida pessoal, com a família, no trabalho ou no ministério. Talvez nem estejamos pecando ou fazendo algo especificamente que esteja fora do plano de Deus, mas ele sabe que há algo melhor à nossa disposição e não quer que percamos a oportunidade.

Na época em que os filhos de Israel estavam "confortavelmente" andando ao redor da área do deserto por um longo período, Deus disse a Moisés: "Vocês já caminharam bastante tempo ao redor destas montanhas; agora andem para o norte" (Deuteronômio 2:3). Estava na hora de eles passarem a tomar a terra de Canaã que Deus tinha prometido a eles.

Às vezes Deus agita as coisas para dar um impulso, de modo que você possa experimentar o seu melhor. Ele pode tornar suas circunstâncias incômodas ou orquestrar um grau de insatisfação em sua alma. Nem todo sentimento de insatisfação vem de Deus, e não se pode culpá-lo de algo parecer difícil, mas, conforme crescemos no nosso conhecimento do Senhor, haverá ocasiões em que ele o deixará instável para fazer com que você siga para o próximo lugar que ele tem para você.

Não há como Deus impulsioná-lo dessa maneira se houver áreas em sua vida que não foram entregues a ele. Se o Espírito Santo estiver convencendo você de algum pecado e trabalhando para mudar alguma área pecaminosa ou de imaturidade em sua vida, trate primeiro disso. No entanto, se você não acredita que esse seja o caso, sente-se instável e imagine se essa insatisfação vem de Deus; para isso, veja algumas perguntas que você pode fazer ao Senhor:

- Será que eu tenho andado muito acomodado com o que Deus tem feito em mim e por meio de mim até o momento?
- Existe algum sonho no meu coração que ainda não foi completamente realizado?
- Será que Deus me concedeu dons ou recursos que não estão sendo totalmente usados para o seu Reino?

Você pode não descobrir de imediato a direção que Deus está lhe dando para seguir, mas seja paciente e invista tempo em oração por dias, semanas ou por mais tempo, e dê a Deus a permissão para que se revele e o prepare. A porta que ele abre pode não ser simples ou fácil, mas você terá uma sensação interior de paz quando começar a dar passos em direção à nova obra que Deus tem para você.

ESTOU FAZENDO A COISA CERTA?

Jesus prometeu a seus discípulos que eles passariam por sérios problemas. Ele os estava convidando para uma vida de oposição, necessidade, perseguição e talvez morte — e paz: "Eu lhes disse essas coisas para que em mim vocês tenham paz. Neste mundo vocês terão aflições; contudo, tenham ânimo! Eu venci o mundo" (João 16:33).

Como você reagiria se estivesse lá e ouvisse a promessa de Jesus de entrar em apuros? É fácil para nós olharmos para trás e dizer que nós o seguiríamos também, mas será que podemos realmente ter certeza disso? E se toda a sua vida fosse revirada, sua família o deserdasse, você tivesse de sair de casa e a pessoas estivessem sempre querendo tirar-lhe a vida? Existem lugares no mundo onde essas são as consequências de seguir Jesus nos dias de hoje.

Você pensa mesmo que seus motivos pelo medo e a ansiedade são tão ruins assim?

Às vezes atraímos grandes problemas justamente por fazer a coisa certa. Além disso, nem sempre sabemos de antemão, se surgir algum problema, que tipo de problema será.

Jesus prometeu a seus seguidores — e a nós — que passaremos por tribulações por causa do contexto maior em que vivemos. Sendo assim, a única maneira de nossa vida realmente fazer sentido é vê-los como parte de um drama maior do conflito entre o reino da luz de Deus e o reino da escuridão de Satanás. Se você escolheu este livro procurando uma análise sobre a batalha espiritual, provavelmente estava esperando por isso.

O resumo do drama é: a batalha entre o bem e o mal é real. Jesus a venceu, no entanto, ainda estamos em meio ao fogo cruzado. Isso é tão simples — e tão gloriosamente terrível!

Mas se lembre de que na mesma sentença em que Jesus prometeu tribulações aos seus seguidores, ele também prometeu paz. Entender essa guerra, seu lugar nela e a vitória à qual você tem acesso o ajudará a experimentar essa paz tanto com relação ao medo quanto com relação à ansiedade que você eventualmente sinta sobre as coisas naturais e dentro da batalha no reino espiritual.

Usando nossa analogia com o Chevrolet 1957 quebrado, Deus não o chamou, nem o salvou, nem o transformou para colocar você na garagem e manter o brilho. Seu objetivo não é colocá-lo em uma exposição de carros, encerado e bonito, mas sim inscrevê-lo na corrida final a que todo o universo estará assistindo. Ele não somente o inscreveu na corrida, mas também espera que você vença. Você nunca estará sozinho, pois a presença do Senhor sempre estará com você a cada passo do caminho.

> **A batalha entre o bem e o mal é real. Jesus a venceu, no entanto, ainda estamos em meio ao fogo cruzado. Isso é tão simples — e tão gloriosamente terrível!**

Você não acha que esse é um pensamento glorioso? Esse é o nosso destino desde a Criação, e especialmente agora que você se alinhou com Deus e com seu Reino.

Entretanto, estar do lado de Deus, ser restaurado e inscrito na corrida o coloca em oposição ao inimigo de Deus. É nesse ponto que você pode enfrentar problemas sérios.

Perigos da batalha espiritual

A sobrevivência, isso sem mencionar a vitória, nessa guerra seria completamente impossível sozinho. O inimigo de Deus — e nosso — é astuto, sábio e forte, e quando Satanás o ataca, é porque ele odeia Deus, e o prejuízo que você pode trazer ao reino de escuridão como seguidor de Jesus. Alguns cristãos chegam a pensar em lutar na batalha espiritual simplesmente com uma técnica melhor ou uma arma mais forte contra o diabo. Se for assim, então você e eu estamos perdidos! Houve ocasiões em que os cristãos escolheram uma arma espiritual e marcharam heroicamente contra o inimigo e acabaram profundamente feridos e despedaçados. Por favor, não faça isso!

Se o que no grande conflito entre o bem e o mal fosse levado em conta quem é o mais forte — Deus ou Satanás —, a competição já teria terminado há muito tempo. Deus poderia ter destruído facilmente o diabo e os anjos que se alinharam com ele quando o Senhor os expulsou do céu (Lucas 10:18). Não existe magia para vencer a batalha espiritual.

Enquanto estão analisando discutindo técnicas de batalha espiritual, alguns serão tentados a concentrarem-se nas técnicas em si, mas ver a batalha espiritual como um método de solução de problemas pode se tornar perigoso. Se você se concentrar no poder que Jesus deu aos cristãos sobre o diabo e seu reino, está perdendo o foco. Jesus disse: "[...] alegrem-se, não porque os espíritos se submetem a vocês, mas porque seus nomes estão escritos nos céus" (Lucas 10:20).

Não quer dizer que você, de repente, vai se tornar forte o bastante para sair e lutar com o diabo, até porque Jesus já fez isso na cruz; você não precisa fazer isso outra vez.

Conversar sobre batalha espiritual também pode se deteriorar e se transformar bem rápido em um hábito tóxico, o que pode ser danoso, especialmente no que se refere ao transtorno psicológico. Se praticar a batalha espiritual e ela não resolver todos os problemas imediatamente, você pode sentir que voltou ao ponto de partida. Mas não se esqueça de que Jesus nos prometeu tanto aflições quanto paz (João 16:33), e nossa expectativa inclui tanto passar por tribulações quanto vencer na vida.

O que Deus *já* prometeu é que podemos ter vida plena — em todos os aspectos (João 10:10), e disso faz parte o crescimento que Deus opera em nosso caráter, que pode às vezes nos trazer incômodo. Também faz parte disso o preparo para que você seja mais do que pensava ser possível e para que se envolva no serviço por uma causa maior que você próprio, pois você está sendo preparado para a eternidade!

A resposta aos perigos da batalha espiritual está como um método é não manter o foco na guerra, mas sim em Jesus, pois a batalha espiritual nunca é um fim em si mesma, mas sim uma maneira de entender as realidades que Deus tem revelado sobre seu plano universal e sobre onde nos encaixamos nele.

Ao longo desse caminho, você vivenciará a humilhação e a cura; a tristeza e a alegria; o choro e o contentamento; a fraqueza e a força; e vivenciará o que parece ser uma derrota e um fracasso temporário, mas também vivenciará vitória e sucesso verdadeiros.

O que é batalha espiritual?

Essa pergunta é respondida melhor ao olharmos do que se trata a guerra cósmica. Lembre-se: se a luta fosse por poder ou território, não estaríamos nesse jogo, pois o poder de Deus teria eliminado o mal há muito tempo. "Do Senhor é a terra e tudo o que nela existe, o mundo e os que nele vivem" (Salmos 24:1).

Essa guerra é sobre lealdade e ocorre no meu e no seu coração, e também no coração de todos os outros seres humanos. Por esse motivo, é bem mais útil ver nossa situação como uma história de amor — isso mesmo, uma história de amor.

Pense no seu conto de fadas favorito, ou talvez em um filme ou romance. Esses arquétipos geralmente expressam, de forma parcial, verdades eternas, por isso têm um apelo tão consistente e contínuo. Pense em *O lago dos cisnes*, *Shrek* ou *Rapunzel*. Pense em *E o vento levou*, *Casablanca* ou *Amor, sublime amor*. Talvez você possa citar muitos outros mais.

Esses enredos geralmente incluem pelo menos um herói, uma heroína e um vilão, bem como perguntas inquietantes: Será que ele conquistará a garota? Será que ela reconhecerá seu herói? Será que ela descobrirá o quanto ele a ama? Será que ela dará seu coração ao vilão? O herói sempre tem de se envolver em uma batalha contra "o mundo, a carne e o diabo" para provar seu amor à heroína e resgatá-la da morte certa ou de algum outro destino terrível.

Mas nada faz sentido se ele não conseguir cativar o coração dela.

Você, meu amigo, é o sentido da história, pois é por você que ele está lutando, é por você que ele está desesperado para provar seu amor, e é o seu coração que ele quer cativar.

A guerra entre o bem e o mal, entre Deus e Satanás, não é por poder ou território. É pelo seu coração — pelo seu amor, pela sua lealdade e pela sua adoração.

Todas as técnicas, os métodos, as orações, os versículos bíblicos e as percepções psicológicas neste livro ou em qualquer outro livro sobre batalha espiritual não fazem sentido se Jesus não cativar seu coração. É pela sua lealdade que tanto Deus quanto o diabo estão lutando, então, se lembre de que Jesus venceu a guerra contra Satanás não pela força, mas pelo amor.

Então, não se veja como um pequeno guerreiro cristão que se vira sozinho, ou mesmo com alguns companheiros, procurando a melhor forma de lutar contra o vilão, contentando-se em vencer algumas batalhas a mais aqui e acolá. Sim, nós conversaremos sobre vencer batalhas, mas, se esse for seu interesse principal, eu terei falhado com os objetivos deste livro.

Em vez disso, encare a si mesmo como um membro real, conquistado com alto preço e liberto; o amor de Cristo, preparado para reinar com ele por toda a eternidade. Sua lealdade é sólida, seu coração foi conquistado e você está completamente do lado dele — agora e para sempre. Independente do que o vilão faça contra você, falhará porque seu coração está firme. Agora você pode se aliar a Jesus na ampliação do seu resgate, de sua entrega, de sua cura e de sua influência curadora e atraente sobre outros corações que estão quebrantados e derrotados.

A maior prova de que Deus é verdadeiro e o diabo foi derrotado é você — sua vida completamente transformada à imagem de Cristo, firmemente plantada no Reino de Deus, sem ser abalado pelas convulsões pelas quais este mundo passa à medida que se aproxima do fim dos tempos. É isso que significa ser mais do que vencedor (Romanos 8:37).

O que a batalha espiritual tem a ver com o medo e ansiedade?

Existem pelo menos duas maneiras pelas quais a batalha espiritual pode agravar seu transtorno psicológico como cristão: o próprio assunto e passar por um ataque espiritual.

Primeiramente, o próprio assunto: termos como *batalha*, *vitória*, *inimigo* e *armas* parecem violentos, e realmente são — é só ler a Bíblia, lá tem bastante violência! A guerra naturalmente pode gerar medo e ansiedade, e se o foco estiver na luta, você provavelmente sentirá mais desespero do que tranquilidade. Citarei até algumas pesquisas para provar isso nos capítulos seguintes.

Como vencemos isso? Verifique se seu foco não está na batalha, mas sim em Jesus. Pensar demais sobre o diabo pode dar-lhe mais poder sobre sua vida. Jesus nunca buscou brigar com Satanás. Na maior parte do seu ministério ele estava "curando todos os oprimidos pelo diabo" (Atos 10:38). O foco não era o diabo, mas fazer a vontade do Pai. Esse deve ser seu foco também.

Outro modo pelo qual a batalha espiritual pode estar afetando seu bem-estar psicológico é que talvez sua mente esteja sendo atacada pelo inimigo, e, nesse ponto, quero ter todo o cuidado. Eu não acredito que toda vez que os filhos de Deus se sentem ansiosos ou com medo seja porque Satanás esteja tentando implantar pensamentos em suas mentes, até porque existem muitas outras possibilidades, como nós já discutimos.

Mas, às vezes, esse transtorno é causado por um ataque direto do reino da escuridão, e, quando isso acontece, Jesus nos disponibilizou um caminho para a liberdade. Não é mágica, é parte da restauração que ele deseja para todos nós, e este livro o ajudará por toda essa jornada até a vida plena que ele morreu para lhe dar acesso.

ALGO ERRADO OU ALGO CERTO?

Se "fazer o errado" e "fazer o certo" podem, ambos, causar transtorno psicológico, qual é a diferença? Você precisa se arrepender e cooperar com Deus para que ele transforme seu coração ou seu comportamento? Ou você precisa cantar "Avante soldados cristãos" e entrar em ação seguindo em frente?

Pode não ser um ou outro motivo, pode ser pelos dois. O Espírito Santo não para de operar em nosso caráter enquanto estamos nessa terra, e você tem acesso à vitória de Cristo seja qual for o nível de maturidade espiritual que tenha desenvolvido. No entanto, se você está em um período de tribulações, veja algumas perguntas que podem ajudá-lo a discernir o que Deus está tentando fazer você entender neste momento:

- Você tem consciência de algo na sua vida que o Espírito Santo esteja tentando mudar?
- Existe alguma resistência no seu coração contra fazer o que o Espírito quer que você faça?

- Você está tomando todas as providências possíveis para superar esse problema, como mudar seu estilo de vida, assumir o controle dos seus pensamentos, investir em relacionamentos saudáveis e passar períodos regulares na presença de Deus?
- Já reservou um tempo para buscar a perspectiva divina quanto a sua situação com meditação e oração?
- Você já buscou se alimentar de fontes como as Escrituras, os amigos espirituais, os líderes de igreja ou conselheiros ou a literatura cristã?
- Já avaliou sua situação à luz do que conhece sobre o plano de Deus para sua vida, levando em conta fatores como altruísmo, perdão, coragem, paz, amor e alegria?
- O que você tenta fazer na vida ou no ministério se baseia na sua vontade ou no que verdadeiramente acredita ser a vontade de Deus?
- Há alguma parte de sua alma que sente um pouco da paz de Deus? Quais ações você tomaria tendo essa parte como ponto de partida?

Pensar sobre essas perguntas em espírito de oração e reflexão pode ajudá-lo a ver o que Deus quer que você faça. Nem sempre Deus mostra todo o caminho à sua frente, mas ele prometeu estar com você e mostrar o próximo passo que você precisa dar, e, quando ele fizer isso, esteja preparado para seguir em frente.

O PENSAMENTO ESPIRITUAL QUANTO AO MEDO E A ANSIEDADE

Às vezes o medo e a ansiedade vêm diretamente de raízes espirituais. Quando fazemos alguma coisa errada — pecando ou vivendo de algum modo desagradável a Deus —, nossa paz é quebrada. O processo de restauração da parte de Deus, sua obra contínua para nos transformar à sua imagem, pode parecer incômodo. Mas o Espírito Santo pedirá permissão para transformá-lo, e, quando você concorda e coopera com ele para a mudança, sua paz será restaurada.

Outras vezes estamos fazendo algo — ou muitas coisas — certo e surgem os problemas. Nessa batalha espiritual, você, cristão, não é forte o bastante para lutar contra o diabo. Jesus já fez isso. Trata-se de uma batalha pelo seu coração. Quando seu coração está firme, nada que o inimigo possa fazer pode abalá-lo. As técnicas de batalha espiritual podem fazê-lo mais sábio e mais forte, mas não são um fim em si mesmas. O foco tem de permanecer em Jesus, e então você desfrutará sua vitória.

PERGUNTAS PARA MEDITAÇÃO E DISCUSSÃO

1. Existe alguma área em sua vida no momento em que o Espírito Santo está dizendo: "É bem aqui. Eu quero transformar isso!"? Você tem resistido? Você está disposto a deixar que ele o transforme?
2. De que maneira você tem experimentado a obra transformadora de Deus em sua vida, sua mente e seu coração? Em que você é diferente agora do que era quando acreditou pela primeira vez?
3. Você sente que está passando por um transtorno psicológico como um resultado direto dos ataques do inimigo? Já conquistou alguma vitória nessa área?

PARTE II

O QUE A BÍBLIA DIZ

Portanto, não se preocupem com o amanhã, pois o amanhã trará as suas próprias preocupações. Basta a cada dia o seu próprio mal.
— Mateus 6:34

Seja forte e corajoso! Não se apavore, nem se desanime, pois o Senhor, o seu Deus, estará com você por onde você andar.
— Josué 1:9

Podemos, pois, dizer com confiança: "O Senhor é o meu ajudador, não temerei. O que me podem fazer os homens?"
— Hebreus 13:6

CAPÍTULO 7

"Não andem ansiosos por coisa alguma"

Você pode imaginar Jesus, em algum momento, sofrendo de ansiedade? Ele carregou o destino de todo o mundo sobre os ombros, e, desde o momento do seu nascimento, tinha inimigos em ação para pegá-lo em alguma armadilha, desacreditá-lo ou até mesmo matá-lo, mas mesmo assim ele não ficava irritado, preocupado ou ansioso quanto às necessidades materiais, às reações das pessoas em redor, a enfrentar o diabo ou alcançar seus propósitos de salvar o mundo.

Isso não quer dizer que Jesus não tivesse sentimentos ou não passasse por tentações. Sabemos que Jesus pode se compadecer dos nossos problemas e "passou por todo tipo de tentação, porém, sem pecado" (Hebreus 4:15). Ele sentiu fome, cansaço, dor, raiva, fraqueza e sofrimento, e enfrentou as mesmas tentações que nós: cobiça, malícia, amargura e o impulso de desconfiar do Pai. Ele enfrentou a oposição dos homens e do próprio Satanás, mas, mesmo assim, não ficava ansioso.

Temos a instrução de ter a mesma atitude: "Não andem ansiosos por coisa alguma" (Filipenses 4:6). Se Deus nos disse para fazer isso, então ele deve saber que nós podemos obedecer, mas, como acontece com todos os mandamentos de Deus, só boa vontade não faz com que obedeçamos de forma perfeita e imediata. Fazer isso exige entendimento, crescimento e a obra de Deus no nosso coração para alcançar esse resultado.

Portanto, vamos observar o que Jesus e outros personagens no Novo Testamento tinham a dizer sobre a ansiedade e como isso pode trazer a libertação da ansiedade em nossa vida.

POR QUE NÃO DEVEMOS ANDAR ANSIOSOS

Estar ansioso não faz sentido, além de ser insensato e contraproducente. Talvez sua mente racional já saiba que a ansiedade geralmente é irracional e contraproducente, mas seus sentimentos não querem se adequar. Nesse sentido, examinar as crenças profundas e verificar se elas são coerentes com o que Deus diz são passos importantes para levar pensamentos e sentimentos a um alinhamento com Deus. Jesus sabia que, como seres humanos, teríamos a tendência de nos preocupar e ficar ansiosos, mas você não precisa prender-se a isso.

A primeira razão, e talvez a mais importante de todas, para não ficar ansioso é porque foi Deus que lhe pediu isso, ou seja, é simplesmente uma questão de obediência. Graças a Deus, existe muito mais na Palavra dele para ajudá-lo a entender a razão — e o método. Continue a ler e logo chegaremos à prática de como alcançar isso.

Preocupação não muda nada

Ansiedade é pegar emprestados os problemas de amanhã para o dia de hoje. Jesus disse: "Portanto, não se preocupem com o amanhã, pois o amanhã trará as suas próprias preocupações. Basta a cada dia o seu próprio mal" (Mateus 6:34). Uma boa razão para não se preocupar é que a preocupação não fará diferença nenhuma no resultado.

Considere os pensamentos que passam pela sua mente quando você fica ansioso. Será que eles se parecem com estes: "O que farei se eu não conseguir esse emprego? Não terei dinheiro para viver". "Nunca fiz isso antes, e não tenho certeza se posso fazer. Se eu fracassar, todos pensarão que sou um idiota." "A dor está piorando. Acho que estou com câncer ou com alguma outra doença terrível." "Passar as férias com a família será péssimo. Todos vão ver se eu fizer alguma coisa errada." Você pode citar muitas outras ideias inquietantes martelando na sua alma ansiosa.

Entretanto, pergunte a si mesmo: Será que a preocupação já melhorou o resultado de qualquer situação por que eu passei? Geralmente nossos piores medos nem mesmo se tornam realidade, mas, mesmo que eles se tornassem, será que sua ansiedade melhoraria alguma coisa? Jesus disse que você não pode acrescentar nem mais uma hora de vida com a preocupação (Mateus 6:27). Eu aprendi há muito tempo que a preocupação não me dará mais tempo em minha agenda atribulada; minha ansiedade não acrescentou nenhum segundo à vida do meu marido.

Isso não é porque Deus não entende sua preocupação. Ele entende, mas a ansiedade não ajuda em nada, sem falar que ela consome energia e não o leva a lugar nenhum.

Preocupação sufoca a vida espiritual

A próxima razão pela qual você não deve ficar ansioso é que isso dificulta seu crescimento espiritual e impede um relacionamento mais profundo com Deus.

Pense no seu melhor relacionamento com um ser humano, que talvez seja um cônjuge, o pai, a mãe ou um amigo próximo. Vocês conhecem tudo um sobre o outro, e você pode depositar toda a sua confiança nessa pessoa. Se não tiver um relacionamento assim, tente imaginar como seria se tivesse. Você pode imaginar ficar ansioso sobre esse relacionamento e ao mesmo tempo confiar nessa pessoa? Provavelmente não. Quanto mais você conhece essa pessoa, mais sua confiança aumenta, e não há lugar para ansiedade entre vocês.

Do mesmo modo, a ansiedade e a preocupação impedem seu relacionamento com Deus. A preocupação constantemente olha para dentro, e seu foco está em si mesmo e você não consegue ouvir mais nada, nem mesmo o que Deus está tentando falar com você.

Jesus falou sobre os vários tipos de pessoa que ouvem a Palavra de Deus. Aqueles que "são sufocados pelas preocupações" não são capazes de amadurecer (Lucas 8:14). Eles não crescem espiritualmente nem se tornaram frutíferos; a mensagem de Deus não teve efeito ali. Além do mais, a preocupação e a ansiedade impedem que você cresça na sua capacidade de confiar em Deus e dificultam toda a sua vida espiritual. Esse não é o tipo de vida que você deseja nem o que Deus quer para você.

A preocupação é desnecessária: Deus está no controle

A principal razão para não se preocupar é que Deus já tomou conta de tudo, ou seja, sua ansiedade não o fará operar de modo diferente ou mais rápido; sendo assim, descansar com confiança é a reação adequada.

Existe toda uma parte do Sermão do Monte na qual Jesus fala como é inútil se preocupar com as coisas materiais como alimentação, vestuário e vida na terra (Mateus 6:25-43). É como se Jesus dissesse assim: "Por que vocês perdem tempo se preocupando com coisas insignificantes? Deus cuida dos pássaros e da grama; vocês não acham que ele cuidará de vocês também?" A versão King James diz: "Não tome sobre si nenhum pensamento [...]" (v. 25). Em outras palavras, nem mesmo pense sobre isso! "[...] o Pai celestial sabe que vocês precisam delas (dessas coisas)" (v. 32).

Há muitos anos, quando estava enfrentando sérios problemas financeiros, eu me lembro de ter lido esse capítulo de Mateus várias vezes e visualizar a frase "nem mesmo pense sobre isso!". Talvez essa mensagem também fale ao seu coração em meio às suas preocupações.

Será que Deus cumpre suas promessas? Davi diz: "Já fui jovem e agora sou velho, mas nunca vi o justo desamparado, nem seus filhos mendigando o pão" (Salmos 37:25). Deus tem todos os recursos materiais do mundo e todos os recursos humanos imagináveis à sua disposição, e pode colocá-los em sua direção. Ele prometeu a você a força, o encorajamento e a orientação que só o Espírito Santo pode dar, e também é a fonte inesgotável de tudo o que você precisa — agora e para sempre. Quando precisar de alguma coisa, peça a ele. "Não andem ansiosos por coisa alguma, mas em tudo, pela oração e súplicas, e com ação de graças, apresentem seus pedidos a Deus" (Filipenses 4:6). E de que forma Deus responde? "O meu Deus suprirá todas as necessidades de vocês, de acordo com as suas gloriosas riquezas em Cristo Jesus" (v. 19).

Enquanto medita sobre como Deus prometeu cuidar de você, veja se coloca isso no contexto das Escrituras como um todo. Essas promessas não querem dizer que você terá automaticamente tudo de que precisa ou que não terá problemas, até porque o momento certo, o propósito maior de Deus para você e os fatos do nosso mundo pecaminoso são parte da equação. A ideia é que a preocupação é inútil porque Deus está no controle!

Entregar a Deus nossas necessidades não indica que nos tornaremos preguiçosos. Deus disse a Josué para se levantar porque havia trabalho a ser feito (ver Josué 7:10), e algumas pesquisas interessantes demonstram como isso acontece. Quando as pessoas passam por problemas sérios, elas geralmente se relacionam com Deus em uma dessas três formas principais: alguns tentam se virar sozinhos, outros se sentam e esperam que Deus lide com a situação e alguns se veem cooperando com Deus do melhor modo possível. Os que estão no terceiro grupo, daqueles que colaboram com Deus ao lidar com seus problemas, geralmente superam os desafios em sua melhor forma física, emocional e espiritual.[1]

Essa ideia combina com a mensagem do capelão na Segunda Guerra Mundial para seus homens: "Glória a Deus e passe para cá a munição!" Ação em conjunto com a confiança — essa é a melhor combinação.

PASSOS BÍBLICOS PARA SUPERAR A ANSIEDADE

Então, não se deve andar ansioso, mas como se faz isso? Uma coisa é saber o que se deve fazer; outra bem diferente é fazê-la com êxito, especialmente quando iso envolve tantas emoções e sentimentos subjetivos. Quando a ansiedade se torna um padrão para reagir à vida ou às situações desafiadoras, você precisa de algo mais do que uma simples recomendação "faça isso/não faça isso".

Às vezes os cristãos se sentem culpados quando não conseguem acatar imediatamente ao que Deus pede, e seu sentimento de culpa por não conseguir evitar ficar ansioso somente aumentará a ansiedade! Fique em paz, porque Jesus sabe como você se sente. Existem muitos passos nessa jornada parecidos com esse, inclusive o tratamento das questões de saúde física, de mudança no estilo de vida e no pensamento. O que importa é cooperar com Deus e continuar a dar seus passos para alcançar isso.

A ansiedade se parece de várias formas com a escuridão. Não dá para tirar a escuridão de uma sala pelo simples esforço, ou seja, só é possível fazer com que ela deixe de ser escura fornecendo luz. Do mesmo modo, somente venceremos a ansiedade colocando outra coisa em seu lugar, e isso envolve eliminar as causas principais e tomar a iniciativa de aprender a confiar em Deus. A Bíblia fala sobre várias formas de se fazer exatamente isso.

"Pensem nessas coisas"

No capítulo 4, falamos sobre como é importante para você assumir o controle dos pensamentos. Lembre-se: você tem a capacidade de escolher seus pensamentos. Paulo deixa bem claro: "Finalmente, irmãos, tudo o que for verdadeiro, tudo o que for nobre, tudo o que for correto, tudo o que for puro, tudo o que for amável, tudo o que for de boa fama, se houver algo de excelente ou digno de louvor, pensem nessas coisas" (Filipenses 4:8).

Essa passagem da Bíblia se aplica à vitória sobre a ansiedade de pelo menos duas maneiras. Primeiramente, ela fala sobre o tipo de alimento que você permite que a mente receba. Muitas pessoas edificam, outras não; e alguns meios de comunicação são positivos, espirituais e amigos da fé, enquanto outros são desanimadores, sensacionalistas e ímpios. É você quem escolhe o alimento mental que a mente recebe, portanto, opte por informações construtivas que o ajudarão a crescer e a se fortalecer pessoal, mental e espiritualmente.

Em segundo lugar, essa passagem fala sobre os assuntos que você escolhe ativamente como alvo de sua atenção. Quando os pensamentos de ansiedade e as preocupações surgem na mente, você não é obrigado a dar lugar a eles. Você pode substituir esses pensamentos por outros fundados no que você conhece sobre Deus e sobre sua Palavra.

Veja alguns exemplos:

- Se estiver com problemas financeiros, seus pensamentos de ansiedade podem se parecer com estes: "Estou atolado neste lugar de pobreza sem fim. Ninguém, nem mesmo Deus, está me ajudando, e este lugar é desesperador. Se continuar assim, minha família e eu não teremos onde morar. Sou um fracasso, e

Deus não se importa comigo". Você pode substituir esses pensamentos por algo assim: "Minha situação financeira é grave. Deus sabe disso e se importa comigo e com minha família. Ele prometeu cuidar de nós como cuida dos pássaros, e eu escolho confiar nele. Vou orar para receber a orientação e a provisão de Deus enquanto continuo a trabalhar com todas as forças para encontrar ou gerar a renda de que nossa família precisa".

- Se você ou alguém próximo estiver doente, seus pensamentos de ansiedade podem se parecer com estes: "Não consigo melhorar. Deus está me castigando por causa do meu estilo de vida pouco saudável. Esse tratamento é difícil demais e ninguém se importa o bastante para me ajudar. Acho que vou desistir!" Você pode substituir esses pensamentos por algo assim: "Talvez meu estilo de vida tenha ajudado a ficar doente, mas isso indica que eu também posso ajudar na cura mudando o que está ao meu alcance. Continuarei orando pela cura divina, sabendo que ele está comigo independente do que aconteça. Cooperarei com Deus e com os profissionais da área médica para ter a melhor saúde possível a fim de servi-lo com o máximo da minha dedicação".
- Se tiver problemas com um pecado repetitivo ou um vício, seus pensamentos de ansiedade podem se parecer com estes: "Sou um fracassado e não há nada que eu possa fazer para melhorar. Só consigo magoar as pessoas de que eu gosto. Esse negócio de vida cristã não é para mim, e não tem mesmo como Deus fazer nada por mim". Você pode substituir esses pensamentos por algo assim: "É verdade que eu já magoei a mim mesmo e a outras pessoas, mas Deus prometeu perdoar-me, dar-me a chance de recomeçar e de ter um bom futuro. Conseguirei a ajuda de que necessito e pedirei humildemente que Deus tome essa parte da minha vida e me transforme. Aprenderei tudo o que puder quanto a aplicar a vitória de Jesus na minha vida e prosseguirei na caminhada um dia de cada vez".

A substituição dos pensamentos de ansiedade por pensamentos positivos não acontece facilmente, por isso é importante passar tempo com outros cristãos que estão crescendo na vida espiritual e também com a Palavra de Deus, pois fazer isso o ajudará a neutralizar as mensagens negativas às quais a mente se apega naturalmente. Pratique isso pelo tempo necessário e seus sentimentos de ansiedade darão lugar à luz fortalecedora da verdade divina.

Tire o foco de si mesmo

A ansiedade e a preocupação são bem egoístas e o impedem de ser útil e produtivo para si mesmo, para sua família e até mesmo para o Reino de Deus. O antídoto é retirar o foco de si mesmo, pois é difícil permanecer irritado enquanto estiver verdadeiramente concentrado em ajudar alguém.

> **É difícil permanecer ansioso quando seus pensamentos e suas energias estão concentrados em ajudar as pessoas em prol do Reino de Deus.**

Possivelmente, o melhor lugar para redirecionar o foco para fora de si mesmo é o Reino de Deus. Ao abordar a ansiedade no Sermão do Monte, Jesus disse: "Busquem, pois, em primeiro lugar o Reino de Deus e a sua justiça, e todas essas coisas lhes serão acrescentadas" (Mateus 6:33). Independente de seu entendimento do propósito de Deus para sua vida, concentre suas energias físicas, mentais e espirituais nessa direção e não sobrará muita coisa para dedicar à preocupação.

Talvez você pense que não tem muita noção do propósito de Deus para sua vida, mas não se trata de uma posição etérea em algum ponto distante do futuro. O propósito começa bem no ponto em que você está, e é daí que você deve começar. Estas perguntas ajudarão você a dar alguns passos à frente para cumprir o propósito divino:

- Em quais aspectos do seu caráter você está trabalhando? (ver Romanos 8:29)
- Que pessoa Deus colocou ao seu redor que precisa desfrutar seu amor? (ver João 15:12)

- Quais são os recursos — materiais, intelectuais; bem como qualificações, habilidades, interesses, contatos — que você tem para investir no Reino de Deus? (ver Romanos 12:6-8)
- Que necessidade parte seu coração? De quem você se compadece? Como você pode ajudar?

Você passará por momentos de alegria ao investir tudo o que tem no Reino de Deus, seja em casa, na família, nos negócios, no trabalho beneficente, seja na igreja do Senhor. Haverá momentos em que você se sentirá na crista da onda cooperando com a obra de Deus, e isso afasta a ansiedade.

Pratique a gratidão

A gratidão é um dos melhores antídotos para a preocupação e a ansiedade. "Deem graças em todas as circunstâncias, pois esta é a vontade de Deus para vocês em Cristo Jesus" (1Tessalonicenses 5:18). Cultivar a gratidão faz parte de assumir o controle dos pensamentos e escolher em que concentrar a mente.

Estamos falando sobre batalha espiritual neste livro, e isso indica que temos de ser honestos sobre os efeitos reais do mal. Como podemos dar graças quando olhamos para o terrorismo do Estado Islâmico, o tráfico de seres humanos, as doenças como o câncer, a revolta política, isso sem falar nos problemas da vida? Aqueles a quem Paulo pediu para serem gratos estavam passando por "essas aflições" e por "tribulação" também (1Tessalonicenses 3:3-4). A gratidão em meio a situações indescritíveis não surge naturalmente, mas Deus pede isso de nós.

Recentemente, ouvi uma viúva falar que Deus lhe pediu para ser grata a ele logo depois da morte do marido. Ela perguntou: "Deus, como posso ser grata por perder meu marido?" A resposta que Deus lhe deu foi: "Eu não pedi que você agradecesse pela morte dele. Estou pedindo que agradeça por ele — pela sua vida, pela vida que vocês tiveram juntos". Em todas as situações, você pode reestruturar seu pensamento para encontrar algo pelo qual você pode agradecer.

Como fica isso na prática? Se você acabou de perder o emprego, agradeça porque ainda tem saúde para procurar outro; se estiver cuidando de um familiar doente, agradeça por outro parente, amigo ou cuidador temporário que lhe dá uma folga oportuna; se estiver com problemas de saúde, você ainda pode agradecer a Deus por encaminhá-lo a profissionais úteis; se estiver com transtorno de estresse pós-traumático, com algum vício ou for vítima de abuso, você pode ser grato por ter momentos de lucidez nos quais pode sentir a paz de Deus e ver traços de sua orientação para o futuro.

Deus sempre tem uma maneira de trazer algo bom daquilo que o inimigo intentou fazer de mal (Gênesis 50:20). Isso não quer dizer que não sofreremos, mas Deus pode transformar o que você achava ser desesperador em um alimento a ser dado às pessoas que precisam de esperança e de ajuda. Além disso, você sempre pode agradecer, acima de tudo, porque sabe que Jesus foi vitorioso sobre o mal e porque você conhece o final da história.

Entre no descanso de Deus

Você já se esforçou bastante para descansar? Isso parece ilógico, mas é o mandamento que recebemos: "esforcemo-nos por entrar nesse descanso [...]" (Hebreus 4:11). Essa também é uma escolha consciente sobre parar de tentar resolver as coisas que estão além do nosso controle e deixar que Deus cuide delas.

Existem vários aspectos ao escolher pelo descanso, e podemos pensar nisso como a entrada no descanso nas dimensões do espírito, da alma e do corpo.

A dimensão do corpo

Quanto ao descanso do corpo, o sono pode ser uma ilusão se você tem problemas de ansiedade — reveja a seção sobre o sono no Capítulo 5 se precisar e siga as recomendações adequadamente.

Além do sono, o corpo precisa de descanso da atividade produtiva constante. Horários de trabalho extensos, atividade incessante e eventos consecutivos podem atrapalhar seu bem-estar; em outras palavras, manter esse tipo de estilo de vida por um longo período pode prejudicar sua saúde, seus relacionamentos e levar a outras angústias. Ninguém em seu leito de morte tem o remorso de não ter trabalhado mais horas por dia, portanto, reserve um tempo para repensar prioridades, investir nas pessoas de que gosta ou simplesmente *espairecer*.

A dimensão da alma

Sua alma também precisa de descanso. Se seus dias envolvem um trabalho criativo intenso ou uma atividade mental concentrada, o descanso poderia simplesmente indicar uma limitação no número de horas que exercita a mente dessa maneira. O exercício físico, o tempo em meio à natureza ou o tempo com a família, os amigos ou com os grupos da igreja podem ser relaxantes. Procure lugares, pessoas ou atividades que renovem suas energias e agende essas atividades regularmente, uma vez que o lazer saudável — fazer as coisas só por diversão e prazer — pode ser bem revigorante.

A dimensão do espírito

O ser mais profundo, o espírito, também precisa de descanso. A mensagem do Evangelho não é "faça isso". Quando Jesus disse "está consumado", isso indicou que a obra foi terminada (João 19:30). Você não precisa andar sempre lutando ou tentando fazer com que Deus o ame para descobrir o que ele quer para sua vida ou para ser bom o suficiente, até porque as coisas mais importantes já foram alcançadas pelo próprio Jesus. Seu papel é descansar nessa obra completa, então, dê a Deus o controle do seu crescimento espiritual e diga-lhe em voz alta: "Senhor, eu te dou permissão para me dar crescimento, para me transformar. Peço que estejas no comando para me levar ao que tu queres que eu seja, e eu cooperarei contigo de todas as formas possíveis". Ele é poderoso para completar o que começou: "Estou convencido de que aquele que começou boa obra em vocês, vai completá-la até o dia de Cristo Jesus" (Filipenses 1:6).

Lance sua preocupação sobre ele

Uma das passagens mais fortes no Novo Testamento sobre a batalha espiritual está em 1Pedro 5:8-10, a qual será detalhada nos capítulos seguintes. Mas, um pouco antes, no versículo 7, Pedro diz: "Lancem sobre ele toda a sua ansiedade, porque ele tem cuidado de vocês". A língua grega traça uma ilustração de pegar o que se tem e jogar em cima de outra coisa.[2] É a mesma palavra usada para descrever a maneira pela qual as pessoas jogaram suas roupas sobre o jumentinho em que ele montou para entrar em Jerusalém (Lucas 19:35).

Não há como lutar com o diabo em uma posição de preocupação e ansiedade, portanto, antes de tomar qualquer arma na batalha espiritual, dê uma boa olhada na sua preocupação. Imagine-a como algo tangível, como uma roupa que está usando, e responda: quais são os pensamentos e os sentimentos que ela envolve? Quais são as experiências que podem ter levado a ela? Quais são os resultados com os quais você está preocupado? Retire a preocupação de si e imagine-a como um objeto. Escreva ou faça um desenho se desejar.

Depois disso, faça o que esse versículo lhe pede para fazer, isto é, imagine em sua mente você tirando essa veste de ansiedade e lançando sobre Jesus. Você poderá precisar fazer isso várias vezes até isso se tornar um hábito, e pode colocar esse versículo no papel de parede do seu smartphone para que, toda vez que começar a se preocupar, você seja lembrado de tirar essa veste de preocupação e atirá-la sobre Jesus.

Você também pode fazer algo físico para simbolizar o lançamento da preocupação sobre Jesus. Pegue aquilo que você escreveu ou desenhou, amasse bem, depois rasgue, queime ou jogue fora. Se sua igreja tiver algum altar, leve o que escreveu ou desenhou e deixe lá.

Não fique estressado se essas ações não eliminarem sua ansiedade completamente e para sempre. Continue agindo da mesma maneira, se precisar, pois isso o ajudará a desfrutar da cura do Espírito Santo na sua alma.

Deixe Deus cuidar dos resultados

Por fim, não há necessidade de recorrer à ansiedade para qualquer coisa que Deus lhe pediu para fazer. Se você estiver servindo a ele, haverá situações — talvez muitas situações — nas quais enfrentará oposição ou até mesmo perseguição. Os outros não entenderão e tentarão abertamente impedi-lo; as circunstâncias farão com que pareça que seus esforços não estão dando em nada; e o próprio Satanás pode atiçar a oposição, já que o trabalho que você faz pelo Reino de Deus prejudica o reino de escuridão.

Não deixe que essas coisas preocupem você, pois é próprio da natureza humana querer resultados, saber de antemão o que esperar e ter a certeza do sucesso, mas geralmente Deus nos pede para dar um passo mesmo quando não sabemos quais resultados obteremos ou quando saberemos quais são as consequências desses resultados.

Jesus disse a seus discípulos: "Mas quando os prenderem, não se preocupem quanto ao que dizer, ou como dizê-lo. Naquela hora lhes será dado o que dizer, pois não serão vocês que estarão falando, mas o Espírito do Pai de vocês falará por intermédio de vocês" (Mateus 10:19-20). Jesus não disse para não nos *prepararmos*, mas para não nos *preocuparmos*. Sendo assim, nosso trabalho é seguir sua direção com o melhor das nossas capacidades e deixar os resultados com ele, e ele próprio assumirá a responsabilidade pelos resultados e por cuidar de nós, mesmo quando enfrentamos oposição por fazer a sua obra.

Talvez a melhor maneira de resumir o que estamos dizendo sobre a preocupação e a ansiedade é lembrar-se outra vez da Oração da Serenidade: "Concedei-me, Senhor a serenidade necessária para aceitar as coisas que não posso modificar. Coragem para modificar aquelas que posso e sabedoria para conhecer a diferença entre elas".

ANSIEDADE NUNCA MAIS!

Continuar ansioso ou preocupar-se habitualmente com as coisas não é o que Deus quer para sua vida. O Novo Testamento deixa bem claro que você não deve se preocupar com nada, porque isso não muda o desenrolar dos acontecimentos, além de prejudicar sua vida espiritual. Deus prometeu cuidar sempre de você.

O Novo Testamento indica como você pode vencer a ansiedade e a preocupação, e isso inclui assumir o controle do seu pensamento, priorizar as necessidades que estão fora de você e também o Reino de Deus, praticar a gratidão e escolher o descanso para o espírito, a alma e o corpo. Em sua imaginação, ou simbolicamente, pegue sua ansiedade e sua preocupação e lance sobre Jesus, pois os ombros dele são largos o suficiente para carregá-las — juntamente com você.

PERGUNTAS PARA MEDITAÇÃO E DISCUSSÃO

1. Você está se preocupando com alguma coisa que não pode mudar? Como isso o afeta?
2. Que pensamentos você poderia escolher pensar em vez de insistir em sua preocupação?
3. O que significaria para você lançar (jogar) sua preocupação sobre Jesus?
4. Escreva ou desenhe algo que simbolize sua preocupação e, depois, jogue esse papel em um rio ou deixe no altar da sua igreja para simbolizar o lançamento de sua preocupação sobre Jesus.

CAPÍTULO 8

"Não tenha medo"

Quando eu era criança, meus pais compravam livros de histórias bíblicas para mim e para minha irmã. Eu me lembro muito bem do desenho de Jesus dormindo no barquinho no mar da Galileia quando veio a tempestade e ameaçou a vida de todos que estavam a bordo. Quando os discípulos o acordaram, Jesus se levantou no barco e somente com uma palavra acalmou o vento e as ondas. Depois, olhou para os discípulos e disse: "Por que vocês estavam com tanto medo? Por que vocês tiveram medo, mesmo eu estando presente com vocês?"[1] (ver Marcos 4:36-41).

De fato, por que temos medo mesmo Jesus estando presente?

A Bíblia nos diz "não tema" ou "não tenha medo" praticamente cem vezes, então, imagino que Deus deve ter previsto que o medo seria um problema para nós. Ele sabe que somos humanos, e o medo é uma das emoções que parecem surgir sem aviso. O medo parece incontrolável, mas, se Deus nos pede para não termos medo, ele deve saber o que está fazendo.

O medo é, frequentemente, uma emoção básica por trás da preocupação e da ansiedade. Enquanto você dá os passos bíblicos discutidos no capítulo anterior para vencer esses hábitos mentais/emocionais, pode descobrir um nível mais profundo de medo em sua alma que nem suspeitava existir. Esses passos ainda são indispensáveis, mas ainda existem mais fatos sobre o medo nas Escrituras.

Vamos dar uma olhada em alguns exemplos bíblicos sobre o aviso de Deus: "Não tenha medo", e você perceberá como seu medo vai se dissipando. Você não pode lutar contra o medo simplesmente se esforçando para não sentir medo, pois o espaço que essa emoção ocupa na sua alma precisa ser reocupado por um sentimento mais forte, algo mais amplo, e encontramos isso na Palavra de Deus.

PESSOAS DE DEUS QUE ENFRENTARAM O MEDO

Se tiver problemas com o medo, você está em boa companhia. Alguns dos melhores amigos de Deus sentiram medo; por isso que ele precisava dizer "não tema" tantas vezes. Josué lutou contra o medo diante das batalhas iminentes para conquistar a terra de Canaã (Josué 1:9); Elias teve medo quando Jezabel ameaçou acabar com sua vida (1Reis 19:1-3); Davi ficou com medo dos seus inimigos (Salmos 56:1-4); Jeremias teve medo do que as pessoas pensariam dele (Jeremias 1:8).

Talvez você tenha ouvido sermões sobre vencer o medo com base em Jó 3:25: "O que eu temia veio sobre mim; o que eu receava me aconteceu". Algumas pessoas interpretam isso como se ter medo de alguma coisa fosse capaz de fazer com que essa coisa aconteça. Essa interpretação pode ter provocado ainda mais medo no seu coração: "Eu não estou com medo. *Eu não estou com medo!* EU NÃO ESTOU COM MEDO!" Deus não está pedindo para você surtar tentando não ficar com medo, e existe uma perspectiva mais ampla do que a Bíblia diz sobre o medo que você precisa entender.

A emoção inicial do medo não é o problema; no entanto, quando você se detém nisso e deixa que o medo continue a controlá-lo, sofre um impacto negativo sobre o seu bem-estar e desonra a Deus. Lembre-se de que você não pode se livrar da escuridão tentando afastá-la: precisa acender a luz.

Um dos discípulos de Deus, Pedro, mudou de medroso para destemido. Logo que Jesus chamou Pedro para segui-lo, este era um pescador pouco instruído acostumado com uma vida difícil. Durante os três anos que ele passou como discípulo e companheiro constante de Jesus, a boca de Pedro e o seu espírito impetuoso às vezes lhe trazia problemas. Então, enquanto Jesus estava sendo julgado, Pedro o negou por três vezes (ver João 18:15-27). Conhecemos essa história, e, do mesmo modo que Pedro, podemos tanto dizer "eu nunca o negarei" quanto viver com medo de fazê-lo.

Imagine as coisas naquela noite sob a perspectiva de Pedro. As autoridades judaicas prenderam seu líder, e as coisas pareciam ficar cada vez piores; seu mundo e tudo o que ele acreditava parecia desabar ao seu redor, e ele não conseguia se afastar daquele cenário, mas estava com medo de que, se os outros o reconhecessem, eles pudessem prendê-lo também. Sua vida estava em jogo.

Será que Pedro teve opção além de negar Jesus naquela noite? É claro que sim! Mas reflita por um momento sobre o medo bem humano que se passava pela mente dele; duvido que alguém tenha tido mais medo do que Pedro naquele dia.

No entanto, apenas algumas semanas depois, Pedro estava completamente diferente, tanto que ele e João tinham ministrado cura para um coxo na porta do templo. Uma multidão se reuniu espantada, e logo Pedro estava falando a todos eles sobre Jesus — aparentemente sem se importar com o que as pessoas pensavam (ver Atos 3:10-11). Quando Pedro e João foram presos e chamados para comparecer diante das autoridades, Pedro não escondeu nada, e até as autoridades se surpreenderam. "Vendo a coragem de Pedro e de João, e percebendo que eram homens comuns e sem instrução, ficaram admirados e reconheceram que eles haviam estado com Jesus" (Atos 4:13).

Mas Pedro e os outros não se deram por satisfeitos, e, quando os cristãos se reuniram depois da libertação dos dois, eles oraram para ter ainda mais coragem: "Agora, Senhor, considera as ameaças deles e capacita os teus servos para anunciarem a tua palavra corajosamente" (v. 29). Mais coragem? Não havia absolutamente nenhum vestígio do medo anterior que Pedro sentiu, e os capítulos seguintes de Atos demonstram que a oração de Pedro foi respondida. Ele continuou a pregar o Evangelho bem debaixo do nariz daqueles que fariam todo o possível para impedi-lo.

A liberdade de Pedro com relação ao medo nunca mais o deixou, e, quando as autoridades judaicas não conseguiam impedi-lo, as autoridades seculares entravam em ação. Herodes matou seu companheiro Tiago e planejou a morte de Pedro, mas nem mesmo aquela ameaça real conseguiu amedrontá-lo. Na véspera do dia em que Herodes tinha planejado submeter Pedro a julgamento público, este dormiu tão facilmente na prisão que o anjo que foi enviado para resgatá-lo teve de tocar no lado de Pedro para acordá-lo (Atos 12:6-7). Será que você conseguiria dormir tão profundamente se soubesse que estava prestes a ser morto? Isso mostra que Pedro realmente tinha vencido o medo.

A transformação de Pedro demonstra que, mesmo quando o medo chega a controlá-lo e o leva a fazer coisas destrutivas ou pecaminosas, você não é obrigado a continuar assim. A parte do seu coração que vive com medo pode ser curada e liberta, e, pela graça de Deus, você pode cultivar uma coragem real, passando a enfrentar sem medo até os piores desafios que o inimigo possa trazer contra sua vida.

Como foi que Pedro chegou a esse ponto? Não foi por esforço próprio, e sim pelo tempo que passou com Jesus, por vê-lo vivo depois da ressurreição e por sentir a presença do Espírito Santo (ver João 21:15; Atos 2:14-18). A mesma coisa pode acontecer com você.

MEDO DE PROBLEMAS FUTUROS

Nosso mundo está com problemas e nós sabemos disso. Ataques terroristas tanto no Oriente Médio quanto no Ocidente trazendo a ameaça de destruição a outras nações demonstram o quanto nossa sociedade é vulnerável. Se você acredita no aquecimento global, então acredita que nosso modo de vida está colocando em risco nossa sobrevivência no futuro. As reportagens sobre os perigos com relação ao nosso suprimento de comida, de água e de energia são catastróficas, e as previsões sobre o caos nuclear, o colapso financeiro, as pragas resistentes às medicações e as catástrofes naturais não parecem ideias exageradas.

Acrescente a isso as questões "menos graves" que presenciamos — o declínio na aceitação social do cristianismo, a controvérsia sobre o controle da natalidade, o aborto, as questões LGBT e de gênero, as divisões políticas radicais, o tráfico de pessoas e a exploração sexual, a violência e o sexo na mídia, e os altos índices de famílias despedaçadas pela violência doméstica, pelas crianças que crescem sem pai nem mãe, pelo divórcio, pelos pais solteiros e pela pobreza. Acho bem improvável que você tenha lido esses dois parágrafos sem sentir uma pontada no coração sobre um ou vários desses problemas que o afetam pessoalmente.

Jesus previu aflições, e ele previu a nossa reação natural de medo. "Os homens desmaiarão de terror, apreensivos com o que estará sobrevindo ao mundo" (Lucas 21:26). As coisas piorarão tanto que Jesus disse que os seres humanos "desmaiarão de terror, apreensivos com o que estará sobrevindo ao mundo" (Lucas 21:26). Não há nenhuma surpresa quando surge o medo em nosso coração, pois nosso mundo está gemendo.

Entretanto, para o cristão não há necessidade de esse medo persistir, uma vez que não temos somente as informações que recebemos do noticiário, da internet e dos próprios olhos, mas também temos algo maior. Com a sociedade ao nosso redor sucumbindo ou não por causa dos problemas econômicos, do terrorismo ou da extrema perseguição, nós temos o conhecimento da verdade principal. Jesus disse: "Quando começarem a acontecer estas coisas, levantem-se e ergam a cabeça, porque estará próxima a redenção de vocês" (Lucas 21:28).

SERÁ QUE HÁ MOMENTOS EM QUE O MEDO É BENÉFICO?

Com a mesma intensidade que lemos sobre "não ter medo", existe outra dimensão no relato bíblico sobre o medo, o que o Antigo Testamento descreve como o "temor do Senhor". Infalivelmente, ele é descrito como algo bom, uma vez que aqueles que temem ao Senhor podem esperar vida, sabedoria e todo tipo de resultado positivo (Provérbios 9:10; 14:27).

No Novo Testamento, Jesus reflete a mesma ideia. Ao dar instruções a seus discípulos antes de enviá-los em sua primeira jornada missionária sem a sua companhia, ele os avisa sobre a oposição que eles enfrentarão, mas observa que essa oposição não deve preocupá-los. "Não tenham medo dos que matam o corpo, mas não podem matar a alma. Antes, tenham medo daquele que pode destruir tanto a alma como o corpo no inferno" (Mateus 10:28), e esse alguém é Deus, que tem o destino eterno em suas mãos.

Você já ouviu o temor do Senhor ser descrito como respeito, e isso realmente é verdade, mas a palavra *respeito* não vai muito longe, pelo menos não do modo que geralmente pensamos sobre a palavra. *Respeito* seria uma palavra adequada para descrever o modo pelo qual você pode se relacionar com alguém que tem autoridade sobre você, como seu pastor ou seus governantes (Romanos 13:7), mas Deus está em uma categoria diferente. Quando falamos sobre Deus, não estamos falando sobre alguém com quem você pode negociar, alguém que está há dois passos de você, alguém com quem pode debater ou de quem pode conseguir o que quiser se disser as palavras certas.

Depois de se pensar algum tempo sobre quem é Deus, a palavra *respeito* parece bem suave para descrever nossa atitude com relação a ele.

Quem é o seu Deus?

Nós cantamos *Quão grande é o meu Deus*, mas é fácil esquecer o quanto ele é realmente grande. Ele não é grande porque nós conseguimos que ele faça o que quisermos, pois é grande demais para isso. Estamos falando do Criador do universo, aquele que leva trilhões de estrelas na palma da mão e ao mesmo tempo mantém as partículas de cada átomo unidas com o que os cientistas chamam de "grande força nuclear"[2] (ver Colossenses 1:17). Acredite o quanto quiser na física secular, mas ou nós somos um acidente que desafia a razão ou nosso Deus é maior do que se possa imaginar.

Ainda é mais incrível que nosso Deus tenha sido feito homem. Em um momento indescritível, bem de repente, o trono à direita de Deus ficou vazio, e aquele que tinha chamado as galáxias à existência passou a ser, de repente, um embrião no ventre de Maria. Será que o entendimento humano pode ter a mínima noção do que significou Jesus esvaziar-se de tudo e se tornar um ser humano, e depois morrer em uma cruz (Filipenses 2:6-8)? Isso mesmo, fique admirado! Mas ele não continuou morto, ele ressuscitou e está vivo para todo o sempre, e se você pudesse vê-lo com os próprios olhos nesse momento, ficaria tão impressionado que se lançaria como morto aos seus pés (Apocalipse 1:17).

Mas ainda tem mais! Esse Deus que formou o universo e o mantém pelo seu poder; que veio a terra na pessoa de Jesus para viver, morrer e ressuscitar; que ascendeu novamente ao céu e que está assentado à direita do Pai em uma glória indescritível — este mesmo Jesus quer vir e habitar em você pelo seu Espírito Santo! Ele não está somente no céu, mas ele também está bem presente na minha e na sua vida. Ele o vê, o conhece, entende você, o ama, o deseja e se alegra com você, e está contigo nesse momento, mais perto de você do que o próprio ar que você respira.

> **Quando você sabe verdadeiramente como Deus é grande, não tem medo de nada nem de ninguém menor que ele.**

Então, na próxima vez que orar, lembre-se de que a pessoa para quem você está orando neste momento está com você na pessoa do seu Espírito Santo, e também é aquele que ressuscitou dos mortos e está gloriosamente vivo e assentado ao lado do nosso Pai no trono do universo.

Precisamos ser lembrados regularmente de quem é o nosso Deus, pois é ele a quem oramos e adoramos. Temos a tendência de transformar Deus na nossa imagem, em vez de permitir que ele nos recrie à sua imagem, e quando nos esquecemos dessa realidade maior, podemos tentar controlá-lo ou usá-lo para interesses próprios, mas ele simplesmente é grande demais para isso.

Esse tipo de Deus pode aterrorizá-lo se você pensasse que ele é contra você, mas ele não é; na verdade, a boa notícia do Evangelho — na realidade de toda a Bíblia — é que ele é por você. A verdade de quem Deus realmente é impacta nosso medo quando percebemos que ele está do nosso lado, mas, permanecendo em reverência a ele, como podemos temer outra coisa ou outra pessoa? Quando você sabe de verdade como Deus é grande, perde o medo de qualquer pessoa ou de qualquer coisa menor que ele. "O Senhor é o meu ajudador, não temerei. O que me podem fazer os homens?" (Hebreus 13:6). Reverência e adoração são, talvez, definições melhores do "temor do Senhor".

Que diferença faz o tipo de Deus no qual você crê?

Refletir sobre a que tipo de Deus você serve não é simplesmente um exercício acadêmico-teológico, pois o que você pensa, sabe e acredita sobre Deus exerce um impacto sobre seu bem-estar psicológico. Por vários anos, a Baylor University conduziu uma pesquisa abrangente e contínua sobre religião nos Estados Unidos, e os dados dessa pesquisa mostram que as pessoas que creem em um Deus punitivo — um Deus pronto para punir os seres humanos se eles fizerem algo errado — têm significativamente mais transtornos psicológicos em comparação aos que creem em um Deus benevolente — um Deus bom e que está ao nosso lado.[3]

À medida que você tem uma ideia mais completa de quem é Deus, escolhe como reagir. Você pode fugir de Deus, levantar seus muros internos e continuar tentando resolver e controlar as coisas por sua conta. Talvez você tenha andado bem por um tempo, mas, se for como eu e continuar a fazer tudo por sua conta, vai enfrentar frustração, ansiedade e medo.

A alternativa não é acovardar-se com medo de Deus, mas se render a ele, pois Deus é bom, mas você não é! Existem coisas que você não conhece, coisas que não entende e coisas que não pode mudar sozinho. Sendo assim, colocar voluntariamente essas coisas aos pés de Cristo tanto o liberta do seu apelo sobre você quanto dá a Deus uma liberdade maior para fazer as coisas à maneira dele em você, a seu favor e por meio de você. Isso foi o que Deus quis dizer com: "Da mesma forma, jovens, sujeitem-se aos mais velhos. Sejam todos humildes uns para com os outros, porque 'Deus se opõe aos orgulhosos, mas concede graça aos humildes'. Portanto, humilhem-se debaixo da poderosa mão de Deus, para que ele os exalte no tempo devido (1Pedro 5:5-6).

Essa passagem precede imediatamente o mandamento de "lançar sobre ele sua ansiedade", e então a fala de Pedro sobre resistir ao diabo (vv. 7-10). Não há como lutar com o diabo em uma posição de medo, e a maneira de não ter medo é escolher deixar tudo no controle de Deus, o que não quer dizer que você seja passivo; conversaremos bastante nos capítulos seguintes sobre sua função ativa no processo, mas tudo começa deixando Deus ter o lugar devido no seu coração, na sua mente e na sua vida.

Se você não tem certeza de que Deus está do seu lado, essa é a hora exata de acertar as coisas entre você e ele. Você não pode ser bom o suficiente para ter Deus ao seu lado. Isso aconteceu quando ele veio a terra na pessoa de Jesus e morreu por você. Seja pela primeira vez, ou se você precisa se reconciliar com ele, você pode fazer esta oração neste momento:

> *Querido Jesus, eu preciso que tu sejas o Salvador e o Senhor da minha vida. Perdoe-me por tentar fazer as coisas à minha maneira. Obrigado por ser o meu Deus. Amém.*

"Temam a Deus e glorifiquem-no" (Apocalipse 14:7). Deixe o Deus do universo ser Deus na sua vida e seja eternamente grato pelo fato de esse mesmo Deus estar ao seu lado.

DO MEDO PARA A LIBERDADE

Mas o que você pode fazer com o medo? Talvez você tenha medo de alguma coisa "pequena", como de não terminar uma tarefa a tempo, de fazer algo diferente para o jantar e ninguém gostar ou compartilhar suas dúvidas no grupo de estudo bíblico. Quem sabe você tem medo de algo "grande", como morrer do mesmo tipo de câncer do qual sua mãe morreu, de o seu casamento ser destruído pela infidelidade ou pela raiva ou de uma perda de emprego que ameace o futuro da sua família. Talvez você esteja fragilizado pelo medo por tanto tempo que não conheça outro modo de viver, como no caso do transtorno de estresse pós-traumático causado pelo abuso infantil ou pela violência doméstica; ou um medo devastador do que as outras pessoas pensam.

Sim, você está com medo, e Deus disse para você não estar. Como você pode fazer isso?

Vamos dar uma olhada em três princípios bíblicos que o ajudarão a superar o medo independente de ele ser grande ou pequeno.

Aprenda e tome uma atitude

Às vezes aprender pode dissipar boa parte do medo. Seu medo de um exame passa a ser confiança quando você estuda adequadamente e se prepara; seu medo de câncer pode diminuir bastante quando você aprender que um estilo de vida saudável diminuirá praticamente pela metade seu risco de desenvolver a doença.[4] Esses riscos caem ainda mais se você mantiver um relacionamento monogâmico por toda a vida e limitar a exposição exagerada ao sol. Seu medo de o casamento acabar pode se resolver se você aprender modos mais saudáveis de lidar com a velha bagagem e de gerenciar conflitos.

Existe certa quantidade de poder que vem com o conhecimento, portanto, o primeiro movimento é aprender tudo o que pode sobre o objeto do seu medo. Se você tem medo de uma enfermidade específica, não vá pensando que não há o que fazer; descubra medidas quanto ao estilo de vida ou as intervenções médicas que podem reduzir riscos ou melhorar o resultado. Se você tem medo de falar em público, procure um curso de oratória ou busque um orador bem-sucedido para treiná-lo. Se for um medo mais amplo relacionado a traumas do passado, leia sobre pessoas que superaram um trauma com sucesso e descubra o que ela fez para ser bem-sucedida.

Deus sempre exige que nós tomemos uma atitude quando enfrentamos os problemas, inclusive com relação ao medo; além disso, é importante lembrar que nossa fé não deve estar nas nossas ações, mas sim em Deus. Nossas ações fazem parte da cooperação com Deus em direção ao resultado que ele tem para nós, mas não garantem a prevenção ou a solução dos nossos problemas. Às vezes, as atitudes mais importantes que podemos tomar são ajustar o comportamento, o pensamento e o foco, pois não se vence o medo passivamente.

Depois de aprender todo o possível sobre aquilo que você teme, é hora de dar outro passo prático. Em algum momento, você terá de fazer o que é assustador, ainda que tema isso, então, não espere até que não sinta mais medo, pois tomar uma atitude e seguir adiante é, muitas vezes, uma das melhores maneiras de superar tal medo e sentir-se confiante. Os passos podem ser pequenos a princípio, mas são importantíssimos.

Você pode seguir por este caminho:

- Descubra receitas e compre os ingredientes para fazer refeições saudáveis com alimentos não processados.
- Escreva uma carta objetiva e confiante para o cônjuge, expressando seus pensamentos e sentimentos sobre um conflito sério em seu casamento.
- Peça ajuda para criar um orçamento doméstico enquanto aprende a administrar suas finanças.
- Escreva uma lista de vinte empresas nas quais poderia trabalhar e envie seu currículo para as três primeiras da lista.
- Consiga que três amigos assistam a um discurso seu de cinco minutos.

Às vezes, a melhor estratégia é pedir ajuda. Ter um amigo atencioso para desabafar sobre esse medo e que o acompanhe nos primeiros passos pode ser útil. Além disso, fazer uma terapia profissional cristã pode ser essencial, especialmente se seu medo for a reação a um trauma sério. Em outras palavras, se não estiver progredindo sozinho, peça ajuda.

O perfeito amor lança fora o medo

Não existe forma mais poderosa de dissipar a escuridão do medo do que deliciar-se na luz do amor. Você precisa de algo maior, mais forte e mais irresistível para afastar seu medo, e o amor é isso, pois quanto maior o amor, mais para longe ele lança o medo. "No amor não há medo; ao contrário o perfeito amor expulsa o medo, porque o medo supõe castigo. Aquele que tem medo não está aperfeiçoado no amor" (1João 4:18). Se você quiser se livrar do medo, dê preferência a ambientes e relacionamentos amorosos.

O primeiro passo é se cercar de pessoas amáveis; considerando que você escolhe com quem gasta seu tempo, pense sobre quem, a sua volta, o edifica, desperta o melhor em você, ajuda você a ser uma pessoa melhor e estimula seu crescimento, e busque oportunidades para estar com essas pessoas. Talvez seja um grupo de colegas de clube, algumas amigas que se encontrem para tomar café ou um grupo de apoio específico.

Pode parecer artificial aceitar o amor de outras pessoas, mas você pode precisar fazer a escolha consciente de deixar que as pessoas o amem e acreditar no que elas dizem. Nem mesmo o presente mais incrível e caro não tem valor a menos que você escolha aceitá-lo. Se o cônjuge for amável, você precisa escolher aceitar o amor que ele ou ela tem para lhe dar.

> **Se você quiser se livrar do medo, dê preferência a ambientes e relacionamentos amorosos.**

O amor mais extravagante e puro vem do próprio Deus. O amor é a própria essência de Deus; trata-se de quem ele é. "Deus é amor" (1João 4:8). Você já ouviu isso várias vezes, mas talvez nunca tenha permitido que essa realidade envolvesse sua alma e purificasse tudo o que não é coerente com essa verdade. Sua cabeça acredita nisso, mas você precisa deixar que essa verdade desça uns cinquenta centímetros, da cabeça para o coração, pois quando o coração sabe, aceita e vivencia isso, então o medo diminui. O efeito do amor de Deus sobre o medo é comparável ao efeito da luz sobre a escuridão, isto é, o medo simplesmente não tem como permanecer.

Pergunte a si mesmo: "Como viveria hoje se acreditasse verdadeiramente que Deus é amor? Como trataria as pessoas à minha volta? Quais riscos estaria disposto a correr? De que satisfações egoístas teria de abrir mão? Como meu caráter começaria a mudar? Quais seriam os obstáculos que, de repente, perderiam a importância?"

O amor de Deus não é simplesmente um sentimento caloroso vago, apesar de ele ter sentimentos com relação a nós. Seu amor inclui o cuidado de um pastor; a ternura de um pai ou uma mãe; a força e o zelo de um namorado; a confiança e o orgulho de um mestre; e a alegria de um redentor (Salmos 23; 103:13; Oseias 2:14; Sofonias 3:17; Mateus 25:21; Tiago 5:11). Ele sabe a glória para a qual você foi criado e tem dedicado a si mesmo e todos os recursos do céu para garantir que você possa estar com ele para sempre e experimentar toda essa glória.

Como você pode vir a conhecer esse tipo de amor? Passe tempo na presença de Deus. Deixar o amor de Deus ir da sua cabeça para o seu coração leva tempo, então, peça ao Senhor para mostrar seu amor por você. Convide-o para enfrentar junto com você as coisas difíceis, pois isso aumentará sua capacidade de confiança nele, e consulte os versículos bíblicos sobre o amor de Deus e passe algum tempo pensando sobre eles. Quanto mais você conhecer o amor de Deus não somente de forma intelectual, mas também experimental, menos medo sentirá.

Mantenha os olhos no futuro

Boa parte do medo tem a ver com não saber o que vai acontecer futuramente. Você imagina o pior, e isso alimenta o medo, todavia, quando o final é garantido, você tem uma possibilidade maior de lidar com as coisas, mesmo quando momentaneamente é péssimo, mas pode lidar com qualquer coisa pelo caminho quando tem a garantia de que o resultado valerá a pena.

É isso que significa conhecer Jesus para o cristão. É bem verdade que Jesus nos prometeu tribulações neste mundo, mas ele também prometeu a glória futura, e se sua promessa de tribulações se cumpriu, isso somente aumenta nossa confiança de que a glória que ele prometeu também será uma realidade. Paulo tinha certeza disto: "Considero que os nossos sofrimentos atuais não podem ser comparados com a glória que em nós será revelada" (Romanos 8:18). Se você —, isto é, quando você — olhar para trás vendo sua dor, seu medo e seus problemas a partir da posição estratégica da eternidade, dirá: "Não gostaria que Deus quisesse agir de nenhuma outra maneira, pois todos esses problemas não têm a mínima importância agora. Isso certamente vale muito a pena!"

Manter os olhos nesse futuro é algo grande, forte e extraordinário o suficiente para abafar até mesmo o medo da morte. Quando os heróis da fé de Hebreus 11 olharam para essa glória futura, não importava se eles estavam sendo libertados ou torturados, se continuariam vivos ou seriam mortos, pois a certeza do prêmio no final fazia tudo valer a pena (ver Hebreus 11:33-40); e para aqueles que estão vivos perto do tempo do fim — isto é, nós — e contra quem o diabo libera seus ataques especialmente brutais, não se alterar com o medo da morte passa a ser uma das nossas armas mais poderosas contra ele (Apocalipse 12:11). Conversaremos mais sobre não ter medo como uma arma espiritual nos capítulos seguintes.

É realmente possível chegar ao lugar onde, em Cristo, você pode dizer: "Não tenho medo!"

NÃO TENHA MEDO

O medo é uma reação humana natural que você, eu e muitos outros somos levados a enfrentar. Apesar do fato de Deus entender nosso medo, ele nos orienta várias vezes a não ter medo. O exemplo de Pedro e de outros personagens na Bíblia demonstram a transformação que Deus deseja que nós experimentemos: de medroso a destemido.

Compreender a grandeza do Deus que quer estar conosco nos ajuda a responder a ele com reverência e adoração, e isso é o que a Bíblia quer dizer com "o temor do Senhor", uma vez que entender verdadeiramente quem é Deus pode encorajá-lo a vencer seu medo de qualquer coisa ou pessoa menor que ele.

Os três passos bíblicos para vencer o medo incluem obter conhecimento e entrar em ação; permitir que o impressionante amor de Deus vá da sua cabeça para o seu coração; e manter o foco na glória certa que Deus prometeu no futuro.

PERGUNTAS PARA MEDITAÇÃO E DISCUSSÃO

1. Em que área(s) você permitiu que o medo controlasse algum aspecto de sua vida? O que você acha que Deus está lhe mostrando sobre seu medo?
2. Descreva seu retrato de Deus. O que você realmente acredita sobre ele, não somente com a mente, mas com o coração?
3. O que o amor significa para você? Como o amor de outras pessoas pode impactar seu medo? Como o amor de Deus pode impactá-lo?

CAPÍTULO 9

Como Jesus tratou o medo

Desde o momento em que Jesus veio a esta terra, ele enfrentou oposição. A maioria das pessoas pode até não ter entendido Jesus nem a sua missão da forma adequada, mas Satanás entendeu — pelo menos até certo ponto. O propósito completo de Jesus em vir como homem era salvar a humanidade, e isso não poderia ser alcançado sem derrotar e destruir o diabo e seu reino de escuridão. Nesse sentido, a encarnação foi, com todos os seus outros aspectos, uma invasão no território inimigo.

Para Satanás e seu reino, a presença de Jesus por aqui era uma declaração do tipo "estamos em guerra!".

Mesmo assim, Jesus não parecia se alterar de modo nenhum diante de uma oposição tão forte. Ele nunca demonstrou medo ou ansiedade quando enfrentou demônios ou pessoas controladas por eles, ou mesmo o próprio Satanás, e nunca o vemos em uma caçada à atividade demoníaca. Sua atenção para o negócio de seu Pai de salvar a humanidade parecia inabalável, mas, quando Satanás ou seus demônios apareciam, Jesus reagia com autoridade absoluta sobre eles.

Mesmo com nossa vida parecendo tão difícil e com toda a oposição demoníaca que enfrentamos, nunca veremos Satanás nem todo o seu reino de escuridão alinhado contra nós no nível em que Jesus experimentou. Podemos aprender bastante observando o modo como Jesus tratou o mal enquanto estava neste mundo. O medo e a ansiedade que você tem diminuirão no momento em que apreciar a autoridade de Cristo sobre o mal e o que essa vitória significa para mim e para você nos dias de hoje.

No que se refere à batalha espiritual, Jesus é nosso exemplo divino, nosso Salvador sofredor e nosso Rei vitorioso, e cada uma dessas três dimensões é importante. Algumas análises sobre a batalha espiritual se concentram em apenas uma ou duas dessas dimensões, mas, sem elas, toda a nossa vida cristã seria ineficaz e distorcida. Então, prossiga comigo enquanto examinamos esse olhar libertador e renovador sobre a vida de Jesus.

JESUS COMO EXEMPLO DIVINO

Possivelmente meu resumo favorito da vida de Jesus é o proclamado por Pedro quando ele descreveu: "Como Deus ungiu a Jesus de Nazaré com o Espírito Santo e poder, e como ele andou por toda parte fazendo o bem e curando todos os oprimidos pelo diabo, porque Deus estava com ele" (Atos 10:38). Tudo o que Jesus fez durante sua vida e seu ministério foi desfazer o que Satanás tinha feito: ele tratou de curar doenças, libertar as pessoas da opressão e salvá-las do pecado. Por esse motivo, não é de se admirar que o reino da escuridão tenha sido ameaçado.

Jesus frequentemente encontrava pessoas endemoninhadas, e os Evangelhos relatam resumidamente Jesus curando aqueles que estavam possessos ou atormentados. (Os exemplos incluem Mateus 4:24; 8:16; Marcos 1:32-34; e Lucas 4:41). Temos muitas histórias de pessoas libertas na presença de Jesus e por sua palavra. Ele curou uma mulher que "Satanás mantinha presa por dezoito longos anos" em um sábado (Lucas 13:16); libertou o rapaz epiléptico que foi trazido pelo pai para ser curado, pelo qual os discípulos não puderam fazer nada (Marcos 9:25-27); e também libertou o homem possesso por demônios que tinha sido condenado a viver em meio aos túmulos (Lucas 8:26-40). Jesus sempre se comporta de modo calmo e equilibrado, ao passo que os demônios reagem com gritos desesperados e com medo de tormento.

As pessoas que testemunharam Jesus expulsando esses demônios ficavam espantadas: "Todos ficaram tão admirados que perguntavam uns aos outros: 'O que é isto? Um novo ensino — e com autoridade! Até aos espíritos imundos ele dá ordens, e eles lhe obedecem!'" (Marcos 1:27). Jesus sabia que tinha autoridade sobre os demônios, e ele a exercia simplesmente pronunciando uma ordem.

Aquilo era totalmente diferente de tudo o que as pessoas ao redor de Jesus estavam acostumadas. A literatura judaica antiga relata como as pessoas da época de Jesus viviam com um medo contínuo de demônios; inclusive, *Os manuscritos do mar Morto* contêm uma série de orações e liturgias que eram usadas para trazer alívio da opressão demoníaca, e Josefo descreve um ritual elaborado envolvendo encantamentos e feitiços por meio dos quais o exorcista judeu Eleazar tentava expulsar demônios.[1] Tanto as pessoas em geral quanto os que tentavam se livrar dos demônios tratavam de todo esse assunto com bastante medo e ansiedade.

E então chega Jesus. Ele não lançava mão de encantamentos, feitiços, rituais, orações estilizadas, ansiedade ou medo. Ele não se altera. Às vezes, a expulsão se torna dramática somente por causa da resistência dos demônios às palavras de Jesus. As passagens do Evangelho que resumem as obras de Jesus fazem esses encontros parecerem quase corriqueiros e provavelmente não mais dramáticos do que uma simples ordem "Saia!" (Marcos 1:34). Não é à toa que as pessoas estavam espantadas!

Autoridade nas palavras de Jesus

Toda vez que Jesus encontrava Satanás ou seus demônios, ele reagia com palavras calmas e cheias de autoridade. Isso começou em seu encontro inicial com Satanás no deserto logo depois do seu batismo, quando Satanás tentou Jesus para transformar pedras em pães, se jogar do pináculo do templo e se prostrar e adorá-lo. Todas as vezes Jesus o derrotou, não com uma demonstração de poder, mas com suas palavras.

No entanto, aquelas não eram palavras comuns; eram palavras das Escrituras do Antigo Testamento. "Jesus respondeu: 'Está escrito: Nem só de pão viverá o homem, mas de toda palavra que procede da boca de Deus'" [...] Jesus lhe respondeu: 'Também está escrito: Não ponha à prova o Senhor, o seu Deus' [...] Jesus lhe disse: 'Retire-se, Satanás! Pois está escrito: Adore o Senhor, o seu Deus, e só a ele preste culto'" (Mateus 4:4, 7, 10).

Em todas as situações em que Jesus se deparou com o mal em seu ministério, ele reagiu da mesma maneira. Se os demônios estivessem causando alguma enfermidade ou doença, isso tinha de sair juntamente com eles. O centurião romano entendeu isto: "Senhor, não mereço receber-te debaixo do meu teto. Mas dize apenas uma palavra, e o meu servo será curado" (Mateus 8:8).

Ao contemplar as palavras de Jesus, sempre tenha em mente que não se tratava de uma espécie de apresentação mágica. Deus chamou os mundos à existência pela sua palavra. Jesus é chamado à eterna Palavra de Deus (João 1:1). O poder e a autoridade do próprio Deus estavam presentes nessas palavras de Jesus, por isso ele falou dessa maneira com Satanás no deserto. O poder de Deus está presente na sua Palavra — nas Escrituras, como Jesus declarou, e como você e eu declaramos também.

Jesus exerceu autoridade sobre Satanás ao expressar a Palavra de Deus a partir das Escrituras; sendo assim, você precisará conhecer a Palavra de Deus para também exercer autoridade sobre o inimigo.

Você também pode fazer isso!

Você consegue imaginar a alegria deslumbrada com a qual os discípulos de Jesus o ouviram falar: "Você quer fazer as mesmas coisas que você me viu fazer? Você quer pregar as boas novas, curar pessoas, expulsar demônios e ressuscitar os mortos? Sim, você pode! Está na hora de você sair e fazer isso" (ver Mateus 10:8). Posso imaginá-los indo de dois em dois, talvez se perguntando se isso realmente daria certo. João diz a Pedro, "Você já o viu dizer o que eu ouvi dizer? Você acha mesmo que podemos fazer isso?" E Pedro responde: "Claro que sim! E eu farei isso na primeira chance que tiver!"

A caminho do primeiro vilarejo, Pedro, João e os outros ficaram ensaiando várias vezes exatamente o que eles tinham visto Jesus fazer e o modo como ele fazia. Eles se recordaram das palavras que ele usou, do olhar no seu rosto e até mesmo do sentimento na sua voz, e decidiram agir do mesmo modo, exatamente como o mestre tinha feito. Os resultados foram espetaculares! Eles devem ter tido tempo e local predeterminados para voltar a se encontrar com Jesus novamente, e, quando chegaram lá, exclamaram: "Senhor, até os demônios se submetem a nós, em teu nome" (Lucas 10:17). Eles tinham agido como Jesus, sem medo, rituais, ansiedade e longas orações estilizadas; eles só falaram em nome de Jesus.

Então, o que isso significa para você e para mim? O que Jesus, como nosso exemplo divino, nos mostra sobre como tratar o mal?

- Não tenha medo ou ansiedade. Não temos necessidade nenhuma de ter medo ou ansiedade em nossos encontros com Satanás ou com seu reino de escuridão. Nós não saímos por aí procurando um demônio; todavia, haverá oportunidades suficientes para exercer a autoridade que Jesus nos deu quando surgir o mal. Sendo assim, devemos estar alertas e firmes, mas não ansiosos (ver 1Pedro 5:8).
- Encha sua mente e seu coração com a Palavra de Deus. Se Jesus precisou das Escrituras para resistir à tentação com sucesso, você também precisará. Passe tempo lendo, estudando e memorizando a Bíblia, pois, se essas palavras estiverem no seu coração, o Espírito Santo o fará lembrar quando precisar delas no momento em que enfrentar o mal.
- Continue concentrado no que Deus lhe dá para fazer. Jesus e seus discípulos continuaram focados em ministrar aos corações, às mentes e aos corpos das pessoas. O fato de que, fazendo isso, eles despertavam a oposição de Satanás, era quase secundário. Continue com os olhos fixos no que Deus lhe deu para fazer, nem mais, nem menos. Se isso provocar a oposição do diabo, assim seja.

Manter a concentração é importante. C. S. Lewis afirmou sabiamente que pensar demais ou de menos em Satanás são duas armadilhas igualmente perigosas: "Nossa raça pode cair em dois erros igualmente graves, mas diametralmente opostos, quanto aos demônios. O primeiro é o de não acreditar na existência deles, e o outro é de acreditar que eles existem e sentir um interesse excessivo e doentio por eles. Os demônios ficam igualmente satisfeitos com ambos os erros".[2] Minha pesquisa demonstra a mesma coisa. Estudei um grupo de pessoas que estavam frequentando uma conferência de uma igreja não denominacional e comparei suas práticas espirituais com bem-estar psicológico geral. Aqueles que pensavam com mais frequência em Satanás e seus demônios causando-lhes problemas tinham muito mais chance de sofrerem de ansiedade, de depressão e de transtornos psicológicos generalizados.[3] Como podemos perceber, o importante é o foco.

> **Pensar sobre o diabo demais ou de menos não é saudável nem psicológica nem espiritualmente.**

Jesus encontrou com o mal mais do que qualquer um de nós jamais nos encontraremos, e ele esperava que seus seguidores enfrentassem o reino da escuridão do mesmo modo que ele.

JESUS COMO SALVADOR SOFREDOR

Já falamos anteriormente que a guerra entre o Reino de Deus e o reino da escuridão não é uma questão de poder ou de território, pois Jesus não obteve a vitória contra Satanás por meio de uma demonstração de força, mas sim por meio do amor sacrificial, e não podemos esperar participar da sua glória sem participar do seu sofrimento. Paulo disse: "Quero conhecer Cristo, o poder da sua ressurreição *e a participação em seus sofrimentos*, tornando-me como ele em sua morte" (Filipenses 3:10, grifos nossos).

Qualquer analogia humana da nossa salvação é incompleta, mas imagine que você e eu fôssemos feitos reféns de um inimigo terrível que tivesse poder legítimo para roubar, matar e destruir. Jesus não nos salvaria vindo como líder de um ataque de Forças Especiais, matando aqueles que nos capturaram, pois, se ele tivesse feito isso, nosso pecado teria nos matado — eternamente. Em vez disso, nossa salvação se parece mais com uma troca de reféns, na qual Jesus toma nosso lugar. Sobre a cruz ele experimentou toda a força do poder de Satanás, e nós fomos libertados.

Algumas discussões sobre batalha espiritual deixam de lado a imensidão do pecado, mas a realidade é que você e eu estamos com um problema — um problema bem mais profundo do que geralmente imaginamos. A queda de Adão e Eva trouxe o pecado a todos os aspectos do nosso mundo e do nosso caráter, e, nesse sentido, a imagem de Deus na qual fomos criados foi obscurecida pela natureza pecaminosa que herdamos (Salmos 51:5). Crescemos e vivemos em um ambiente pecaminoso onde o mal acontece a nós e também a quem está ao nosso redor, e as decisões tomadas por outras pessoas nos prejudicam e provocam reações pecaminosas da nossa parte em razão de nossas tentativas de simples sobrevivência. Sendo assim, nossas escolhas pecaminosas agravam nossa humilhação e nos separam cada vez mais de Deus.

Se despertarmos por um momento que seja nosso estado lamentável, Satanás se habilita rapidamente a interferir outra vez. A justiça própria parece uma alternativa agradável: não somos tão maus, não é verdade? Ou Satanás pode nos sufocar com a vergonha e a culpa — parte merecida e parte falsa. Além disso, se reagirmos de acordo com a justiça própria ou com o sentimento de culpa, certamente seremos derrotados.

Essa é a razão pela qual, antes de nos envolvermos em qualquer outra batalha espiritual, temos de nos humilhar diante de Deus (1Pedro 5:6), pois estamos desesperados e desamparados fora da sua presença. Como Martinho Lutero expressou: "Nossa força nada faz, estamos, sim, perdidos".[4] Tentar usar a força natural ou espiritual contra Satanás é um caminho garantido para mais humilhação e desespero, então, lembre-se de que Jesus não venceu Satanás pela força e, consequentemente, nós também não podemos fazer assim.

Tratando da culpa

Se já faz tempo que você é cristão, provavelmente passou por algum ataque de culpa. Bem no momento em que você está começando a sentir que está progredindo espiritualmente, obtendo a vitória e impactando positivamente o Reino de Deus, surge um pecado ou uma fraqueza do passado ou do presente para lhe dar um tapa no rosto. "Quem você pensa que é? Você não tem direito nem capacidade para seguir em frente. Seu pecado tira você da corrida, e é melhor você desistir!" Pode parecer que é a sua mente dizendo essas palavras, mas é o "acusador dos irmãos" que está utilizando seus truques sujos novamente (ver Apocalipse 12:10).

Para todos os efeitos, ele está certo. Sua natureza humana é pecaminosa, e certamente é possível que você esteja pecando no momento, mas, graças a Deus, Jesus, o Salvador sofredor, já tratou esse problema. Ele se fez pecado por você, para que você pudesse se tornar justiça de Deus nele (2Coríntios 5:21). O sofrimento de Jesus era real: seu corpo foi ferido, sua alma foi atormentada e seu sangue foi derramado pela nossa redenção. Ele levou nosso pecado para que possamos ser livres e nos oferece o perdão do nosso passado e a transformação para o nosso futuro.

O pecado nos torna vulneráveis aos ataques de Satanás — às vezes é o nosso pecado, outras vezes é o pecado de outra pessoa. Jesus é o único que voluntariamente se fez vulnerável mesmo não tendo pecado. "Já não lhes falarei muito, pois o príncipe deste mundo está vindo. Ele não tem nenhum direito sobre mim" (João 14:30). Quando escolhemos Jesus como nosso Salvador, chegamos a um ponto em que ele não tem domínio nenhum sobre nós.

Você está lendo este livro porque não quer viver com medo e ansiedade; em vez disso, quer liberdade, vitória e alegria. A culpa é uma das formas mais seguras de impedi-lo de desfrutar essa liberdade. Pergunte a si mesmo se reconhece Jesus como seu Salvador sofredor. Você permitiu que ele lavasse completamente todo o passado? Já aceitou de forma humilde e agradecida o perdão que ele lhe oferece? Já decidiu continuar a permitir que ele o transforme na pessoa que precisa que você seja? Se a resposta é afirmativa, alegre-se na liberdade que ele traz; se for negativa, o que você está esperando?

Não há nada na Bíblia sobre a necessidade de ser perfeito ou maduro antes de poder experimentar a vitória de Cristo. Quanto mais amadurecemos, mais vitória experimentamos, mas até novos convertidos podem viver em liberdade. A ideia é que você está limpo — não limpo perfeitamente no sentido final, mas lavado no sentido de estar perdoado e submisso a Cristo. Você não partirá para cima do inimigo com justiça própria, nem viverá em vergonha ou culpa. Você concordou com Deus sobre o que ele diz sobre você ser uma nova criatura em Cristo (2Coríntios 5:17), prossegue em humildade diante de Deus e é cada vez mais grato pelo dom indescritível de Jesus.

O sofrimento como caminho para a vitória

No fim do seu ministério, Jesus entendeu completamente que seu sofrimento e sua morte iminentes foram provocados pela instigação do seu arqui-inimigo e que sua morte levaria à derrota de Satanás. "Chegou a hora de ser julgado este mundo; agora será expulso o príncipe deste mundo" (João 12:31). Paulo proclamou a mesma coisa: "[...] tendo despojado os poderes e as autoridades, fez deles um espetáculo público, triunfando sobre eles na cruz" (Colossenses 2:15). Por meio do sofrimento de Jesus Satanás foi derrotado.

Será que a vitória é um resultado do sofrimento? Será que a cruz é o caminho para o triunfo? Nós nos tornamos insensíveis sobre a dramaticidade desse fato para o reino da escuridão e sobre como isso foi escandaloso para o modo humano de pensar, antigo e atual. Essa verdade é um dos paradoxos do Reino de Deus.

O que Jesus, nosso Salvador sofredor, significa para você e para mim?

- O pecado é sério. Jesus tratou do pecado sobre a cruz, e você e eu temos de tratar do pecado se quisermos experimentar a vitória sobre o medo e a ansiedade ou sobre qualquer outra opressão do inimigo. O modo de lidar com o pecado é aceitar o perdão de Cristo quanto ao nosso passado e a sua graça transformadora quanto ao nosso futuro.
- Devemos estar preparados para o sofrimento. Não o antecipamos, mas estamos preparados para ele, pois sofrer faz parte da nossa experiência como seguidores de Jesus. Os atos de cura e libertação de Jesus enquanto ele estava na terra não eliminaram todo o sofrimento, nem naquela época nem na época atual. Está correto trabalhar para aliviar o sofrimento em nossa vida e na vida das pessoas, mas não devemos nos surpreender quando o sofrimento ainda permanece.
- O sofrimento vem antes da glória. Ele não é um fim em si mesmo. Jesus ressuscitou triunfante depois do sofrimento e da morte. Deus pode transformar o nosso sofrimento para a sua glória, e parte dessa glória podemos experimentar nesta vida — por conhecê-lo mais de perto e se tornar mais útil para o seu Reino; a outra parte, contudo, só experimentaremos quando Jesus voltar.

JESUS COMO NOSSO REI VITORIOSO

Se a encarnação foi uma invasão do território inimigo e uma declaração de guerra, então a cruz foi a declaração de vitória. O Governo e o Reino de Deus foram estabelecidos em verdade na terra, e Satanás e seu reino foram derrotados. O Reino de Deus agora está aqui, mesmo nessa época em que esperamos pela sua realização completa no retorno de Jesus, e ele declarou isso enquanto estava aqui na terra. A igreja primitiva reconhecia essa realidade, e podemos viver nela mesmo enquanto esperamos a vitória final.

O que Jesus disse sobre a vitória

Aqueles que estavam ao redor de Jesus tinham dificuldades para entender a ideia completa de Rei e Reino enquanto ele estava aqui. Jesus falou frequentemente sobre o Reino de Deus, e, pelo menos para parte do povo judeu, essa ideia significava a vitória sobre os romanos. Temos conhecimento a partir dos manuscritos do mar Morto que pelo menos alguns também entendiam que o Reino de Deus significava que o certo venceria o errado, que o bem finalmente triunfaria sobre o mal. A mensagem principal de Jesus era que o Reino de Deus está aqui e agora (Marcos 1:15).

Enquanto Jesus estava ensinando, pregando, curando e libertando as pessoas da opressão de Satanás, ele foi cada vez mais criticado pelos líderes religiosos. Em uma de suas respostas à crítica deles, Jesus afirma: "Mas se é pelo Espírito de Deus que eu expulso demônios, então chegou a vocês o Reino de Deus" (Mateus 12:28). O fato de que Jesus estava curando e libertando as pessoas demonstrava que o Reino de Deus tinha verdadeiramente chegado. Gregory Boyd expressa isso da seguinte maneira:

> Para Jesus, as curas e os exorcismos claramente não se limitavam a mencionar o Reino de Deus — elas eram o próprio Reino de Deus. Elas não eram produto da mensagem que ele proclamava, mas sim a própria mensagem. Guerrear contra Satanás e construir o Reino de Deus são, para Jesus, uma mesma atividade.[5]

Jesus foi morto na linha de frente da batalha humana porque ele era um Rei. O que Pilatos e os outros não entenderam completamente é que ele não tinha autoridade sobre nenhum reino terreno, mas ele era — e ainda é — Rei. "Disse Jesus: 'O meu Reino não é deste mundo. Se fosse, os meus servos lutariam para impedir que os judeus me prendessem. Mas agora o meu Reino não é daqui'" (João 18:36). O propósito total da presença de Jesus foi estabelecer de verdade o Reino de Deus na terra, e ser rei indica governo, autoridade e domínio.

Antes de voltar ao céu depois da ressurreição, Jesus deu a seus discípulos instruções que chamamos de Grande Comissão. Ele começa afirmando sua vitória sobre todo o poder do inimigo. "Foi-me dada toda a autoridade nos céus e na terra" (Mateus 28:18). É por isso que ele pode orientar seus seguidores a ir e fazer "discípulos de todas as nações" (v. 19). A palavra *autoridade* é importante. A palavra grega *exousia* usada nessa passagem significa poder absoluto, tendo tanto a capacidade quanto o direito de agir.[6] Nada está fora da autoridade de Jesus, o qual conquistou a vitória sobre todos: Satanás e seu reino de escuridão, pecado, doença, morte, reino natural e reino invisível.

Quando Jesus voltar, será como Rei dos reis e Senhor dos senhores (Apocalipse 19:16). Satanás e seus demônios serão afastados; não haverá mais choro, tristeza ou sofrimento (Apocalipse 21:4). A morte será eliminada. A vitória dele será completa e eterna.

O Reino de Deus na terra

Saber que Jesus foi vitorioso e finalmente reinará parece maravilhoso, mas você tem problemas de medo e ansiedade no momento e não quer esperar. Quem sabe você esteja orando e ainda não vê nenhum resultado; ou talvez outras pessoas tenham orando ou tentaram lutar espiritualmente por você, mas você ainda não está liberto. Todas essas coisas sobre o "Reino de Deus" parecem somente uma ideia que soa bem, mas não muda nada a sua situação atual.

Reflita sobre o que os primeiros seguidores de Jesus disseram e viveram. Em primeiro lugar e mais importante, o Reino de Deus na terra indicava que os seguidores podiam viver em "justiça, paz e alegria no Espírito Santo" (Romanos 14:17). A realidade interior deles foi transformada e a alma deles podia desfrutar a verdadeira liberdade apesar das situações externas pelas quais passavam. Não estavam restritos aos rituais religiosos, ao medo do desconhecido ou à escravidão a práticas pecaminosas com as quais tinham vivido anteriormente. Era a experiência final do "você não precisa viver assim!".

Todos tinham acesso a essa liberdade — ricos ou pobres, judeus ou gentios, homens ou mulheres, escravos ou livres —, que era real e gratuita, bastava pedir, ou seja, não era necessário trabalhar duro por ela. Se você já experimentou alguma vez a escravidão espiritual e depois a liberdade por meio de Cristo, conhece o entusiasmo e a alegria que essa liberdade traz — seus pecados se foram e você está livre para Cristo e para desfrutar sua graça transformadora na sua vida pelo Espírito Santo.

No entanto, o Reino de Deus também trouxe problemas para os cristãos primitivos. Eles vivenciaram curas milagrosas, mas as pessoas ainda ficavam doentes; alguns foram ressuscitados, mas outros morreram; as pessoas repartiam seus bens uns com os outros, mas alguns ainda passavam pela pobreza. Sua realidade interior afetava em parte sua realidade exterior e, mais do que isso, sua afirmação do senhorio de Jesus provocou todo o tipo de oposição — tanto das autoridades terrenas quanto do reino da escuridão. Alguns foram excluídos da sociedade, incompreendidos, perseguidos ou até mesmo mortos. No meu estudo da história da igreja, tenho me admirado bastante com o modo pelo qual a firme oposição resultou na disseminação do Reino de Deus.

Durante o tempo entre a cruz e a volta iminente de Jesus, o reino da escuridão está derrotado, mas não foi eliminado. Em outras palavras, podemos desfrutar a verdadeira liberdade do escravidão como resultado da vitória de Jesus, mas a libertação completa dos problemas virá quando Deus fizer novas todas as coisas. Isso nos leva a entender que nossa vida, nosso corpo, nossa família, nosso ministério e tudo o que nos diz respeito pode — e certamente será — atacado pelo fogo cruzado enquanto Satanás demonstra sua ira maligna contra Deus e seu Reino.

Esse fogo cruzado não é o motivo para se ter medo e ansiedade; em vez disso, é uma razão para se tornar sábio e atento quanto aos métodos do inimigo, para vestir a armadura espiritual e para aprender a proteger e a defender a si mesmo e aqueles que Deus colocou sob seus cuidados.

As más instituições e a justiça social

Nosso mundo tem tido tantos problemas sob o peso do pecado e por tanto tempo que o pecado se institucionalizou de muitos modos — assim tem sido desde o tempo da torre de Babel (ver Gênesis 11:2-9). Algumas pessoas têm se apropriado da ideia da batalha espiritual e a aplicado grandemente na luta pela justiça social. A Igreja Primitiva certamente passou pela perseguição de más instituições que se opunham ferrenhamente aos cristãos.

> **O reino da escuridão está derrotado, mas ainda não foi eliminado. Sendo assim, entendemos que viver no Reino de Deus traz a vitória real, mas não traz libertação dos problemas na época atual.**

A atual lista de "más instituições" pode ser debatida, mas certamente inclui o tráfico humano, a indústria da pornografia, a escravidão, o racismo, a pobreza extrema, a limpeza étnica etc. Algumas listas incluem a ganância empresarial, a poluição do meio ambiente, a glorificação da violência e do sexo nos meios de comunicação e muitas outras.

Jesus como Senhor de todos certamente indica que ele é Senhor sobre todas as instituições humanas — religiosas e seculares, mas é perigoso confundir o Evangelho com justiça social — ou política de educação, ou ambientalismo ou qualquer outra coisa. Jesus afirmou que "o reino de Deus está entre vocês" (Lucas 17:21); nesse sentido, está certo trabalhar para o aprimoramento de nossos colegas humanos — na verdade, Deus espera isso de nós; mas o Evangelho trata, em primeiro lugar e acima de tudo, de corações — minha lealdade, a sua e a das outras pessoas a Deus — e de seguir o Senhor.

Acredito que Jesus diria aos que se importam com essas questões sociais: "Trabalhem pela justiça social, mas não deixem de resolver as questões do coração, e mantenham uma ordem correta de prioridades". O Reino de Deus indica que a mulher que leva a vida como escrava doméstica pode ser livre na mente e no coração apesar da situação em que se encontra — mesmo enquanto lutamos para libertá-la; indica que a criança analfabeta pode conhecer a cura e a presença de Deus mesmo enquanto luta para aprender a ler; indica também que o cristão minoritário pode viver com coragem diante da perseguição ou da morte — mesmo enquanto busca promover a justiça social e a liberdade religiosa.

Devemos trabalhar pela justiça social? Sim! Só temos de lembrar que esse trabalho é resultado do nosso entendimento do Reino de Deus e que não é seu objetivo primário, prioritário ou final.

O cristão e a opressão demoníaca

Precisa-se, a esta altura, tratar de uma pergunta antes de entrar nas estratégias de batalha espiritual nos capítulos seguintes: é possível que um cristão seja oprimido ou possuído por Satanás e seus demônios?

Quando Deus criou você, ele lhe deu o comando e o controle da mente. Ele o criou "um pouco menor que os seres celestiais" (Salmos 8:5). Se estiver lendo isso, você tem a capacidade de decidir sobre a quem servirá: se decidiu servir ao Senhor, ninguém — nem mesmo Satanás — pode tirá-lo de sua mão (João 10:28-29); então, a menos que você escolha voluntariamente rejeitar Jesus como Senhor de sua vida, certamente está seguro.

Isso não significa, porém, que o diabo não pode exercer certa influência sobre você, pois viver em liberdade é uma escolha, mas pode envolver uma luta e um risco significativo. Se você está vivendo como escravo do medo e da ansiedade, pode ser que não tenha ainda começado a viver na liberdade completa para a qual Cristo o libertou; mas o restante deste livro o ajudará a experimentar essa liberdade de forma prática.

Satanás pode assediá-lo por ser cristão, atirando setas inflamadas em você (ver Efésios 6:16), mas não pode se assentar no trono do seu coração e possui-lo sem que você opte por ele estar lá — essa ainda é outra razão para não viver com medo. A vitória de Cristo contra o reino da escuridão é real, e ela indica que você não é mais obrigado a ser um escravo!

Andando na vitória de Cristo

É possível que se leve um tempo para se acostumar a viver em liberdade, e um exemplo disso é que Deus teve muito trabalho a fazer para transformar os filhos de Israel de uma nação de escravos (quando eles saíram do Egito) em um povo instruído a tomar posse da terra de Canaã. Quando Deus me libertou dos meus "quatro anos de inferno", eu tive de passar por um bom processo de amadurecimento para viver em liberdade. O restante deste livro trata do aprendizado para se viver na liberdade que a vitória de Jesus disponibilizou para você.

Lembre-se de que a importância de aprender estratégias de batalha espiritual não são os métodos, até porque as técnicas que você simplesmente exerce por conta própria nunca trarão a vitória que você procura. Já conversamos sobre isso; a batalha espiritual bem-sucedida começa sujeitando-se a Deus e permitindo que Jesus seja seu Salvador e Senhor, o que significa que você lança todas as dificuldades sobre ele — o pecado, o medo, a ansiedade e os problemas. Quer dizer também que você está comprometido a segui-lo e a cooperar com ele durante o processo para o bem do Reino dele na sua vida e no mundo.

O que Jesus, como nosso Rei vitorioso, significa para mim e para você?

- O Reino de Deus começa agora. A vitória de Jesus sobre a cruz significa que ele é Senhor de tudo — incluindo nossa vida, se permitirmos. Seu Reino primeiramente é uma questão do coração, o que significa que podemos viver em uma liberdade verdadeira no momento presente independente das situações ao redor.
- A vitória final ainda virá. O reino da escuridão está derrotado, mas ainda não foi eliminado; sendo assim, por enquanto, passaremos por tribulações — parte delas provenientes de Satanás e do seu reino —, porém, o resultado é absolutamente garantido. Satanás, o pecado e tudo que é repulsivo e terrível, inclusive a doença e a morte, serão eliminados quando Deus fizer novas todas as coisas.
- O Reino é de Deus, não nosso. A vitória de Cristo e a batalha espiritual não têm o objetivo de fazer com que as coisas fiquem do modo como queremos que elas sejam ou de alcançar nosso sucesso terreno exterior. Temos vitória pessoal também, mas na medida exata em que permanecemos alinhados com o que Deus está fazendo.

Estou animada por você querer experimentar mais da vitória de Cristo, pois ela é real e pode ser sua!

ENFRENTANDO O MAL

Jesus enfrentou o mal continuamente durante seu tempo sobre a terra. Toda vez que foi confrontado por Satanás e seus demônios, ele os enfrentou com calma e autoridade, em vez de ter uma atitude de medo e ansiedade, e exerceu essa autoridade com sua palavra fundamentada na Palavra de Deus.

Ele é nosso exemplo divino quanto ao modo pelo qual devemos enfrentar o mal e exercer autoridade sobre o reino da escuridão, por isso temos de superar o medo, preencher nossa mente com a Palavra de Deus e manter o foco na missão que Deus nos deu para cumprir.

Jesus é nosso Salvador sofredor, já que obteve a vitória sobre o reino da escuridão por meio da sua morte na cruz. Nosso pecado e nossa culpa nos tornam vulneráveis ao inimigo, e aceitar o perdão de Cristo nos traz liberdade. O sofrimento precede a glória.

Ele é o nosso Rei vitorioso, já que verdadeiramente estabeleceu o Reino de Deus sobre a terra e garantiu nossa vitória completa e final na qual Deus fará novas todas as coisas. Além disso, podemos ter uma vida de vitória real sobre o reino da escuridão agora, mesmo enquanto esperamos a realização total do Reino de Deus que logo virá.

PERGUNTAS PARA MEDITAÇÃO E DISCUSSÃO

1. Como o modo pelo qual você tentou enfrentar ou tratar o mal em sua vida se compara com o exemplo de Jesus enquanto estava na terra?
2. Será que a culpa o fez vulnerável aos ataques de Satanás? Existem áreas na sua vida em que você precisa experimentar e aceitar o perdão e a transformação de Cristo?
3. Em que áreas da vida você não tinha noção de que era um escravo? Em que área você precisa desfrutar mais a vitória de Cristo?

PARTE III

ESTRATÉGIAS DE BATALHA ESPIRITUAL PARA DERROTAR O MEDO E A ANSIEDADE

Acima de tudo, guarde o seu coração, pois dele depende toda a sua vida.
— Provérbios 4:23

Portanto, submetam-se a Deus. Resistam ao diabo, e ele fugirá de vocês.
— Tiago 4:7

Agora veio a salvação, o poder e o Reino do nosso Deus, e a autoridade do seu Cristo, pois foi lançado fora o acusador dos nossos irmãos, que os acusa diante do nosso Deus, dia e noite. Eles o venceram pelo sangue do Cordeiro e pela palavra do testemunho que deram; diante da morte, não amaram a própria vida.
— Apocalipse 12:10-11

CAPÍTULO 10

Estratégia um: guarde seu coração

Impedindo a entrada do diabo e reconhecendo seus ataques

No dia 11 de setembro de 2001, quatro aviões norte-americanos foram sequestrados pelos terroristas da Al-Qaeda e, dentro de poucas horas, aproximadamente 3 mil pessoas foram mortas. Os Estados Unidos, e em alguns aspectos o mundo todo, nunca mais foram os mesmos. Foi um sinal de alerta tão importante quanto o ataque a Pearl Harbor em 1941, que colocou os Estados Unidos na Segunda Guerra Mundial.

Como isso pôde acontecer? A comissão bipartidária para investigar o 11 de setembro passou praticamente três anos tentando responder a essa pergunta e concluiu que, apesar de os ataques terem sido chocantes, eles não eram uma surpresa. No resumo executivo do seu relatório, pode-se ler esta afirmação: "A falha mais importante foi a da imaginação. Nós não acreditamos que os líderes sabiam da gravidade da ameaça".[1] Havia sinais de alerta que poderiam ter nos avisado a tempo caso os líderes tivessem dado atenção a isso.

Você e eu temos um inimigo que é mais sábio, mais forte e mais determinado que qualquer terrorista da Al-Qaeda, mas "não ignoramos as suas intenções" (2Coríntios 2:11). Já recebemos avisos adequados e ferramentas mais do que suficientes para identificar sua atividade, proteger a nós mesmos e seguir adiante em nossa missão em prol do Reino de Deus.

É bom repetir que existe um perigo importante quando discutimos as técnicas de batalha espiritual, lembrando que nunca se deve permitir que o ato de fazer a coisa certa tome o lugar de desenvolver e manter o relacionamento com a Pessoa certa. Essa guerra trata primeiramente da nossa fidelidade, e as estratégias só podem ser verdadeiramente eficientes quando seu coração estiver firmado em Jesus.

Será que você cometerá erros nessa batalha? Claro que sim! Você será ferido na batalha? É bem provável que sim. Será que ainda enfrentará problemas mesmo fazendo tudo certo? Óbvio que sim! Mas ao longo do caminho lembre-se de que a vitória de Jesus é real, e sua liberdade, sua presença e sua alegria estão à sua disposição sejam quais forem as situações exteriores ou as batalhas interiores. E mais: você pode superar o medo e a ansiedade enquanto caminha rumo a essa vitória.

A primeira estratégia na batalha espiritual é guardar seu coração, o que significa estar alerta naquele lugar em que você é vulnerável, reconhecer quando for atacado e dar os passos necessários para se proteger.

COISAS QUE O TORNAM VULNERÁVEL

Você tranca seu carro e sua casa, e regularmente muda a senha das contas importantes da internet. (Você faz isso, não faz?) Você garante que os filhos sejam vacinados e tomem suas vitaminas. Essas medidas não garantem que os hackers, ou os ladrões, ou as doenças não o afetem ou a afetem sua família, mas tais precauções são inteligentes.

Não se pode permitir que fazer a coisa certa tome o lugar de desenvolver ou manter o relacionamento com a Pessoa certa.

O mesmo acontece com o reino da escuridão. Conhecemos muitas maneiras pelas quais Satanás tenta roubar, matar e destruir. Seu coração é mais precioso do que qualquer coisa que você possui, e todo esforço para guardá-lo vale muito a pena. "Acima de tudo, guarde o seu coração, pois dele depende toda a sua vida" (Provérbios 4:23). Pense nisso como colocar dois cadeados na porta de casa ou colocar senhas altamente criptografadas no computador — cabe a você decidir o que entra e o que fica.

Em seguida, relacionamos vários filtros a serem instalados para guardar seu coração; prestar a eles pode fazer a diferença entre a vida e a morte na sua batalha espiritual.

Elimine o mal em todas as suas formas

Este é o filtro mais óbvio a ser instalado, uma vez que brincar com o ocultismo é como dar a um predador a chave da casa; ou seja, você está atraindo problemas. Isso inclui os símbolos ou os rituais demoníacos, os tabuleiros de Ouija, as cartas de Tarô ou produtos semelhantes; tentativas de se comunicar com a dimensão dos demônios ou o uso do poder demoníaco para interesses próprios; ou se consultar com médiuns ou outros indivíduos que afirmam ter percepções ou conhecimento sobrenatural que não vêm de Deus.

> **Guardar o coração é como colocar um cadeado na porta ou senhas criptografadas no computador. Isso o torna menos vulnerável aos ataques do inimigo.**

O poder ou o conhecimento obtido dessas fontes pode parecer — ou ser — real. Satanás pode ver e fazer *algumas* coisas que nós não podemos; por exemplo, ele não consegue prever o futuro como Deus, mas geralmente é melhor do que os seres humanos na interpretação dos fatos atuais e das ações humanas e no uso desses fatos para prever o que provavelmente acontecerá no futuro. Em muitos aspectos, ele pode manipular os acontecimentos e as pessoas que não têm compromisso com Cristo da forma que ele quiser. Ele já tem milhares de anos de estudo do comportamento humano e usa esse conhecimento para implantar o caos. Satanás realmente tem certo poder neste mundo; portanto, não se engane em pensar que tudo que é sobrenatural vem de Deus.

Suspeite de tudo o que não vem de uma cosmovisão cristã, o que inclui a espiritualidade da Nova Era, as religiões orientais, o humanismo, o Reiki e a cura energética; essa categoria também inclui o yoga, a acupuntura e a hipnose. Talvez você fique chateado ao ler isso, pensando: mas será que essas práticas não são boas para as pessoas? Na aparência externa, algumas vezes é possível que sim, mas essa não é a questão. Algumas atividades ou práticas podem trazer algum bem, mas ainda o tornará vulnerável aos ataques do inimigo; então, lembre-se: você está colocando uma senha criptografada na porta do seu coração!

Além disso, preste atenção aos valores promovidos pelos meios de comunicação inocentes que você permite que entrem na mente, como os valores ímpios quanto à sexualidade e quanto às questões de gênero, violência, dinheiro, casamento e outras situações presentes em toda parte. A música, o site da internet, a revista ou o programa de tevê podem não ser especialmente ruins, mas, se os valores que eles promovem são ímpios, você baixa a guarda quando deixa que penetrem na mente, e isso o torna mais vulnerável ao reino da escuridão.

Então, quais são os critérios que você deve usar ao decidir o que pode entrar? Essa é uma pergunta mais profunda do que o fato de algo ser ou não abertamente "cristão". Apresentamos a seguir três questões sobre as quais você deve refletir:

- Qual é a fonte?
- Qual é o resultado?
- Você pode, em oração, imaginar Jesus se envolvendo nessa atividade com você?

No caso específico de ter problemas de medo e ansiedade, eu o encorajo a suspeitar de tudo que é mencionado! Se a fonte tiver uma cosmovisão que não combina com a cristã, fique com um pé atrás, e se você tem dúvidas no coração sobre alguma atividade, lugar, ou pessoa, reserve algum tempo para orar sobre isso. Escolha conscientemente colocar seus desejos de lado e ouvir o que Deus tem a dizer, e também estude a Bíblia sem procurar justificar o que deseja. Se, depois de levar sua dúvida diante do Senhor, você ainda tiver alguma hesitação, retire isso da sua vida, pois será muito melhor você abrir mão de algo que deseja — mesmo sendo bom — do que colocar a sua paz e o seu destino eterno em risco; e se estiver errado, Deus pode fazer com que descubra isso no futuro.

Por fim, o que você deve fazer se parte do seu trabalho ou do seu ministério envolver contemplar alguma coisa má? Policiais, seguranças, profissionais da saúde, assistentes sociais, pastores, professores, missionários (dentro e fora do país) e muitos outros veem o mal nas suas piores formas. Você pode até enfrentar a questão dentro da sua casa, como pai, mãe ou cônjuge, mas, primeiramente, verifique se seu coração foi purificado e tome precauções a mais para manter sua alma cheia das coisas boas de Deus. Em segundo lugar, ore constantemente pedindo a proteção de Deus para o coração, a mente, a família e o ministério, pois você fica vulnerável se contar com a própria força. Se chegar ao ponto de ser influenciado pelo mal ao seu redor mais do que influencia as pessoas, afaste-se disso, pois até mesmo Jesus e seus discípulos precisaram de um tempo sozinhos longe das multidões.

Elimine a amargura e a falta de perdão

Guardar rancor pode parecer cômodo, mas abre uma porta para o inimigo. Paulo encorajou o perdão o mais rápido possível "a fim de que Satanás não tivesse vantagem sobre nós" (2Coríntios 2:11). Na parábola do servo que se recusou a perdoar o colega de uma dívida enorme, Jesus concluiu: "Irado, seu senhor entregou-o aos torturadores, até que pagasse tudo o que devia. Assim também lhes fará meu Pai celestial, se cada um de vocês não perdoar de coração a seu irmão" (Mateus 18:33-35). A falta de perdão é mais do que uma simples ideia ruim; na verdade, o que essas passagens da Bíblia ensinam é que a falta de perdão persistente nos torna vulneráveis aos ataques de Satanás.

Perdoar é bom para a saúde — a falta de perdão tem sido atrelada a vários quadros negativos de saúde física e psicológica, como insônia, pressão alta e doença cardíaca.[2] Sendo assim, colocar condições sobre quem perdoar tem sido associado a um risco maior de mortalidade.[3] Outro ponto é que aprender a perdoar diminuiu significativamente os sintomas de ansiedade (incluindo o transtorno de estresse pós-traumático) e de depressão entre as mulheres que tinham dificuldades de recomeçar depois de um relacionamento agressivo.[4]

Muitas pessoas acham que perdoar é difícil, então, talvez seja útil entender o que é e o que não é perdão. Dizer que está tudo bem não é perdão; também não é justificar o comportamento de alguém, nem negar a mágoa que essa pessoa causou. O perdão não é um sentimento e nem sempre leva à restauração do relacionamento, isto é, você pode perdoar uma pessoa que aceita ou não seu perdão ou até mesmo uma pessoa que já morreu.

O perdão é escolher abrir mão do seu direito de buscar vingança e deixar isso nas mãos de Deus; é não deixar mais que o comportamento dessa pessoa continue a magoá-lo no presente; é libertar-se e escolher seguir adiante, rumo ao seu futuro; é reagir como Jesus faria. O perdão é difícil, é pessoal e é um processo.

Corrie ten Boom teve problemas para perdoar depois de ser presa e torturada pelos nazistas durante a Segunda Guerra Mundial, mas anos depois da guerra, ela continuou falando sobre o perdão e apoiou centros de reabilitação para ajudar as pessoas a encontrar a cura das atrocidades da guerra. No entanto, nem todos se recuperaram: "Aqueles que conseguiram perdoar os antigos inimigos também foram capaz de voltar da guerra e reconstruir a vida independente de qual fosse a cicatriz, mas os que continuaram a fomentar a amargura não se recuperaram. Por mais simples e horrível que seja, foi isso".[5]

Você pode continuar a beber o veneno da amargura e esperar que outra pessoa morra como resultado, ou pode escolher realizar a obra difícil do perdão — eu desejo a você a liberdade do perdão!

A sombra do passado

Então, você tem um passado. Quem não tem? Se ter um passado caracterizado pelo fracasso, pelo abuso, pelo pecado, pela falta de estrutura familiar, pelo vício, pela violência ou por qualquer outra bagagem fosse suficiente para excluí-lo da vitória de Cristo, então Abraão, Moisés, Davi, Pedro, Paulo e todos os outros amigos de Deus sobre os quais lemos na Bíblia também seriam excluídos, e isso se estenderia a todos que foram usados por Deus em 2 mil anos de história da igreja cristã. Se Deus esperasse para encontrar pessoas com um passado limpo antes de usá-las, ele não teria nenhum colaborador!

Então, o que se faz com o passado? Enfrente-o, entregue-o a Deus e supere-o. Cada um desses três passos é importante, uma vez que você não pode superar nada que não encare de forma honesta e completa. *Existem* coisas no passado que tornam você vulnerável aos ataques de Satanás, basta observar atentamente tanto o que aconteceu com você quanto o que você pode ter feito. Talvez tenha sido um histórico familiar caracterizado pela violência, pelo vício, pela falta de estrutura, pelo envolvimento com o ocultismo ou pelo pecado habitual, mas também pode ter havido o uso indiscriminado de drogas, relações extraconjugais, flerte com o perigo ou alguma outra mentalidade ou comportamento que estejam fora dos padrões de Deus. O ideal, portanto, é que você peça ao Espírito Santo que lhe mostre quais as amarras que o diabo ainda possui em você.

Em segundo lugar, coloque todos esses aspectos do passado nas mãos de Deus, pois Jesus morreu na cruz para dar uma nova chance e nada é grande demais a ponto de ele não poder perdoar. Concorde com Deus quanto ao seu passado — não se importe com quem teve a culpa nem com o tamanho da humilhação; apenas deixe-o penetrar em cada canto do seu coração. Escolha aceitar o sacrifício de Jesus sobre a cruz como suficiente para você e peça que ele o sonde, o purifique e depois encha você com a sua presença (veja Salmos 51:7; 139:23-24; João 14:23).

Em terceiro lugar, Deus não espera que você continue examinando a si mesmo para sempre, pois tem uma obra na sua vida; sendo assim, depois de tratar completamente o passado, siga em frente. "Irmãos, não penso que eu mesmo já o tenha alcançado, mas uma coisa faço: esquecendo-me das coisas que ficaram para trás e avançando para as que estão adiante, prossigo para o alvo, a fim de ganhar o prêmio do chamado celestial de Deus em Cristo Jesus" (Filipenses 3:13-14). A partir do momento que for purificado, o diabo não tem mais poder sobre você: quando ele recordar você do seu passado, lembre a ele do próprio futuro. Está na hora de se concentrar na missão que Deus lhe deu para cumprir, então, não perca o foco.

É possível que tente apressar as coisas. Se você não tratou completamente do seu passado, não será capaz de realmente seguir em frente ou terá uma maior dificuldade, com altos e baixos. O abuso, a doença, o vício, as situações da família desestruturada, o divórcio, o luto de uma pessoa próxima — você realmente examinou seu passado e deixou que

Deus o purificasse, o curasse e o transformasse? Se não tem certeza, passe algum tempo refletindo sobre essa questão, e depois você será capaz de prosseguir vitoriosamente.

Pessoas que o afastam de Deus

Não devemos lutar contra as pessoas, mas às vezes as pessoas podem ser usadas pelo inimigo para nos distrair, perturbar ou atormentar. É possível cair na armadilha de achar que alguém que você não gosta seja um agente do inimigo, mas, geralmente, esse não é o caso. Entretanto, existem algumas pessoas que fazem você se afastar de Deus, e passar tempo com essas pessoas pode torná-lo vulnerável a Satanás e ao seu reino.

Jesus amou — e ama — a todas as pessoas, mas ele não gostava de todas as pessoas da mesma maneira. Na época que andou por esta terra, ele não dedicava seu tempo e sua energia de forma indiscriminada, mas se concentrava naquelas pessoas que podiam e queriam aprender com ele (os discípulos), naqueles que precisavam e queriam sua ajuda (doentes ou oprimidos) e naqueles que podiam lhe dar apoio e encorajamento (como Maria, Marta e Lázaro). Você pode e deve concentrar a maior parte do seu tempo, da sua energia e dos seus recursos nesses mesmos tipos de pessoa.

Quando Neemias estava liderando os judeus na reconstrução do muro de Jerusalém depois de eles terem retornado da Babilônia, algumas pessoas na região em volta se empenharam em impedir e destruir seus esforços. Todavia, Neemias se recusou a parar e a conversar com eles: "Estou executando um grande projeto e não posso descer. Por que parar a obra para ir encontrar-me com vocês?" (Neemias 6:3). Se ele tivesse abandonado o trabalho, teria se colocado em um grande perigo.

O próprio Jesus, um pouco antes da sua viagem final para Jerusalém, teve de repreender Pedro quando ele tentou dissuadi-lo de seguir o caminho que o Pai tinha estabelecido para ele. "Para trás de mim, Satanás! Você é uma pedra de tropeço para mim, e não pensa nas coisas de Deus, mas nas dos homens" (Mateus 16:23). Jesus reconheceu a influência de Satanás sobre Pedro por causa da sua tentativa de mudá-lo do rumo que Deus queria que ele tomasse.

O tipo de pessoa que o torna vulnerável aos ataques de Satanás é o mesmo que o influencia para se afastar do que Deus quer que você faça. O tipo de pessoa a ser evitado é aquele que o leva a pecar ou aquele que o distrai da sua missão pela ocupação demasiada, pela negatividade, pelo medo ou pela confusão. Essas pessoas podem ser boas ou más, mas, sejam elas como forem, você precisa se afastar delas.

Proteja seu coração dessas vulnerabilidades com a mesma dedicação que protegeria pedras preciosas de algum bandido obstinado ou uma criança de um predador conhecido. Vigie bem, e o reino da escuridão não poderá assediá-lo tão facilmente.

SAIBA QUANDO ESTIVER SENDO ATACADO

Guardar o coração e a vida dos ataques de Satanás é importante, mas também é importante reconhecer os ataques dele sobre a mente no momento em que acontecem. Como notificações dos aplicativos, reconhecer as características do ataque pode permitir que você resista a eles e prossiga sua vida; isso faz parte de ter consciência dos planos do inimigo contra você.

Certamente, Satanás pode usar coisas externas para se oporem ao que Deus está fazendo dentro e por meio de você, mas as pressões internas que ele provoca são bem mais traiçoeiras e geralmente bem mais eficientes. Não creio que ele possa implantar pensamentos de forma direta na mente do cristão, mas é um grande impostor que pode sussurrar palavras que pareçam com a nossa própria voz, e é incrivelmente fácil para a maioria de nós aceitarmos rapidamente suas mensagens como se fossem nossos pensamentos. É por essa razão que temos de ter consciência das diferenças entre as mensagens dele e as que vêm de Deus.

Jesus disse: "O ladrão vem apenas para roubar, matar e destruir; eu vim para que tenham vida, e a tenham plenamente" (João 10:10). Portanto, se algo incluir roubo, morte e destruição, saberemos que se trata da obra do ladrão. Veja alguns sinais de alerta que podem aparecer na mente para avisá-lo quando o inimigo está em ação.

A confusão não vem de deus

Durante o período que chamei de "quatro anos de inferno" — minha batalha contra o medo e a ansiedade —, a confusão era uma das primeiras coisas que se passavam em minha mente. Eu era uma médica jovem que tinha uma boa aparência, no entanto, era atormentada internamente com um nível de dor que me fazia perguntar a mim mesma por quanto tempo poderia sobreviver. Parte disso veio de uma formação bem desestruturada. Procurei ajuda de vários profissionais e recebi diagnósticos diversos, mas ainda passei horas chorando literalmente em posição fetal ou andando, em uma tentativa de encontrar algum alívio.

Isso foi há muitos anos, e as pessoas que me conhecem há pouco tempo têm dificuldade em acreditar em mim quando eu lhes digo como eu era desestruturada. Sempre acreditei que Deus tinha a solução, mas meu tormento foi chegando ao fim quando deixei de somente acreditar em Deus para conhecer Jesus pessoalmente. Aprendi a aplicar os vários princípios deste livro para minha mente e para meu coração, e entendi o que significa andar na vitória de Cristo. Nessa experiência toda, uma das coisas mais importantes que aprendi foi que a confusão nunca vem de Deus; em outras palavras, quando existe confusão, é sempre sinal de que o inimigo está em ação.

Várias passagens bíblicas destacam essa verdade. Paulo escreveu: "Deus não é Deus de desordem, mas de paz" (1Coríntios 14:33). É o inimigo que cega, obscurece e confunde as mentes (ver 2Coríntios 4:4). Em vez disso, "Deus não nos deu espírito de covardia, mas de poder, de amor e de equilíbrio" (2Timóteo 1:7). Se você se sente confuso, a fonte de qualquer coisa que você esteja sentindo, pensando ou lutando contra não é Deus, mas sim o reino da escuridão. O Espírito Santo pode despertar a mente para corrigir atitude ou comportamento errado ou impulsioná-lo na sua missão para Deus, mas ele nunca criará uma nuvem de confusão e de escuridão na sua mente; então, se é isso que você está sentindo, é obra de Satanás, não de Deus.

Qual é a solução? É parar com isso! Desista de querer resolver as coisas enquanto a mente estiver cheia de confusão. Coloque uma placa de PARE e não continue a fazer a vontade do inimigo e aceitar a confusão que ele está tentando trazer. Pare de pensar literalmente! Distraia-se um pouco se precisar. Conscientemente, coloque sua mente em outra coisa. Essa outra coisa poderia ser preferencialmente um local pacífico como a natureza, uma música relaxante, um louvor ou uma oração.

Posteriormente, quando a mente estiver mais clara e calma, você pode voltar a essa questão. Não se preocupe com se perder de Deus, pois ele não grita para superar os ruídos desagradáveis na sua cabeça. Na verdade, ele é bem paciente e esperará até quando você estiver calmo e puder ouvir sua voz. Ele é bem capaz de se fazer entender no momento em que sua mente estiver pronta para ouvir: "Parem de lutar! Saibam que eu sou Deus!" (Salmos 46:10). Quando estiver pronto, ouça a voz dele.

Você pode precisar repetir essa rotina várias vezes até se tornar um hábito e o inimigo saber que não pode mais usar a confusão para afetá-lo, e toda vez, no futuro, que você sentir esse conflito de confusão surgindo na mente, você pode seguir essa estratégia novamente.

Quando estiver confuso...

- *Pare!* Desista de pensar ou de querer resolver as coisas.
- *Acalme-se.* Pense em um local tranquilo.
- *Escute.* A voz de Deus se tornará clara quando a mente se aquieta.

A condenação não vem de Deus

"Portanto, agora já não há condenação para os que estão em Cristo Jesus" (Romanos 8:1). Você não acha esse versículo maravilhoso? Nós somos livres, mas a obra do Espírito Santo não para por aí: ele é aquele que nos convence quando pecamos e precisamos ser corrigidos.

É importante compreender a diferença entre a condenação, que sempre vem do inimigo, e a convicção, que vem do Espírito Santo. A condenação sempre o abate; além disso, é desesperadora e obscura, e prende você ao passado; resumindo, parece o fim da linha. Por outro lado, a convicção o incentiva, e nela existe esperança, luz e um foco no futuro. A convicção do Espírito aponta para o modo de receber o perdão e traz força para prosseguir — parece o começo de algo novo. A condenação e a convicção são diametralmente opostas, e os resultados não poderiam ser mais diferentes.

Se você estiver se sentindo condenado no seu coração, saiba — com certeza — que isso não vem de Deus. "Pois Deus enviou o seu Filho ao mundo, não para condenar o mundo, mas para que este fosse salvo por meio dele" (João 3:17). Veja outras passagens: "Porque Deus tanto amou o mundo que deu o seu Filho Unigênito, para que todo o que nele crer não pereça, mas tenha a vida eterna (João 3:16); "Todo aquele que o Pai me der virá a mim, e quem vier a mim eu jamais rejeitarei" (João 6:37); "Pois o Filho do homem veio buscar e salvar o que estava perdido" (Lucas 19:10). Escolha acreditar que você é exatamente a pessoa pela qual Jesus viveu e morreu.

> **A condenação do inimigo parece desesperadora, obscura e o prende ao passado, mas a convicção do Espírito Santo traz luz e esperança e aponta para o futuro.**

Se você estiver sentindo uma convicção do Espírito Santo, saberá o que fazer. "Se confessarmos os nossos pecados, ele é fiel e justo para perdoar os nossos pecados e nos purificar de toda injustiça" (1João 1:9). Peça perdão a Deus, reconcilie-se com as pessoas no que estiver ao seu alcance e, depois, siga em frente na missão que Deus lhe deu para fazer!

O controle e a manipulação não vêm de Deus

Precisamos de orientação, de encorajamento, de ensino, de proteção, e, às vezes, até mesmo de correção. Existem níveis de autoridade nos negócios, na sociedade, no governo, na igreja e até no lar, e nossas instituições, desde a família até as nações, precisam de autoridade para manter a paz e permitir que os seres humanos prosperem. Nosso bem-estar geralmente é afetado pela eficiência com que as autoridades dão conta de suas responsabilidades. Paulo disse que os cristãos devem honrar essas autoridades: "Deem a cada um o que lhe é devido: Se imposto, imposto; se tributo, tributo; se temor, temor; se honra, honra" (Romanos 13:7).

No entanto, Satanás tem um modo sinistro de distorcer o conceito de autoridade dado por Deus e transformá-lo em manipulação e controle, e isso tem levado ao lar a violência doméstica e a sujeição (geralmente) das mulheres e das crianças aos caprichos e aos desejos (geralmente) dos homens. Na Igreja, isso tem gerado uma religião tóxica, várias seitas, aplicações distorcidas da disciplina da igreja e tentativas de controle "dos anciãos" sobre aspectos mínimos da vida das pessoas. As pessoas que tentam controlá-lo podem dizer que é para o seu bem, mas, quando outro ser humano tenta controlar ou manipular você para interesses próprios, pode ter certeza que é obra de Satanás, não de Deus.

Jesus veio como servo, e aqueles que exercem sua autoridade de forma correta também farão o mesmo. "O maior entre vocês deverá ser servo" (Mateus 23:11). Como mencionei anteriormente, Jesus nunca delegou a nenhum ser humano o cargo de Espírito Santo Júnior para a vida de ninguém, então, se alguém estiver tentando ter essa função em sua vida, suspeite. As pessoas podem ou não fazer isso de propósito, mas, se houver um contexto de manipulação e controle, pode ter certeza que isso não vem de Deus.

Combatendo os ataques de Satanás à sua mente

Se você sentir confusão, condenação ou controle e manipulação trabalhando em sua mente, saiba que isso vem de Satanás, vindo ou não diretamente dele no momento, ou mais geralmente como resultado de nosso mundo pecaminoso e decaído. O medo é uma emoção comum quando esses ataques acontecem, então, use esses sentimentos como barômetro para avisar que algo não está bem, mas não use como um teste verdadeiro da realidade.

Tenha um cuidado especial sobre tomar alguma decisão com base nesses sentimentos. Podemos praticamente garantir que você se arrependerá de qualquer decisão baseada no medo, na confusão ou na condenação, então, use sua preciosa energia emocional para acalmar a mente e entrar na presença de Deus. Coloque em prática as técnicas discutidas nos capítulos seguintes, como usar o poder das palavras e entrar em adoração, e espere pela resposta clara de Deus antes de reagir de uma maneira da qual se arrependa no futuro.

Ao estar atento para às características dos ataques do inimigo, você terá uma capacidade bem maior de resistir a eles e de combatê-los com a Palavra de Deus.

PROTEJA A SI MESMO

Guardar o coração de forma dedicada é como colocar um cadeado duplo na porta de casa ou senhas criptografadas no computador. Então, coloque um filtro naquilo que entra na sua mente e impeça que Satanás tenha livre acesso a sua vida.

Elimine todas as formas do mal do seu lar e da sua vida, e aprenda a fazer o trabalho duro do perdão para que a amargura não o torne vulnerável. Deus e você tratam juntos do seu passado, de modo que você possa se libertar da sua bagagem, e afaste-se das pessoas que poderiam impedi-lo de fazer o que sabe que Deus quer que você faça.

Entender as características dos ataques de Satanás na sua mente o capacitará bem mais a resistir a eles, portanto, esteja atento à confusão, à condenação, ao controle e à manipulação, pois essas coisas nunca vêm de Deus. Combata-as dizendo a verdade que Deus diz e entrando na sua presença, e busque a resposta de Deus para suas circunstâncias em vez de tentar resolvê-las por sua conta.

Faça esta oração enquanto busca implementar a estratégia número um da sua resistência contra o inimigo:

Querido Senhor, sou fraco e vulnerável quando ajo com força própria. Conquistaste a vitória completa sobre Satanás e o reino da escuridão, e preciso da tua vitória em minha vida agora. Confesso e renuncio a tudo em minha vida que não venha de ti ou que me torne vulnerável aos ataques do inimigo, afasto-me de tudo que é ruim no meu passado ou no meu presente e peço a ti que me purifiques. Aceito teu perdão para os meus pecados e peço a tua ajuda para perdoar aqueles que me fizeram mal. Por favor, reveja comigo tudo no meu passado que me mantém em escravidão e guia-me enquanto aprendo a seguir adiante em liberdade. Peço a ti que me mostres as pessoas na minha vida das quais preciso me afastar e aquelas com as quais posso aprender ou para as quais posso ministrar.

Senhor, minha mente é vulnerável aos ataques de Satanás, então, peço teu poder e discernimento para reconhecê-los quando vierem. Tu não és Deus de confusão, condenação ou controle. Perdoa-me por dar esses atributos a ti e ajuda-me a reconhecer rapidamente as características da obra do inimigo. Escolho aceitar a mente equilibrada que tu me prometeste. Escolho ser sensível à convicção do Espírito Santo quando precisar de mudança, e também escolho ser submisso a ti como a autoridade final e às outras autoridades que permitiste em minha vida, mas não me submeto a qualquer controle que venha do inimigo. Peço tua graça e tua proteção enquanto continuo a aprender a andar na vitória que disponibilizaste para mim.

Amém.

PERGUNTAS PARA MEDITAÇÃO E DISCUSSÃO

1. Em que área da sua vida você pode ter permitido que o inimigo entrasse sem perceber?
2. Descreva um momento em que você sentiu confusão, condenação ou controle/manipulação na mente. Ao olhar para trás, você consegue reconhecer de que maneira isso era obra do inimigo?
3. Descreva algo que você pode fazer quando a mente parece sobrecarregada por algum ataque, como telefonar para um amigo, estar sozinho com Deus ou escutar uma música calma.

CAPÍTULO 11

Estratégia dois: não se isole

Entrelaçando os braços com os companheiros de combate

Existem boas razões pelas quais equipes como as de policiais, de paramédicos e outras que eventualmente se deparam com situações de perigo normalmente trabalham acompanhados de um colega. O filme *Rambo* pode ter tido uma bilheteria alta, mas nenhum soldado solitário substitui um exército; até Jesus desejou e buscou apoio de seus amigos mais chegados quando estava enfrentando as maiores batalhas da sua vida terrena. Você e eu precisamos de pessoas que lutam na mesma peleja conosco, ao nosso lado.

Talvez você cultive relacionamentos saudáveis com as pessoas de maneira espontânea; se for, agradeça a Deus. Ou talvez você tenha dificuldades por querer sempre agir de forma independente, como eu. Mesmo dando valor aos outros, algumas pessoas ficam mais à vontade nos momentos solitários — mesmo que se sintam sozinhas. É necessário um esforço consciente dentro de nós para decidir quem deve fazer parte de nossa vida e o que precisamos fazer para manter o relacionamento. Posso garantir a você que, pelo menos no que diz respeito à batalha espiritual, os benefícios de deixar de lado o modo de vida de herói solitário valem muito a pena.

Se você tem problemas com medo e ansiedade, desenvolver e amadurecer o contato com as outras pessoas pode ser bem mais difícil, pois elas podem magoar você, e provavelmente já o magoaram. É normal não querer passar por isso outra vez, então, trancar as portas da alma parece mais seguro mesmo quando o interior se sente só, mas não dá para manter as portas trancadas para sempre e ao mesmo tempo ter liberdade. Pode parecer arriscado aventurar-se, mas é absolutamente necessário se você quiser vencer o medo e a ansiedade.

A Bíblia fala sobre o quanto é importante ter alguém ao seu lado:

> É melhor ter companhia do que estar sozinho, porque maior é a recompensa do trabalho de duas pessoas. Se um cair, o amigo pode ajudá-lo a levantar-se. Mas pobre do homem que cai e não tem quem o ajude a levantar-se! E se dois dormirem juntos, vão manter-se aquecidos. Como, porém, manter-se aquecido sozinho? Um homem sozinho pode ser vencido, mas dois conseguem defender-se. Um cordão de três dobras não se rompe com facilidade.
> — ECLESIASTES 4:9-12

Vamos dar uma olhada no perfil das pessoas que estão na batalha conosco, no que elas podem e não podem fazer por você e nos passos que você pode dar para cultivar o tipo certo de relacionamentos.

IDENTIFICANDO OS CONTATOS SAUDÁVEIS COM AS PESSOAS

Pode parecer quase uma contradição falar sobre cultivar relacionamentos fortes com as pessoas enquanto conversamos sobre batalha espiritual. No capítulo anterior, falamos sobre evitar pessoas que afastem você de Deus, uma vez que boa parte dos ataques do inimigo que você recebe pode vir por intermédio de outras pessoas. Talvez a preocupação sobre o que os outros pensam seja um dos seus maiores problemas com relação à ansiedade. Quem sabe experiências destrutivas com igrejas no passado renderam a você o medo de tentar frequentar a igreja novamente?

Por isso é importante observar as pessoas com quem você mantém contato e o tipo de relacionamento que você cultiva com elas. Os contatos humanos são de suma importância para o seu bem-estar em geral e particularmente para sua vitória em Cristo, mas não se trata de se relacionar com qualquer pessoa. Jesus escolhia os tipos de pessoa nas quais investia, e você também deve escolher.

Tipos de pessoas nas quais você deve investir

As pessoas na sua vida geralmente se enquadrarão em uma de três categorias. Em primeiro lugar, algumas pessoas estão claramente do seu lado — como somos cristãos, isso quer dizer, necessariamente, que elas estão do lado de Deus na batalha. Às vezes isso é claro — sua caminhada com Deus se fortalece quando você está com elas, seu coração se sente encorajado e pleno, e você sai de seus encontros com elas mais forte nas batalhas espirituais do que antes.

Em segundo lugar, existem pessoas cujo coração pode estar do lado de Deus, mas seu efeito sobre você é incerto. Quem sabe elas sejam ásperas ou o incomodem, ou mesmo dificultem sua vida ou lhe esgotem a paciência; além disso, é possível que vocês nem mesmo se entendam. Os discípulos de Jesus geralmente estavam nessa categoria, mas, mesmo assim, o Senhor investia bastante neles. A questão não é como vocês se sentem bem juntos, mas sim se essas pessoas parecem ter um bom coração. Provavelmente você não abre seu coração para essas pessoas como costuma fazer com seu círculo mais íntimo de relacionamentos, mas precisa delas na sua vida.

Já dissemos anteriormente que Jesus investiu a maior parte de seu tempo e sua energia em três tipos de pessoa: aqueles que queriam e podiam aprender com ele; aqueles que precisavam e podiam receber sua ajuda; e aqueles que podiam encorajá-lo e apoiá-lo. Se alguma pessoa estiver do lado de Deus e existir abertura para que você possa aprender com essa pessoa ou que ela possa aprender com você ou receber sua ajuda, ela realmente já faz parte da sua vida.

Outro modo de pensar sobre o mesmo princípio é que você precisa de pessoas a sua frente nessa caminhada, outras que estejam ao seu lado e outras atrás de você. São necessárias na sua vida pessoas que já foram um pouco mais longe, têm desfrutado a vitória no mesmo tipo de batalha que você está enfrentando e possam trazer alguma inspiração e orientação — podem ser mentores espirituais, conselheiros etc. Você também precisa de pessoas na sua vida que são colegas, que veem o mundo de uma forma parecida com a sua e estão passando pelos mesmos problemas. Ande de braços entrelaçados com essas pessoas como companheiros de batalha, apoiando e incentivando um ao outro. Por fim, você precisa de pessoas na sua vida às quais deve ajudar. Pode ser que você não sinta que tenha muita coisa para contribuir, mas sempre existe alguém iniciando na jornada a quem você pode dizer: "Já passei por isso e encontrei a solução para prosseguir. Posso ajudá-lo a descobrir qual é o próximo passo?"

A terceira categoria de pessoas na sua vida são aquelas que nem estão claramente do seu lado nem são declaradamente más, e influenciam ou não sua vida diária. Sua atitude quanto a essas pessoas deve seguir dois aspectos: o primeiro é não investir tanta energia pensando nelas, pois se desperdiça muita energia se preocupando sobre o que "elas" podem pensar ou fazer. O segundo aspecto é que esse é o tipo de pessoa que faz parte da missão que Deus lhe deu — em algum momento, Deus o enviará a algum grupo de pessoas desse tipo. Sendo assim, aprenda a enxergar essas pessoas com o olhar de Jesus e seja alguém cujo caráter se torne atraente a elas, e também esteja atento às oportunidades que Deus lhe dá para levá-las para o seu Reino.

Além disso, existem as pessoas que claramente não estão do lado de Deus — algumas são verdadeiramente usadas pelo mal na sua vida. Quando se deparar com essas pessoas, lembre-se: nossa luta não é contra as pessoas (Efésios 6:12). O reino da escuridão pode usar outros para se oporem à obra de Deus, mas nossa batalha espiritual não é contra seres humanos. Já ouvi cristãos dizerem de vários modos diferentes àqueles que discordam deles: "Eu sou contra vocês, diz o Senhor". Mas esse é um uso equivocado das Escrituras, pois a batalha espiritual deve ser usada contra Satanás e seus demônios. Tenha muito cuidado antes de agir contra outros seres humanos, pois podemos julgar o comportamento, mas somente Deus conhece verdadeiramente o coração.

Jesus repreendeu e expulsou demônios que estavam assediando as pessoas, mas ele não as confrontou do mesmo modo; ele falou a verdade e se envolveu com as pessoas, mas nunca deixou que elas o impedissem de prosseguir com sua função e com sua missão. Quanto a você, quando encontrar pessoas más, proteja a si mesmo — tanto física quanto espiritualmente se necessário — e depois mantenha o foco no que Deus deu para *você* fazer.

A religião tóxica

Nem todas as pessoas ou instituições com um rótulo cristão estão do lado de Deus. No esforço de entrar em contato com os companheiros na batalha espiritual, também é preciso reconhecer aqueles que podem ter aparência de espiritualidade, mas que estão esperando para infectar seu disco rígido espiritual com vírus maliciosos que destruirão sua eficiência e sua paz. Pode ser que você já tenha sido seriamente magoado pela religião tóxica e se pergunte se todas as igrejas são parecidas.

As igrejas podem ser conturbadas, mas, onde quer que existam seres humanos, haverá problemas. O grupo dos melhores amigos de Jesus, seus discípulos, tinha problemas, mas Deus não mudou seu plano de edificar a Igreja apesar de as pessoas — ou os inimigos — tentarem distorcê-la. Veja alguns vírus e questões às quais deve prestar atenção em sua jornada espiritual e dentro do grupo dos companheiros de batalha ao qual você pertence:

- Perfeccionismo rígido: Deus estabelece um padrão alto, mas o problema é quando priorizamos uma lista inflexível de comportamentos externos sobre a mudança de coração que Deus exige. Isso geralmente faz com que as pessoas acabem se tornando mesquinhas e irritadiças, seu esforço pessoal de viver da forma certa geralmente é frustrado, e algum pecado secreto acaba sendo exposto. A melhor alternativa é se concentrar na graça de Deus e deixar que o comportamento certo surja de sua obra transformadora no coração das pessoas.
- Graça barata: Jesus nos oferece a graça — completa, gratuita, eterna e imerecida. Nada que você possa ter feito, ou faça, pode fazer com que Deus o ame mais ou menos, mas a sua graça não se restringe ao passado; ele o ama o bastante para oferecer — e exigir — sua transformação (ver Romanos 6:15). A graça barata para no meio do caminho, mas o Evangelho verdadeiro combina o perdão integral para o passado e um caminho de esperança rumo à completa transformação para o futuro.
- Representar o papel de Espírito Santo Júnior: nenhum ser humano pode ou deve brincar de Deus na vida. Usar pessoas como porta-vozes é só um dos meios pelos quais Deus pode falar com

você, mas isso nunca pode substituir ouvir a voz dele diretamente. Se os líderes ou os companheiros de fé usarem a conversa sobre Deus para manipular ou controlar você, desconfie e não deixe que nenhum ser humano tenha o lugar na sua vida que somente Deus pode ocupar.

Se os religiosos estiverem apresentando as características do ladrão — roubar, matar e destruir —, isso não é de Deus (João 10:10). Se a confusão, a condenação e o controle forem as características principais das pessoas religiosas ao seu redor, está na hora de mudar. A cura da religião tóxica pode ser dolorosa e levar muito tempo, mas saiba que Deus lhe dá acesso à cura e que ele o ajudará a encontrar contatos mais saudáveis com outros companheiros de batalha.

O QUE OS OUTROS PODEM E O QUE ELES NÃO PODEM FAZER POR VOCÊ

Enfrentar tudo sozinho é uma má ideia, mas, agora que você conheceu os tipos de pessoas de quem precisa na vida, o que pode esperar que elas façam por você? Algumas pessoas reclamam bastante que a vida delas é infeliz porque quem está ao seu redor — a família, o pastor, o chefe, os amigos — não está fazendo o que deveria; todavia, encarar a vida com essa mentalidade de merecimento sempre leva à decepção. Por outro lado, algumas pessoas têm dificuldade em aceitar a ajuda de quem quer que seja, talvez porque isso indique o reconhecimento de que elas não conseguem fazer tudo sozinhas. Se você tem problemas com algum desses dois modos de encarar as pessoas, precisa redescobrir algumas coisas sobre relacionamentos saudáveis.

Vamos observar o que você pode e o que não pode esperar receber de seus contatos com as pessoas. Se estiver decepcionado com as pessoas, quem sabe precise procurar novas amizades; por outro lado, talvez tenha uma necessidade maior de ajustar suas expectativas.

O que as pessoas não podem fazer por você

Em primeiro lugar, os outros não podem lutar em seu lugar. Se sua versão de batalha espiritual for em primeiro lugar pedir que as pessoas orem por você, ainda precisa amadurecer bastante. É importante ter pessoas que orem por você, mas você precisa fazer sua parte. A intensidade pode variar durante as várias épocas da sua vida espiritual, e às vezes você terá mais ou menos força para lutar por si mesmo. Você precisa se enxergar como um guerreiro, pois isso pode envolver aprender tudo o que pode sobre um bom estilo de vida, sobre o pensamento correto e sobre a oração. Talvez possa exigir um empenho árduo em aprender a se libertar de um vício ou aprender a perdoar, e quem sabe isso envolva praticar as estratégias deste livro que não tenha praticado ainda. A ideia principal é que você deve se envolver ativamente no processo. Você anda de mãos dadas com os outros para lutar em conjunto; você não pede a eles que lutem em seu lugar.

Você também não pode esperar que as pessoas restaurem ou completem você; nesse sentido, é imprescindível aprender a dar um alimento nutritivo para a alma, do mesmo modo que alimenta seu corpo, pois isso pode incluir coisas como percepção, perspectiva, intimidade, paz, estímulo, descanso, renovação, disciplina, amor, beleza, alegria etc. Você é responsável por encontrar o que o completa e fazer o necessário para cultivar mais esse tipo de coisa. Não importa o quanto o cônjuge, o pastor, o melhor amigo, o terapeuta ou os companheiros de grupo sejam maravilhosos, pois eles não podem lhe dar a plenitude de vida. Não há como criar o alimento da alma, mas é indispensável escolher nutrir a alma com o que se precisa. Além do tempo de qualidade com as pessoas, isso pode envolver passar um tempo em contato direto com a natureza, escutar música, ler a Palavra e ter um momento de solidão. Existe também um princípio extremamente importante sobre Deus, e apenas Deus pode transformá-lo e completá-lo. Não espere que as pessoas façam o que só o Senhor pode fazer por você.

Entrelace os braços com outras pessoas para lutarem juntos. Não peça a elas que lutem suas batalhas em seu lugar.

O que os outros podem fazer por você

O que os soldados, os policiais ou outras pessoas em situações de risco esperam de seus colegas ou parceiros? Em analogia a isso, preparei uma lista com algumas coisas que você pode esperar dos seus companheiros de luta em suas batalhas espirituais:

- Alertas de perigo. Seu pastor ou um amigo cristão pode enxergar um perigo do qual você nem se dá conta, o que não quer dizer que você não se protege ou aceita qualquer coisa que outra pessoa diz sem reflexão nem oração, mas você pode se poupar de muitos problemas percebendo esses avisos de outras pessoas que têm uma perspectiva diferente ou mais ampla.
- Encorajamento. Passar por momentos difíceis com alguém ao seu lado é reconfortante. Você não é a única pessoa a ter dificuldades: "os irmãos que vocês têm em todo o mundo estão passando pelos mesmos sofrimentos" (1Pedro 5:9). Vocês se ajudam mutuamente para continuar e não desistir e lembram um ao outro do final da história, na qual Jesus é vencedor.
- Chamar a presença de Deus. Jesus prometeu que "onde se reunirem dois ou três em meu nome, ali eu estou no meio deles" (Mateus 18:20). É mais fácil duvidar da presença de Deus quando se está batalhando sozinho; todavia, quando os cristãos se reúnem em nome de Deus, sua presença se manifesta em uma dimensão especial, e a oração, a adoração e o louvor, tudo isso e muito mais são geralmente mais doces quando realizados coletivamente.
- Maior eficiência. Seja em uma batalha na saúde, no desenvolvimento do caráter, nos desafios de relacionamento ou aprendendo novas maneiras de pensar, você progredirá bem mais rápido quando estiver na companhia de alguém. É mais do que o simples incentivo: outros fatores cooperam, como a prestação de contas, a ajuda prática e uma perspectiva mais ampla. Você será mais bem-sucedido ao permitir que outras pessoas juntem-se a você em sua jornada de crescimento.
- A oportunidade de contribuir. Você se fortalece quando há pessoas que contam com você, então, voltar sua atenção para os outros afasta sua mente dos próprios problemas e desperta

o melhor que há dentro de você. Estabelecer contatos com as pessoas ajuda a desenvolver qualidades que nunca imaginou ter e traz motivação para continuar a crescer.

No campo de batalha contra o medo e a ansiedade, o dr. Kenneth Pargament estudou quais fatores na espiritualidade se relacionam com o bem-estar (ou o mal-estar) psicológico. Nesse sentido, buscar contato com outras pessoas em uma igreja tem um papel importante no que ele chama de um "padrão religioso positivo de convívio" que levaram a menos sintomas de transtorno psicológico e a um maior amadurecimento espiritual mesmo em meio às tensões significativas da vida.[1] Existe todo um conjunto de provas científicas que demonstram que, em geral, aqueles que estão regularmente em contato com uma igreja saudável tendem a desfrutar de uma saúde física, psicológica e espiritual bem melhor.

Recorra à ajuda profissional quando achar necessário

O medo e a ansiedade podem fazer com que você se sinta bem pequeno: é como se buscar contato com outras pessoas exija mais energia do que a que você tem no momento. Se você estiver nessa posição tão delicada, procurar ajuda é uma das melhores maneiras de investir a energia que ainda lhe resta. Deus abençoou seu povo com muitos recursos. Por esse motivo, pedir ajuda não é sinal de fraqueza; é sinal que você reconheceu o quanto está necessitado e que você está dando um passo para melhorar. Se estiver se sentindo esgotado, está na hora de obter algum tipo de ajuda.

Se você se identifica com alguma das afirmações a seguir, é uma boa ocasião para pedir assistência profissional:

- Você frequentemente não consegue pensar de forma clara por causa da confusão, da ansiedade ou do medo.
- Você tentou prosseguir sozinho, mas não está progredindo.
- O medo ou a ansiedade o está impedindo de desempenhar normalmente suas atividades diárias.
- Você se sente sobrecarregado ao dar qualquer passo, por menor que seja, para vencer o medo e a ansiedade.

Se ainda não fez isso, comece com uma avaliação médica para verificar os problemas físicos que podem estar afetando você e depois procure um profissional, um grupo pequeno, ou ambos, em que você possa encontrar alguma ajuda para seu transtorno psicológico. Um pastor que tenha experiência nesses problemas ou um conselheiro cristão pode providenciar-lhe apoio, perspectiva, oração e ferramentas que você precisa para prosseguir. Um grupo de apoio também pode ajudá-lo a entrar em contato com companheiros de batalha que podem continuar na jornada com você bem depois de superar seus problemas atuais.

Acredito que exista um espaço para os remédios e para a terapia psicológica profissional caso você não consiga lidar bem com as alternativas já apresentadas, mas a necessidade desse tratamento não indica que você seja um fracasso como cristão ou que seja fraco. Pense nisso como fazer o necessário para sobreviver e começar a desempenhar suas funções enquanto estiver aprendendo a desfrutar a cura e a liberdade em Cristo. Os tratamentos caminham juntos, tanto a assistência médica e a terapia profissional quando são necessárias, quanto a oração e a batalha espiritual. Deus continua sendo aquele que cura e liberta você, e, se ele usar seres humanos ou remédios para ajudá-lo em meio às situações difíceis, não há problema nisso.

> **A terapia profissional ou os remédios, quando necessários, podem ser um meio de ajudá-lo a sobreviver e começar a desempenhar suas funções normais enquanto aprende a caminhar na vitória de Cristo.**

COMO CRIAR E MANTER CONTATO COM OS COMPANHEIROS DE BATALHA

Existem algumas práticas para encontrar e desenvolver contato com os cristãos que fortalecerão e apoiarão você na batalha espiritual. Se seus contatos já forem suficientemente fortes, simplesmente pense em como torná-los ainda mais eficientes; se, por outro lado, você tem dificuldade para criar e manter contatos, as ideias seguintes o ajudarão a começar.

Comece pela igreja

Antes de tudo, ore e peça a Deus para ajudá-lo a entrar em contato com as pessoas das quais você precisa na vida. Peça ao Senhor para mandar-lhe as pessoas certas e para ajudar a identificá-las assim que encontrá-las. Quem sabe essas pessoas até já estejam por perto e você só precise saber quem são e se conectar com eles.

Se você fizer parte de uma igreja, pense se ela parece razoavelmente saudável com base nos quesitos sobre a religião tóxica apresentados neste capítulo? Em sua igreja a Bíblia é ensinada e seguida, e será que as pessoas estão crescendo espiritualmente em sua congregação? Acredito que Deus coloca as pessoas nas igrejas. Você sente que é lá onde você foi colocado? Se for o caso, você está desfrutando das oportunidades de crescimento daquele lugar? Está tomando a iniciativa de entrar em contato com os outros membros? Peça sugestões aos seus líderes ou entre em algum grupo que já foi formado.

Se você não for membro de uma igreja no momento, em algum momento precisará se arriscar e começar a participar de uma igreja em crescimento. Se a igreja em que está for tóxica, você pode precisar de um pouco de descanso temporário. Lembre-se de que não está procurando perfeição, mas sim um lugar no qual as pessoas estejam crescendo. Visite algumas igrejas em atitude de oração e tome a iniciativa de conversar com as pessoas desses lugares; além disso, ore para entender a orientação e sentir a paz de Deus em sua mente quando encontrar o lugar em que ele quer te colocar.

Os relacionamentos humanos exigem tempo e esforço para se desenvolverem, e uma das melhores maneiras de fazer isso na igreja é começar a participar de um grupo pequeno, como um grupo de estudo bíblico que se reúne antes dos cultos ou durante a semana. Pode ser também uma classe ou um grupo de crescimento ou de apoio que se encontre com frequência, ou ainda um grupo organizado com foco no serviço cristão ou em missões. Descubra quais grupos já estão se reunindo na igreja e participe de um deles. Eles têm formatos bem diferentes, mas você precisa se aproximar o suficiente de um grupo pequeno de comunhão cristã com o qual você comece a conviver. No momento em que começar a ter uma vida em comum com outros cristãos, você passará a desfrutar dos benefícios dos contatos na batalha espiritual.

Como usar os contatos na batalha espiritual

Você está enfrentando uma batalha complicada; seu medo e sua ansiedade estão em polvorosa e você está se esforçando para evitar que a mente recaia no ciclo típico de autossabotagem. Você reconhece algumas características do inimigo em ação e precisa do apoio dos seus companheiros de batalha espiritual. Mas a pergunta é: como isso acontece?

Veja algumas dicas práticas para maximizar os benefícios de seus contatos com outros cristãos:

- Conte sua história. Mesmo o membro da família ou do grupo de apoio mais gentil não pode ler sua mente. Às vezes o Espírito Santo permitirá que outro cristão saiba que você precisa de oração, mas não espere por isso; encontre um lugar seguro para contar sua história a um grupo, a um mentor espiritual ou a um conselheiro cristão, por exemplo. Não vá contar para todo mundo, mas não deixe que o medo o impeça de contar sua história para alguém, até porque o princípio bíblico diz: "Confessem os seus pecados uns aos outros e orem uns pelos outros para serem curados" (Tiago 5:16).
- Esteja aberto a receber ajuda. Deixe que seu coração se abra o suficiente para receber apoio daqueles com os quais você se reúne e peça a eles que lhe conte suas perspectivas. Além disso, disponha--se a ouvir sobre uma visão diferente do seu problema. É possível que você ouça algum conselho difícil de aceitar, mas faça uma análise em oração, pois talvez esse conselho seja a chave para ir adiante.
- Peça oração. "Cinco de vocês perseguirão cem, cem de vocês perseguirão dez mil, e os seus inimigos cairão à espada diante de vocês" (Levítico 26:8). A oração em concordância é poderosa. "Se dois de vocês concordarem na terra em qualquer assunto sobre o qual pedirem, isso lhes será feito por meu Pai

que está nos céus" (Mateus 18:19). Não é que Deus não o ouça quando você ora sozinho, ele ouve, mas a oração coletiva faz as forças do inimigo recuarem com maior eficiência. As reviravoltas espirituais geralmente acontecem por causa de poucos cristãos comprometidos orando juntos pelo mesmo propósito.

- Ofereça seu apoio em troca. Receber o apoio e a oração dos companheiros cristãos consiste somente em um lado da equação, pois você também precisa oferecer seu apoio e sua oração nas dificuldades dos outros. Pode não ser no mesmo momento em que oram por você, mas se lembre de como é importante tirar um pouco o olhar dos próprios problemas e encontrar maneiras de ajudar as pessoas. Isso é parte da força dos grupos pequenos comprometidos que cultivam a comunhão, os quais estão presentes nos momentos que você precisa, e você sempre deve estar à disposição quando eles precisam também.

Se você nunca desfrutou dos benefícios de ter outros cristãos orando por você enquanto enfrenta uma batalha espiritual, recomendo que o faça. Isso não substitui as suas orações, mas o poder e o incentivo que você receberá é indescritível. Vale a pena passar pelo desconforto de tentar entrar em contato.

ENCONTRE UMA COMUNIDADE

Você precisa pelo menos três tipos de pessoa em sua vida: aquelas que estão à sua frente na caminhada, os colegas que estão enfrentando batalhas espirituais semelhantes às suas e aqueles que ainda não chegaram ao lugar onde você está. Vale a pena investir bastante nesses relacionamentos.

Mas nem todas as pessoas estão do seu lado ou do lado de Deus, portanto, proteja-se daqueles que podem ser maldosos. Talvez você tenha se magoado no passado com uma religião tóxica, então, deixe Deus curar você e o colocar em contato com cristãos mais saudáveis.

Estabelecer contatos saudáveis com cristãos em comunhão acontece da melhor forma em algum tipo de grupo pequeno, com o qual você pode criar uma intimidade suficiente para conviver. Então, quando algum de vocês enfrentarem batalhas espirituais, os outros podem oferecer o apoio, o incentivo, e, acima de tudo, a oração de batalha espiritual que pode fazer o inimigo recuar com poder.

Faça esta oração enquanto busca implementar a estratégia dois na sua resistência contra o inimigo:

Querido Senhor, por favor, perdoa-me por tentar lutar nas minhas batalhas sozinho e por me isolar daqueles que o Senhor enviaste para me ajudar. Peço tua sabedoria e orientação enquanto procuro contatos saudáveis com outras pessoas que também estão te seguindo. Eu te peço que envies as pessoas das quais preciso para minha vida e me ajude a reconhecer quem elas são no momento em que enviá-las para mim. Peço a tua coragem para superar meu medo e minha ansiedade ao buscar relacionar minha vida com as outras que fazem parte do teu corpo.

Eu também peço a tua proteção contra as pessoas por meio das quais o inimigo procure me prejudicar, seja física, seja espiritualmente. Peço a tua cura da dor que os outros me causaram em teu nome e em nome da religião, e que tu me dirijas para a igreja na qual tu queres me colocar.

Eu aceito teu plano para a minha vida de entrar em contato com outros cristãos. Obrigado por me orientares enquanto crio esses contatos. Amém.

PERGUNTAS PARA MEDITAÇÃO E DISCUSSÃO

1. Até que ponto você consegue estabelecer contato com outros cristãos? Você tem a tendência de esperar demais deles ou se isolar das outras pessoas?
2. Você já se magoou com cristãos que apresentam as características da religião tóxica? Como isso afetou sua jornada espiritual?
3. Cite algo que você fará durante a próxima semana para começar a estabelecer contatos saudáveis ou fortalecer os contatos que você já tem.

CAPÍTULO 12

Estratégia três: fale!

Como usar as palavras na batalha espiritual

Como foi maravilhoso me libertar do cativeiro espiritual que havia me atormentado durante os meus "quatro anos de inferno". Estava aprendendo sobre batalha espiritual e comecei a clamar o sangue de Jesus sobre minha vida todos os dias. Eu sabia que não havia mágica nessas palavras, mas foi um modo incrível de me associar à vitória de Cristo com frequência. Meus sintomas não pareciam mais ser um problema, e eu me sentia muito agradecida.

Vários meses depois eu voltei a ter problemas, e então a confusão, as lágrimas e a tristeza começaram a voltar. Mas Jesus não havia me libertado? Agora eu tinha um relacionamento com ele, será que eu não estava fazendo tudo o que sabia para crescer espiritualmente? O pensamento de ir piorando até recair no meu "inferno" me dava muito medo.

Ainda me lembro da manhã em que isso me ocorreu. Eu estava no chuveiro, orando e tentando segurar as lágrimas, pois tinha começado a reconhecer a voz do Espírito Santo, e eu ouvi bem naquele momento: "Você parou de clamar pelo sangue de Jesus. Você não está protegida". Eu achava que clamar pelo sangue de Jesus era uma necessidade de curto prazo, que naquele momento eu estava "curada" e não precisava mais disso. Como eu estava errada!

Por mais ou menos vinte anos eu tenho continuamente clamado para que o sangue de Jesus cubra minha vida — meu espírito, minha alma e meu corpo — em voz alta mesmo, todos os dias. Isso passou a ser um hábito, e meus sintomas nunca mais voltaram. Nunca mais senti o tormento interno do qual Deus tinha me libertado. Há certamente outras coisas que têm sido importantes para manter minha liberdade espiritual, inclusive aprender que eu podia escolher ser feliz, controlar meus pensamentos e outras estratégias sobre as quais trato neste livro, mas nada na minha vida tem sido tão poderoso como clamar pelo sangue de Jesus diariamente.

Se você não está acostumado a andar com cristãos que falam desse modo, esta parte da minha história pode parecer bem estranha para você. Eu me lembro de que, no início, tinha uma dificuldade imensa para falar "o sangue de Jesus tem poder!". Eu sabia que Jesus tinha morrido por mim e sabia que ele ganhou a vitória sobre Satanás na cruz, mas falar dessa maneira não fazia sentido para mim, e pode não fazer sentido nenhum para você.

Insisto para que você continue a ler este livro com a mente aberta, orando em espírito. Não repita determinadas palavras porque eu sugeri que fizesse isso ou porque você ouviu outras pessoas dizerem isso, pois não se trata de mágica ou de ritual. Deixe a Palavra de Deus e o Espírito Santo falarem ao seu coração e perceba o papel que as palavras precisam ter na sua jornada de libertação por meio da batalha espiritual.

O PAPEL DAS PALAVRAS NA BATALHA ESPIRITUAL

Palavras são poderosas. Deus trouxe o universo à existência por meio de suas palavras. Pelo menos é o que Gênesis 1 diz. Existe um poder criativo nas palavras de Deus. Você e eu somos criados à imagem de Deus, e nossas palavras também têm um poder bem real — não em um sentido mágico ou com a mesma proporção que as palavras de Deus —, mas o que você fala realmente faz diferença.

No Livro do Apocalipse, João fala a respeito da vitória final de Deus sobre Satanás e sobre o mal. É um retrato incrível:

Então ouvi uma forte voz do céu que dizia: "Agora veio a salvação, o poder e o Reino do nosso Deus, e a autoridade do seu Cristo, pois foi lançado fora o acusador dos nossos irmãos, que os acusa diante do nosso Deus, dia e noite. Eles o venceram pelo sangue do Cordeiro e pela palavra do testemunho que deram; diante da morte, não amaram a própria vida."

— Apocalipse 12:10-11

Vamos analisar com cuidado essa passagem neste capítulo e no próximo.

> **Você tem muito mais chance de se lembrar e de acreditar em algo que diz em voz alta do que em algo que você se limita a pensar.**

Pode ser que você tenha muitos pensamentos de acusação passando pela sua cabeça se estiver enfrentando dificuldades relacionadas ao medo e à ansiedade. Lembre-se de onde isso vem; não vem de Deus! E observe a maneira como o povo de Deus venceu o inimigo. A "palavra do testemunho" é uma arma poderosa contra Satanás e contra seu reino de escuridão, e suas palavras impactam o que acontece tanto na dimensão espiritual quanto na dimensão mental.

Suas palavras impactam sua alma

Já conversamos bastante sobre controlar seu pensamento, mas dizer em voz alta as palavras que apoiam o resultado que procura tem a mesma importância. Os pensamentos fazem uma grande diferença e são extremamente importantes, mas liberar a palavra a traz de dentro da alma (com a importância que ela tem) para a realidade.

Quando você diz algo em voz alta, estão envolvidas mais partes do seu ser, isto é, você não se limita à mente. A boca, a garganta e os pulmões se envolvem na formação das palavras e seus ouvidos escutam as palavras que você diz. Envolver as partes físicas cria um ciclo de retorno positivo, e você tem muito mais chance de se lembrar e de acreditar em alguma coisa que diz em voz do que em algo em que simplesmente pensa.[1]

Mas algo mais acontece. Quando você fala, alguns aspectos da mente e do espírito recebem energia de um modo que transcende a simples fé conjugada com a memória, e as emoções e os processos mentais mais profundos são acionados. Se suas palavras forem bem escolhidas, algumas partes do seu coração podem ser despertadas, e você pode criar uma coragem e uma esperança maiores, um pensamento mais claro e uma fé mais fortalecida. Suas palavras passam a ser um meio real na mente por onde se conquista a vitória na batalha espiritual.

Como você escolhe as palavras que trarão um impacto tão grande para si mesmo? Seremos bem específicos quanto a isso um pouco mais adiante.

Suas palavras impactam o reino espiritual

A autoridade de Jesus enquanto estava sobre a terra repousava primeiro na sua identidade como Deus e na sua vida sem pecado, mas você e eu temos acesso ao mesmo poder que Jesus usava quando estava aqui na terra. Ele exerceu sua autoridade por meio das palavras, como no momento em que repreendeu a enfermidade, acalmou a tempestade na Galileia ou libertou homens e mulheres da opressão demoníaca (Mateus 8:16; Lucas 4:39; 8:24). Até o centurião romano reconheceu que bastava Jesus falar que os poderes invisíveis tinham de obedecer (Mateus 8:8).

Como resultado de sua vitória sobre Satanás por meio da morte e ressurreição, a autoridade de Jesus sobre o céu e a terra foi estabelecida para sempre (Mateus 28:18); além disso, ele delegou essa autoridade para mim e para você por sermos seus seguidores. Jesus deu aos seus discípulos "autoridade para expulsar espíritos imundos e curar todas as doenças e enfermidades" (Mateus 10:1). Pedro, Paulo e os outros membros da igreja primitiva levaram isso a sério, e Jesus prometeu que todos aqueles que cressem nele teriam acesso à mesma autoridade (Marcos 16:17).

Você consegue imaginar Pedro ou Paulo tendo um ataque de nervos ou criando algum ritual elaborado quando enfrentavam o mal ou encaravam alguém controlado pelo poder de Satanás? Claro que não! Eles simplesmente agiram do modo que Jesus agiu, e em seu nome eles expulsaram os demônios; se você agir da mesma maneira, falando em nome de Jesus, as forças invisíveis do reino da escuridão são obrigadas a reagir da mesma maneira. Essa autoridade é delegada e não repousa nas palavras que você diz ou na sua força de caráter. Lembre-se de que, na própria força, você perde feio do inimigo; primeiramente, você tem de se sujeitar a Deus, e depois sua autoridade apoia as palavras que você fala como seu representante.

Suas palavras também podem ter outro tipo de efeito no reino espiritual. Se você falar em concordância com os planos de "roubar, matar e destruir" do inimigo, esses planos se fortalecerão, pois a mente ouve as palavras de desânimo, é claro. Igualmente, ou suas palavras o alinham com o Reino de Deus ou o alinham com o reino da escuridão; resumindo, se você entrar em concordância com o inimigo, isso o torna mais vulnerável aos seus ataques, aumenta o poder dele na sua vida e retira de você boa parte da proteção de Deus.

O poder das palavras que lhe são ditas

Até as palavras que os outros dizem para você, sobre você ou na sua presença o influenciam. Todos nós conhecemos a destruição que palavras de humilhação, crítica e hostilidade podem causar em sua psique, mas existe algo mais. Se você aceita ou concorda com as palavras negativas, más e igualmente destrutivas que ouve, aumenta o poder dessas palavras sobre você.

As palavras que você fala o alinham ou com o Reino de Deus ou com o reino da escuridão.

Isso ocorreu muitas vezes no passado, como quando você era criança, quando não tinha o entendimento, a maturidade ou o poder para fazer nada senão aceitar essas palavras destrutivas, mas agora você crê em Jesus e está aprendendo sobre batalha espiritual. Você não tem mais a obrigação de absorver e aceitar cegamente o que as pessoas dizem. Há uma analogia antiga, mas que se aplica muito bem aos dias atuais: você pode não ser capaz de impedir que pássaros voem sobre sua cabeça, mas pode impedir que façam um ninho nela. Em outras palavras, você tem a capacidade de optar se concorda ou não com o que é dito a e sobre você, e pode tanto aceitar quanto rejeitar as consequências espirituais.

O inimigo pode usar a palavra das outras pessoas para desestabilizar você. Se você não levar em conta as forças espirituais possíveis por trás dessas palavras, naturalmente sentirá medo, ansiedade ou outras emoções negativas. Mas nem todos que criticam você são maldosos; algumas pessoas têm a intenção sincera de ajudar, mas levante uma bandeira vermelha no seu espírito quando alguém disser alguma coisa negativa a você ou a seu respeito, ou mesmo quando alguém lhe traz uma mensagem que dizem ser da boca do Senhor. Não concorde com essas pessoas nem mentalmente nem de maneira nenhuma, a menos que as palavras delas também estejam de acordo com o que você conhece sobre Deus, sobre a sua Palavra e sobre o tratamento pessoal dele com você.

Se você sente que as palavras de alguém dirigidas a você ou faladas em sua presença lhe são destrutivas, interrompa imediatamente. Você não precisa chamar a atenção; se não estiver em posição de dizer ou fazer alguma coisa para interrompê-las publicamente, pode resistir à mensagem e se retirar. Sugiro que também expresse a sua discordância em voz alta, mesmo seja apenas para você mesmo ouvir: "Eu não aceito a mensagem que essas palavras querem me levar a acreditar, resisto a elas no nome de Jesus e clamo para que o sangue de Jesus cubra minha mente e toda essa situação."

QUAIS PALAVRAS VOCÊ LIBERA?

Vamos para a parte prática. Se suas palavras são poderosas para a batalha espiritual, quais são as palavras que você libera? Você já leu uma amostra sobre isso no parágrafo anterior, e o restante do capítulo lhe dará mais exemplos específicos de como usar as palavras. Veja o que você pode começar a fazer agora, hoje mesmo, até mesmo enquanto lê estas páginas. Faça uma pausa e leia em voz alta os textos em itálico; elas devem ser faladas em voz alta para ajudar a mente, a boca e os ouvidos a se acostumarem com essa arma de linha de frente da batalha espiritual.

A seguir veremos cinco categorias de palavras de guerra que você precisa falar enquanto segue desfrutando a vitória de Cristo na sua vida.

Fale a verdade

Isso significa falar a verdade sobre tudo: sobre você, sua situação, Deus e sua Palavra. Jesus disse: "E conhecerão a verdade, e a verdade os libertará" (João 8:32). Ler e estudar a Bíblia são práticas bastante úteis porque lhes trazem a verdade concreta tanto para se concentrar quanto para falar em voz alta. Lembra-se do paradoxo de Stockdale sobre o qual conversamos? Você deve ser totalmente honesto sobre o que acontece neste exato momento e, ao mesmo tempo, deve se apegar à fé absoluta no bom resultado.

Alguns cristãos ensinam que reconhecer ou verbalizar um problema demonstra falta de fé, mas a Bíblia não ensina isso. Leia os Salmos; Davi e os outros escritores tinham toda a liberdade de expressar angústia, fraqueza, pecado, dor, raiva ou qualquer outro problema a Deus. Colocar seu problema em palavras para outros cristãos é um modo de alcançar a cura (Tiago 5:16). Negar a verdade sobre si mesmo e sobre suas circunstâncias, recusando-se a falar, apenas faz com que você se isole mais de si mesmo, das pessoas e de Deus.

Porém, existem muitas outras coisas no que diz respeito à verdade do que a percepção humana dos problemas que está enfrentando. Viver neste mundo nos causa dor, seja com relação ao seu comportamento autodestrutivo, às coisas pecaminosas que são ditas ou feitas contra você, seja com relação à investida de ataques do inimigo. Sendo assim, falar a verdade também é encarar da forma mais honesta possível as causas principais do seu medo e da sua ansiedade. Isso pode incluir a verdade sobre a violência que sofreu no passado, a herança genética de ansiedade ou fatores comportamentais aos quais você deu lugar que levaram a se transtornar cada vez mais.

Entretanto, a verdade que é realmente mais profunda é ainda maior: "Eu sou o caminho, a verdade e a vida" (João 14:6). A verdade é uma pessoa — Jesus Cristo —, e quanto mais você o conhece, mais ele — a verdade final — o liberta. A verdade é que Jesus o vê, o conhece e se importa com você; também é verdade que ele morreu para salvá-lo e resgatá-lo em todas as áreas da sua vida. Além disso, ele o convidou para viver na vitória dele e para ser um embaixador do seu Reino, para que outros que ainda não o conhecem também possam encontrar a liberdade. Outra verdade é que, por mais que o mundo piore (ou melhore), esse não é o final da história; por fim, a verdade é que nós conhecemos o final, em que Jesus tem a vitória completa.

Falar a verdade — toda a verdade, inclusive o que Deus diz sobre a situação — tem várias consequências. Essa atitude abre os lugares que você pode ter escondido na alma para o amor transformador de Deus e ajuda sua mente a lembrar de e acreditar no que Deus diz sobre você e seu problema. Isso também destrói boa parte do medo e da ansiedade, ajudando a mente a se concentrar em Deus e no futuro que ele tem para sua vida, e também faz o inimigo desistir da confusão que está tentando promover e deixa seu adversário em alerta, alinhando você com o Reino de Deus e o convidando o Espírito Santo para agir em sua situação.

Fale a verdade em voz alta sobre sua vida, sua situação, sobre Deus e o que ele tem feito por você.

Veja como você pode praticar isso. Tente incluir a verdade sobre si mesmo e sobre sua situação nas afirmações seguintes. Essas frases são escritas como uma forma de você falar a verdade para Deus, e também são uma boa sugestão para a maneira de falar a verdade às pessoas — possivelmente cristãos que dão apoio, um conselheiro cristão ou um pastor.

> *Querido Deus, resolvi falar a verdade. Não estou muito bem agora. Eu tenho* [diga aqui o que tem consciência de ter feito que contribuiu para o problema], *e isso tem me causado grandes problemas. Estou sofrendo com* [o medo, a ansiedade, a doença, a traição ou outras consequências] *e sinto* [raiva, desespero, medo] *por causa disso.*

> *Muitas coisas me ajudaram a chegar a esse ponto:* [a criação familiar, os pecados de outras pessoas contra você etc.]. *Parece que todas as pessoas, todas as instituições e até o próprio inimigo estão contra mim, e eu não sei o que fazer.*
>
> *Mas sei que tu és a verdade, és bem maior do que aquilo que eu vejo e sinto sobre mim mesmo. Tu vieste, morreste, ressuscitaste por mim, e venceste Satanás e seu reino de escuridão. Prometeste purificar-me da minha humilhação e do meu pecado, transformar-me à tua semelhança e dar-me a tua vitória. Tu tens a solução para meu problema. Tu prometeste dar-me tudo o que preciso e estar sempre comigo. Nada é impossível para ti (Filipenses 4:19; Mateus 19:26; 28:20). Amém.*

Fale da grandeza e da bondade de Deus

Isso é o que vem depois de falar a verdade. É fazer o que Davi falou: "Proclamem a grandeza do Senhor comigo; juntos exaltemos o seu nome" (Salmos 34:3). Quando se exalta alguém, esse alguém cresce na nossa percepção. Estamos falando a respeito do Deus do universo; não há como exagerar na exaltação a ele e não há problema em dizer a Deus o tamanho da sua aflição; aliás, você deve fazer isso. Mas não se esqueça de dizer depois à aflição — e a si mesmo — o tamanho do seu Deus.

Não é segredo é um hino cristão antigo que descreve como aquilo que você tem visto Deus fazer na vida das outras pessoas também pode acontecer na sua vida. Quando os escritores do Antigo Testamento passavam por tribulações, eles geralmente começavam relembrando as grandes coisas que Deus fez — muitos salmos expressam isso, como os Salmos 8, 18, 46 e 66. A vida inteira de Jesus é a principal demonstração de quem é Deus e do que ele pensa sobre mim e sobre você. Boa parte da Bíblia fala sobre o modo como Deus trata as pessoas e seus problemas, tanto na nossa vida atual quanto eternamente.

Existem pelo menos três maneiras de ocupar a mente com a bondade e a grandeza de Deus. A primeira é, obviamente, com a leitura da Bíblia; a segunda é vendo ou observando as obras de Deus na natureza. Para isso, saia de casa à noite e contemple as estrelas, pensando em como seu Deus é maior do que tudo isso; na verdade, mesmo tendo feito tudo isso, ele ainda se importa com você! Eu me lembro de ter ficado encantado diante da criação de Deus quando estava estudando embriologia — o modo impressionante pelo qual uma única célula pode se desenvolver para formar um ser humano. Portanto, reserve algum tempo para realmente perceber as obras de Deus ao seu redor. A terceira maneira é escutando, lendo ou aprendendo sobre como Deus operou na vida de outras pessoas — você pode ouvir essas histórias na igreja. Há também alguns programas cristãos de rádio e de televisão que trabalham com testemunhos; além disso, você pode ler sobre a história da igreja ou histórias sobre cristãos no passado que enfrentaram e venceram seus problemas. Não é difícil encontrar testemunhos de como Deus ajudou as pessoas a vencerem o vício, a doença, o trauma, o medo, a sobrecarga de trabalho, o luto ou qualquer outro problema ou limitação.

Depois de ocupar a mente com a bondade de Deus, declare-a com seus lábios, pois isso ajuda sua mente a compreender como Deus é realmente bom e grandioso e afasta as mensagens negativas do inimigo. Pode ser uma declaração com esta:

> *Querido Senhor, tu és maior do que os meus problemas. Tu chamaste o mundo à existência com a tua palavra e manténs as galáxias incontáveis em movimento no espaço, com todos os seus sóis ardentes, planetas e maravilhas ocultas. Teu poder e tua grandeza são manifestos na majestade das montanhas, na fúria da tempestade e na imensidão do oceano. Tua beleza extravagante e teu cuidado com detalhes se mostram no canto dos pássaros, nas cores do entardecer e no nascimento dos animais selvagens na primavera.*
>
> *Além de tudo isso, tu ainda te importas conosco — o povo que fizeste à tua imagem. Trouxeste o teu povo, Israel, do Egito para a terra de Canaã. Manifestaste a tua glória nos milagres de Elias e de Eliseu, na glória do templo de Salomão, e nos profetas que predisseram o nascimento do Messias. Tu vieste na pessoa de Jesus, curando os enfermos e os oprimidos, caminhando pelas estradas da Galileia com os teus discípulos e morrendo pelo nosso pecado — inclusive o meu. Tu ressuscitaste e ascendeste ao céu em glória, vitorioso sobre o pecado, sobre Satanás e sobre a morte. Outras pessoas têm declarado a tua bondade*

> e a tua grandeza pelos séculos dos séculos, e tu estás vindo novamente para dar um basta a todo o pecado e injustiça. Tu verdadeiramente és grande — e bom. Amém.

Conte o que Deus tem feito por você

Além de Deus ser bom e grande, e de Jesus ser a verdade, ele tem feito grandes coisas por *você*. Nunca se esqueça delas. Apegue-se a elas. Encontre maneiras de se lembrar delas; escreva em um diário, faça anotações na sua Bíblia, colecione pequenas lembranças, ou, de algum outro modo, garanta a recordação daquilo que ele tem feito por você. Uma coisa é relembrar o que ele fez pelos outros; outra bem mais pessoal e impactante é quando você pode falar sobre o que ele fez por você pessoalmente.

A razão de você estar lendo estas linhas é porque ele tem feito alguma coisa na sua vida. Se você não se recorda desses melhores momentos espirituais, pense sobre eles agora. Pense em como era sua vida antes de conhecer Jesus e na maneira pela qual ele se revelou a você. Pense também no modo como ele transformou seu coração e lhe trouxe a cura, a paz, a alegria ou a vida. Lembre-se das pessoas que ele colocou na sua vida para abençoá-lo e pense no que já sabe ser o propósito para o qual ele o trouxe a este mundo.

Lembre-se dessas coisas, escreva-as ou registre de algum modo, depois diga em voz alta. Quando se sentir triste, retorne, leia e se lembre dessas coisas. Diga às pessoas o que Deus tem feito por você. "Então a nossa boca encheu-se de riso, e a nossa língua de cantos de alegria. Até nas outras nações se dizia: 'O Senhor fez coisas grandiosas por este povo'. Sim, coisas grandiosas fez o Senhor por nós, por isso estamos alegres" (Salmos 126:2-3).

Sua história é única, e faz parte da beleza do plano contar sobre a obra de Deus na sua vida. As frases a seguir são redigidas como se você estivesse falando com Deus, mas é muito bom falar isso para as pessoas também:

> Querido Deus, tu tens sido tão bom comigo. Ainda que eu esteja passando por grandes dificuldades, lembro como tu sempre estiveste ao

meu lado. Eu achava que tudo estava bem à minha maneira, mas tu me viste tal e qual eu era. Tu te manifestaste a mim no momento em que estava longe de ti. Atraíste meu coração para ti e me convidaste para ser teu. Perdoaste meu pecado. Resgataste-me de uma vida inútil e mostraste-me que tinhas um plano para minha vida. Mesmo quando eu não conseguia ouvir-te muito bem, tu nunca me deixaste. Tens sido paciente comigo e trouxeste-me a cura e a libertação que só tu podes dar.

[Inclua sua história aqui] *Tu me deste a coragem e a graça para prosseguir no momento em que minha família não tinha nada para mim. Mantiveste minha vida quando pensei que o medo acabaria comigo e trouxeste pessoas para me ajudar a justamente quando eu precisava delas. Mostraste a mim o dom que colocaste no meu interior que precisas que eu compartilhe com as pessoas.*

Não tenho alternativa senão ser grato a ti. Amém.

Clame pelo sangue de Jesus

A esta altura, chegamos ao cerne da questão. Quem sabe você tenha descansado um pouco nas últimas páginas. Falar a verdade, proclamar a grandeza de Deus e contar sobre o que ele tem feito pela sua vida pode parecer bem tranquilo, mesmo que possa ter exigido um pouco de esforço da sua parte, mas "clamar pelo sangue de Jesus"? Isso parece esquisito.

Peço que você continue comigo neste momento. Tudo o que falamos até agora foi absolutamente essencial e o colocou em um estado de espírito de vigilância com Jesus, mas a batalha é sangrenta, então, vamos ver um pouco de sangue. O único modo pelo qual Jesus poderia conquistar a vitória sobre Satanás e o reino dele era por meio do derramamento do seu sangue e da morte na cruz. Foi assim que Paulo descreveu: "E, tendo despojado os poderes e as autoridades, fez deles um espetáculo público, triunfando sobre eles na cruz" (Colossenses 2:15). Não haveria vitória se Jesus não tivesse derramado seu sangue por mim e por você.

Além disso, não podemos desfrutar a vitória em nossa vida sem o sangue dele. Isso não se trata de um acontecimento singular de dois anos atrás ou de um momento no qual você conheceu Jesus pela primeira vez; em vez disso, é algo para todo dia, para cada momento. O inimigo ainda não deixou suas armas de lado, e, até quando ele for finalmente destruído, você e eu teremos de estar cobertos pelo sangue de Jesus. Teremos de continuar a viver desse modo porque nunca seremos fortes o bastante para sobreviver por conta própria e nunca seremos bons o suficiente a ponto de dispensar a purificação do pecado que vem dele. Além disso, nunca teremos a capacidade de declarar vitória sem depender da vitória que ele alcançou por meio do seu sangue.

O versículo de Apocalipse 12 deixa claro: "Eles o venceram pelo sangue do Cordeiro" (v. 11). Não existe outro meio de vencer Satanás e seu reino!

Quando Moisés estava prestes a conduzir os filhos de Israel para fora do Egito, Deus os instruiu a pegar o sangue de um cordeiro e colocar fisicamente na porta de casa. Esse sangue indicava que a família fazia parte do povo de Deus e os protegia do anjo destruidor que veio para matar todos os primogênitos (Êxodo 12:3-13). Eles deviam se lembrar desse dia para sempre na celebração da Páscoa como o momento em que Deus os libertou dos seus opressores; isso era também uma sombra da paixão e da morte de Cristo na cruz por meio dos quais seríamos livres.

Os israelitas não seriam protegidos se não passassem o sangue na porta da casa deles, e nem você nem eu podemos nos proteger se não cobrirmos nossa vida com o sangue de Jesus, o verdadeiro cordeiro da Páscoa. Essa é a razão para pedirmos pelo sangue de Jesus. Quando você clama pelo seu sangue, o inimigo fica impedido de ter o acesso que, de outro modo, teria à sua vida, e Satanás e seus demônios não podem suportar quando o sangue de Jesus é derramado: isso manifesta a derrota deles.

Como você pode fazer isso? Com as suas palavras. Quero encorajá-lo a fazer isso todos os dias, pois é o que eu faço. De um modo específico, em voz alta, coloque tudo em sua vida debaixo do sangue dele e clame para que seu sangue cubra todo problema que você tenha. Assim como eu, em atitude de oração, você também pode fazer no mesmo instante uma ceia particular, tomando fisicamente os símbolos do corpo ferido de Jesus e do sangue que foi derramado para aplicar o sacrifício e a vitória dele para sua vida. Veja como isso pode ser feito. (Lembre-se de dizer tudo em voz alta.)

> *Cobre a minha vida com o sangue de Jesus agora — espírito, alma e corpo. Cobre meu cônjuge com o sangue de Jesus — espírito, alma e corpo. Cobre meus filhos [diga o nome de cada um deles] com o sangue de Jesus. Cobre tudo em minha vida que esteja com problemas com o sangue de Jesus: meus medos, minha ansiedade, minha enfermidade, meu estado de confusão e humilhação, meu pecado, meu casamento, minha vida financeira, minha vida sexual, meu alimento, meu sono. Eu coloco tudo isso debaixo do sangue de Jesus sem tirar do lugar.*
>
> *Cerco a mim mesmo e a minha família com o sangue de Jesus. Que nada afete a mim nem a minha família sem passar pelo sangue de Jesus — nada do inimigo, nem de outras pessoas, nem do mundo natural. Abro mão de tudo que não puder ficar debaixo do sangue de Jesus — quaisquer hábitos, bens materiais, pensamentos ou pessoas — e escolho permanecer debaixo do sangue de Jesus, declarando sua proteção, provisão e orientação no dia de hoje. Amém.*

Você disse isso em voz alta? Experimente fazer isso! Essa é a declaração mais importante da sua jornada de batalha espiritual.

Fale ao inimigo em nome de Jesus

Talvez você sinta na própria alma que um ataque específico de Satanás seja um fator importante no seu transtorno. Alguns recursos da batalha espiritual dedicam tempo e energia significativos definindo uma hierarquia de demonologia no reino da escuridão ou descrevendo espíritos malignos em particular e como eles agem. Os especialistas em Bíblia não chegaram a um consenso sobre esses detalhes, e nem há provas no Novo Testamento de que Jesus passou muito tempo se preocupando com eles, mas existem provas abundantes de que ele obteve a vitória sobre todo o reino da escuridão e nos deu acesso a ela. Mas você não precisa estudar demonologia para desfrutar a vitória de Cristo.

Quando Jesus se deparava com demônios, ele os expulsava com autoridade, e também delegou aos seus discípulos a autoridade de expulsar demônios em seu nome (Mateus 10:1; Marcos 16:17). Os irmãos da Igreja Primitiva levavam isso a sério, e eles continuavam a ministrar a libertação de Cristo da opressão demoníaca (Atos 5:16; 8:7; 16:18). Se você é cristão, pode fazer o mesmo. Lembre-se de que Jesus não saiu por aí procurando um demônio em cada canto, mas, quando os encontrava, eles tinham de obedecer à Palavra dele; então, quando os encontrar, eles também têm de obedecer quando você fala em nome de Jesus.

Se você sentir que um espírito específico o está oprimindo em alguma área, fale com ele em nome de Jesus, exigindo que saia de sua vida. Talvez seja um espírito de malícia, adultério, cobiça, dívida, perversão, enfermidade, medo, vício, pornografia, confusão, letargia ou outro qualquer. Pode ser um espírito atacando seu casamento, seus filhos, suas emoções, suas finanças ou seu ministério. Se você souber o nome ou a descrição do espírito, tudo bem, mas não se embarace para definir algum nome para o espírito presente.

Jesus disse a seus discípulos: "Tudo o que vocês ligarem na terra terá sido ligado no céu, e tudo o que vocês desligarem na terra terá sido desligado no céu" (Mateus 18:18). O céu o apoiará quando você falar em nome de Jesus, no entanto, isso não é uma carta branca para impor a própria vontade sobre as circunstâncias ou sobre as pessoas. Lembre-se de que o inimigo não é o cônjuge, o chefe, o amigo, o colega ou qualquer instituição humana; na realidade, nossa batalha é contra as forças espirituais no reino da escuridão — essa é a aplicação bíblica adequada para ligar e desligar.

Existe alguma força demoníaca oprimindo sua mente, seu corpo, sua vida, seu casamento, sua família, seus negócios ou seu ministério? Está na hora de mandá-la sair. Veja como você pode fazer isso:

> *Eu digo a você, espírito de* [malícia, cobiça, vício etc.], *espírito que está atacando* [meu casamento, minhas finanças, minhas emoções, meu ministério etc.] *saia agora em nome de Jesus! Estou coberto pelo sangue de Jesus. Você não tem direito algum sobre minha vida, minha família ou meu casamento* [ou algo como minha vida

sexual, meu dinheiro, meu emprego etc.]. *Eles pertencem a Jesus agora e para sempre. Em nome de Jesus, eu ordeno que tire suas mãos do que pertence a Jesus, me deixe e* não volte nunca mais. Eu coloco a cruz de Jesus entre mim e você, e você não poderá mais penetrar na barreira do sangue de Jesus e voltar para mim.

Eu afirmo novamente que pertenço a Deus Pai, ao seu Filho Jesus Cristo e ao Espírito Santo. Não há espaço para você, espírito mau, em nada que se relacione a mim. Você está amarrado em nome de Jesus para, a partir de agora, não ter nada comigo nem com aquilo que Deus me deu. Sai agora, em nome de Jesus, e não volte mais! Declaro que a vitória de Cristo nesse momento passa a ser minha, e eu dou ao Espírito Santo o governo completo da minha vida e em tudo que se relaciona a ela. Amém.

Continue a falar assim até sentir que algo forte em sua alma. É mais do que uma discórdia intelectual; é uma resistência feroz contra Satanás e seu reino de escuridão. Tome posse dessa sensação de resistência na alma, cultive-a e diga em voz alta. Reúna-se com outros cristãos, como mencionamos no capítulo anterior, e peça que eles orem por você dessa maneira. Você pode viver em liberdade, em nome de Jesus!

PALAVRAS DE LUTA

As palavras são poderosas. Jesus expressou sua autoridade sobre o reino da escuridão por meio das suas palavras e você pode fazer o mesmo em nome dele.

Com suas palavras, em voz alta, expresse a verdade — sobre si mesmo, sobre as circunstancias e sobre Deus e sua Palavra. Fale da bondade e da grandeza do Senhor, e o que ele fez pelas outras pessoas e por você pessoalmente. Peça frequentemente que o sangue de Jesus cubra sua vida e a vida com as quais você se importa, e quando você se deparar com a opressão demoníaca ou com ataques contra sua vida, diga aos espíritos que o estão atacando para saírem e não voltarem mais em nome de Jesus.

Retorne e leia, em voz alta, os textos em itálico nas últimas seções deste capítulo, liberando as palavras da batalha espiritual que alinham você ao Reino de Deus e o libertam dos ataques do inimigo.

PERGUNTAS PARA MEDITAÇÃO E DISCUSSÃO

1. Você consegue pensar em algumas palavras que você disse ou que lhe foram ditas que tiveram um efeito duradouro sobre algum aspecto da sua vida? O que você pensa sobre o poder das palavras?
2. Sobre qual verdade você precisa falar? Sobre você mesmo, sobre Deus ou sobre o que ele fez por você? Declare essa verdade agora mesmo em voz alta.
3. O que acontece em sua mente quando você tenta clamar pelo sangue de Jesus ou dizer ao inimigo para sair em nome de Jesus? Será que existe alguma resistência da sua parte ou você desfruta a vitória de Cristo quando age assim?

CAPÍTULO 13

Estratégia quatro: não tenha medo

Como vencer o medo (da morte) derrota o diabo

Se você já enfrentou uma pessoa briguenta, um concorrente ou outro rival sabe o que é o poder da ousadia, visto que nenhum adversário é invencível se ele não tem algo a temer. O modo mais eficiente de derrotar seu adversário é explorar seu medo — o medo de ser exposto, o medo da dor, o medo de perder ou o medo de passar vergonha. Um dos modos mais eficientes que Satanás usa para derrotá-lo é tirar partido dos seus medos, pois ninguém — nem mesmo o inimigo — pode ter nenhum controle sobre você se chegar ao ponto de não ter medo algum das consequências.

O medo é uma arma que Satanás usa contra nós exatamente porque ele sabe que, no momento em que perdemos todo o medo, seus ataques não poderão nos atingir. Talvez você tenha escolhido este livro porque tem problemas com o medo e a ansiedade e espera que a batalha espiritual seja um meio de ajudar a encontrar a libertação. Você chegará lá, e espero que já esteja experimentando essa liberdade enquanto passa por estas páginas, mas a libertação do medo não é apenas um dos benefícios aos quais a vitória de Cristo nos dá acesso, mas também é uma das armas mais fortes que temos contra Satanás e contra o reino da escuridão.

No dia 15 de fevereiro de 2015, vimos no noticiário as imagens dos militantes do exército islâmico se preparando para decapitar 21 cristãos coptas pelo crime de acreditar em Jesus. Em análise, esse foi apenas uma violência a mais no longo histórico de perseguição pelo qual os cristãos têm passado em várias culturas e em várias partes do mundo desde que Estêvão foi apedrejado fora de Jerusalém (Atos 7:59-60). Não podemos ter certeza quanto ao que se passava no coração daqueles 21 cristãos com roupas laranja, de mãos atadas, sabendo que suas vidas estavam para ter um fim, mas, nas imagens a que assistimos, seus rostos não traziam absolutamente nenhum sinal de medo.

Depois de mencionar "o sangue do Cordeiro" e a "palavra do seu testemunho", o Livro de Apocalipse fala sobre aqueles que venceram Satanás, os quais "diante da morte, não amaram a própria vida" (Apocalipse 12:11). O escritor cristão primitivo Tertuliano observou: "O sangue dos mártires é a semente da igreja".[1]

Você não é obrigado a se tornar um mártir para usar a liberdade de não sentir medo como uma arma contra o inimigo, pois esse é somente um dos meios pelos quais Deus acaba usando o que o inimigo intencionava para o mal (seu medo) para se voltar completamente contra si mesmo, como uma arma pela qual você obtém a vitória sobre ele (ver Gênesis 50:20).

O MEDO DA MORTE

A morte e o medo da morte têm sido uma das armas mais fortes do inimigo desde o momento em que o pecado entrou nesse mundo, e, por ser médica, vejo isso frequentemente. Os pacientes geralmente tomam decisões sobre seu atendimento de saúde por causa do seu medo da morte, e não é incomum que peçam exames ou outros procedimentos porque estão com medo de ter câncer ou de algum outro diagnóstico com risco de morte mesmo sem ter sintomas físicos que indiquem esse quadro. (O problema não é conseguir a assistência médica adequada, estamos falando sobre algo que está além do que é sábio ou coerente do ponto de vista médico).

O medo da morte tem implicações mais profundas do que simplesmente a preocupação com o fim da vida física. A Bíblia fala sobre o medo da morte como uma escravidão (Hebreus 2:15); além disso, a morte é a consequência de viver em um mundo pecaminoso. Quando um ente querido morre ou no momento em que enfrentamos a morte, nos lembramos do quanto tudo ao nosso redor está decaído e em desordem e de como muitas coisas estão fora de controle. Basta pensar sobre a morte para provocar pensamentos — e medos — sobre o que acontece em seguida. A Bíblia trata disso muito amplamente, mas grande parte do que acontece depois da morte está além da nossa compreensão. É bem verdade que sabemos o suficiente a partir da Palavra de Deus para tomar decisões no momento presente, mas ainda existe muito mistério e dor; além disso, a maioria de nós preferiria fazer qualquer outra coisa a pensar sobre a própria morte.

O assunto da morte se tornou recentemente muito pessoal para mim. Há pouco menos de três meses antes de eu escrever este livro, perdi meu marido. A solidão, a tristeza e a culpa fulminante ainda vêm em alguns surtos, e eu sei que virão por algum tempo, até porque não dá para fazer da morte algo bom, e ela nem deve ser boa. Deus não nos criou para viver poucos anos, ou mesmo muitos anos, sobre essa terra para depois morrer; na realidade, ele nos criou para viver para sempre, ou seja, fomos criados para a eternidade!

Entretanto, para nós, que acreditam em Jesus, a morte não tem o mesmo poder sobre que tem sobre os outros, pois o medo da morte não precisa nos aprisionar. Jesus levou sobre si a nossa natureza: "Portanto, visto que os filhos são pessoas de carne e sangue, ele também participou dessa condição humana, para que, por sua morte, derrotasse aquele que tem o poder da morte, isto é, o diabo, e libertasse aqueles que durante toda a vida estiveram escravizados pelo medo da morte" (Hebreus 2:14-15). A partir do momento em que Jesus morreu e ressuscitou, podemos saber que a morte é um inimigo derrotado e acabará sendo completamente destruído. "O último inimigo a ser destruído é a morte" (1Coríntios 15:26). A ressurreição de Jesus provou isso.

> **Não dá para fazer da morte algo bom. Deus não nos criou para viver por poucos anos, ou mesmo muitos anos sobre a terra, para depois morrermos; na realidade, ele nos criou para viver para sempre!**

Essa é a razão pela qual os coptas não davam nenhum sinal de medo; é por isso que eu pessoalmente posso ter esperança mesmo enquanto sofro com o luto do meu marido; e também é por isso que Paulo realmente não conseguia decidir se ele preferia viver ou morrer:

> porque para mim o viver é Cristo e o morrer é lucro. Caso continue vivendo no corpo, terei fruto do meu trabalho. E já não sei o que escolher! Estou pressionado dos dois lados: desejo partir e estar com Cristo, o que é muito melhor; contudo, é mais necessário, por causa de vocês, que eu permaneça no corpo.
> — FILIPENSES 1:21-24

Quando você perde o medo da morte, Satanás e a própria morte não têm mais poder sobre você.

O que é maior que a morte?

Perder o medo da morte não quer dizer que você desejará morrer ou que não sentirá a perda quando uma pessoa com a qual você se importa partir para a eternidade. A morte não surgiu para ser bela e é a prova contínua de que ainda vivemos em um mundo no qual o reino da escuridão tem poder, mas perder o medo da morte significa, de fato, que algo maior do que a morte cativou nosso coração, algo tão grande que a morte perde sua importância relativa quando se compara a isso.

Quando você era criança, havia coisas das quais tinha medo — quem sabe tivesse medo do escuro, de monstros dentro do armário, de um cachorro que estivesse latindo ou de algum lugar desconhecido. Se você é pai ou mãe, seu filho já correu para os seus braços quando algo o assustou, mas, na sua presença, os monstros simplesmente desaparecem. É a mesma coisa que acontece com você. É verdade que a morte parece esse monstro imenso no armário que está tentando pegá-lo, mas ela é ainda pior que isso. Os monstros dos quais seus filhos tinham medo só existiam na imaginação deles, mas a morte é bem real; ela é a etapa final (em termos terrenos), é horrível e dói muito. Lembre-se de que, na Bíblia, a morte é um inimigo real (1Coríntios 15:26).

Entretanto, do mesmo modo que um pai cujos braços de amor podem fazer os monstros desaparecerem de um modo mágico, a presença de Deus retira o poder da morte. Tendo nossa vida continuidade ou não sobre a terra, sabemos que existe algo além dela. Mesmo sem ter o conhecimento de todos os detalhes, sabemos o suficiente sobre o que acontecerá em seguida, por isso não temos razão para ter medo. A morte não é mais um inimigo que não foi derrotado, pois foi vencida, e sabemos que ela não é o final da história justamente por causa de Jesus.

Ter uma perspectiva que vai além da morte física desarma seu poder de aterrorizar. O restante da história é que a morte acabará, e aqueles que confiam em Jesus viverão para sempre! A passagem mais famosa de todas da Bíblia — João 3:16 — promete que aqueles que creem em Jesus não perecem, mas têm a vida eterna, e essa vida é eterna de duas maneiras. Em primeiro lugar, ela não acaba nunca; a morte será descartada e nunca mais poderemos morrer. Ela também é eterna qualitativamente, ou seja, o melhor está por vir! As palavras humanas não podem descrever a satisfação impressionante e a alegria que será chegarmos ao céu.

Você se lembra do vice-almirante Stockdale no campo de prisioneiros de guerra do Vietnã? Ter uma fé absoluta no resultado positivo não tira nossa responsabilidade quanto à vida neste local e nesta realidade presente, nem impede que sintamos dor, mas traz a fortaleza e a coragem para prosperar em meio às piores coisas que o inimigo pode idealizar. Temos algo em que acreditar que é bem mais confiável do que a fé que Stockdale tinha nas forças armadas dos Estados Unidos, a saber, a Palavra de Deus, e temos provas da sua Palavra por meio da ressurreição de Jesus Cristo — ou seja, nós sabemos o final da história!

A ausência do medo como uma arma

Existem momentos em uma batalha importante em que você descobre que venceu. Seu inimigo fez seu melhor para derrotá-lo, e você não recuou. Seu concorrente empenhou todo o esforço na tentativa de desanimá-lo, mas é a sua empresa que tem lucros crescentes e que abocanhou mais uma fatia de mercado. Você percebe que passou pelo pior que o seu inimigo poderia lançar sobre você, mas ainda está de pé, e nessa luta você é invencível; talvez ainda tenha desafios pela frente, mas já considera a batalha ganha.

Quando entende completamente que você está do lado vencedor nessa guerra entre o bem e o mal, a libertação do medo o torna invencível diante de tudo o que o reino da escuridão possa trazer contra você. Esse é um dos benefícios quase surpreendentes, porém mais satisfatórios da batalha espiritual, uma vez que você sabe que Satanás tentou o máximo que pôde com você e perdeu. As coisas nunca serão piores do que isso, portanto você não tem mais razão para ter medo dele.

Só é possível chegar a esse nível de liberdade por meio de uma batalha intensa. Não se trata de arrogância; é simplesmente uma percepção de que você ganhou apesar de a batalha ainda não ter acabado. Uma calma se faz presente, uma força feroz e uma fé inabalável que vem desse tipo de vitória. Essa fé não significa falta de atividade; ainda existem batalhas para lutar, mas você tem a certeza absoluta de que está do lado vencedor e de que, para o cristão, nem mesmo a morte pode abalar a confiança de vitória.

Creio que esse é o tipo de vitória da qual os coptas e os outros mártires cristãos desfrutam mesmo no momento de morte terrena. É o tipo de vitória que me permite continuar mesmo depois da morte do meu marido, e é o tipo de vitória que você e eu podemos conquistar independente do que venha a acontecer durante o resto da nossa vida neste mundo. Não é o tipo de vitória que você procura, mas, quando persevera com sucesso mesmo diante dos piores ataques do inimigo, nada que ele possa lançar sobre você — nem mesmo a morte — poderá desestruturá-lo.

Se você ainda não estiver nesse local de vitória, não tem problema; a ideia é não desanimar. Se ainda estiver com problemas com o medo e à ansiedade, não desista, pois essa pode ser a batalha por meio da qual você conquistará esse tipo de vitória. Do mesmo modo que o vice-almirante Stockdale, você avalia de forma honesta o local onde está para depois decidir com firmeza manter a fé na vitória final. Além do mais, com Deus ao seu lado, o resultado é garantido.

Além disso, se você estiver em meio à luta mais importante da sua vida — de modo literal ou simbólico —, saiba que existe uma diferença entre a fé tranquila e a desistência. A fé não é veloz nem preguiçosa, e você coloca tudo o que tem — nem mais nem menos — na luta sabendo que por si só não é o suficiente, mas sabendo também que vencerá por causa do seu líder. Não importa se a batalha tirar sua vida terrena; esse é um preço pequeno a ser pago pela glória que virá.

COMO PERDER O MEDO NA BATALHA ESPIRITUAL

A criança não deixa de ter medo do dia para a noite. Você, como responsável, desarma o poder dos monstros pela sua presença; seu filho começa a ser bem-sucedido em vencer seu medo, e este vai diminuindo gradativamente até que não tenha mais efeito sobre ele.

Nem mesmo você vencerá o medo, inclusive o medo da morte, de forma instantânea; na verdade, esse é um processo que se desenvolve à medida que você continua a crescer espiritualmente e experimenta níveis cada vez mais altos de libertação. A ideia é reconhecer que o medo vem do inimigo e decidir que nunca mais desistirá até que ele perca o controle sobre você.

As batalhas pequenas preparam você para as grandes

Nenhum soldado é colocado atrás das linhas inimigas logo que termina o treinamento básico, pois, para ser colocado frente a frente com o inimigo, é essencial um treinamento e uma preparação mais avançada. No momento em que você aceitou Jesus, tem acesso à vitória, mas o aprendizado, a prática e a experiência são necessárias para ser capacitado a enfrentar as batalhas maiores na guerra espiritual.

As pequenas batalhas ajudam a desenvolver a coragem, as habilidades e a perseverança de que você precisa para vencer as batalhas maiores. Deus disse a Jeremias: "Se você correu com homens e eles o cansaram, como poderá competir com cavalos? Se você tropeça em terreno seguro, o que fará nos matagais junto ao Jordão?" (Jeremias 12:5). Pode até parecer que você está enfrentando uma dessas batalhas maiores e que não possui os requisitos necessários, mas Deus prometeu não deixar que nada venha contra você que esteja além da sua capacidade de suportar e de vencer. As coisas com as quais está lidando no momento são uma oportunidade para desenvolver os hábitos, os padrões de pensamento, a vida de oração, a perspectiva e o caráter que você precisa ter.

A fim de aprender a partir da sua situação atual, você não pode aceitar a derrota nas pequenas coisas. Não estamos falando agora de chegar ao céu, pois isso foi decidido no momento em que você aceitou Jesus como Senhor e Salvador, mas sim de passar a ser eficiente na batalha espiritual. Se você ainda não aprendeu a tratar das suas emoções no momento em que as coisas não vão bem no trabalho, Deus não o colocará em uma posição mais importante em que o estresse crescente ou as ações das outras pessoas lhe daria ainda mais razão para perder a cabeça. Se ainda não aprendeu a assumir a responsabilidade naquilo que ode mudar e deixar as coisas que não pode mudar nas mãos de Deus, você não receberá a confiança para responsabilidades maiores nas quais a mudança será mais difícil. Se ainda não aprendeu a superar o medo e a ansiedade no momento em que Deus lhe pede um pequeno passo de fé, você não estará pronto para uma tarefa que despertará uma oposição bem maior e que exigirá mais fé ainda.

Em que luta você está neste instante? Que batalhas pequenas você precisa vencer hoje a fim de conseguir força para as batalhas maiores que estão por vir? Para mim, neste instante, isso significa sentar-se para escrever este livro mesmo passando por um conflito emocional em virtude do meu estado de luto. Para você, isso pode significar marcar uma consulta médica para investigar se existe alguma razão física para sua ansiedade ainda que isso lhe dê muito medo. Pode significar trabalhar no próximo estágio de recuperação do seu vício, testemunhar com amor sobre sua fé onde você sabe que os amigos e a família reagirão de modo negativo, ou dar um passo em uma nova direção sobre a qual tem certeza que Deus está lhe orientando para ir.

Joyce Meyer é conhecida pela sua frase: "Aja mesmo com medo!" Quanto mais você age sem deixar que os sentimentos de medo ditem seu comportamento, mais o medo perderá sua força. Sendo assim, não espere sentir-se pronto antes de dar um passo à frente; seja cuidadoso, peça a direção de Deus e depois siga em frente — mesmo com medo. Nenhuma batalha é ganha deixando-se o inimigo deitar e rolar, e seu plano de ação pode ser pedir ajuda, orar com fervor, assumir sua parcela de responsabilidade sobre a situação, ou tomar uma decisão difícil. Seja lá o que for, faça!

Vencendo o medo da morte

Já que o medo da morte é o sentimento mais poderoso que Satanás usa contra nós, vencer esse medo é uma das ferramentas que devemos desenvolver em nossa jornada de batalha espiritual.

Os riscos não o assustam quando o resultado é garantido, isto é, quando se sabe com certeza o que acontecerá, a pessoa não se distrai tão facilmente com os problemas no meio do caminho – em suma, um eclipse solar ou uma tempestade não abala sua fé de que o sol nascerá amanhã. Temos algo mais certo do que o nascer do sol em que podemos colocar nossa fé no que diz respeito à morte, isto é, a certeza da vitória de Jesus sobre o pecado e a morte, e a nossa própria vitória sobre os mesmos inimigos se o escolhermos.

Quando voltei para casa do hospital na manhã em que meu marido faleceu, eu me sentei com uma xícara de café e uma Bíblia. Eu a abri em 1Coríntios 15, onde Paulo fala sobre a derrota da morte. Conhecer Jesus em nossa vida diária aqui e agora é maravilhoso, mas não é o suficiente; além disso, se a morte fosse o final da história, o inimigo acabaria vencendo. "Se é somente para esta vida que temos esperança em Cristo, somos, de todos os homens, os mais dignos de compaixão." (1Coríntios 15:19). Mas graças a Deus isso não é o fim! Jesus está vivo, o túmulo onde ele foi colocado está vazio e, porque ele vive, nós também viveremos (João 14:19).

A derrota da morte, que é provada pela ressurreição de Cristo, é o local exato onde devemos colocar nossa fé inabalável. "Quando, porém, o que é corruptível se revestir de incorruptibilidade, e o que é mortal, de imortalidade, então se cumprirá a palavra que está escrita: 'A morte foi destruída pela vitória'. 'Onde está, ó morte, a sua vitória? Onde está, ó morte, o seu aguilhão?'" (1Coríntios 15:54-55). Pode apostar sua vida no fato de que o monstro no armário logo evaporará, pois não há necessidade de ter medo de algo que já foi derrotado.

Se o medo da morte — da própria morte ou de alguém próximo — ainda o mantém em um cativeiro, existe esperança para você. Posso dizer por experiência própria que a morte é dolorosa — bastante dolorosa, e é também uma aberração no plano de Deus e a prova de que nem tudo está saindo de acordo com o divino plano original. É um inimigo digno de se atacar e de se combater, mas também posso lhe dizer que o meio de superar o medo da morte é a esperança na ressureição. Não estamos fadados a nos sentir tristes com relação à morte e ter medo dela da mesma forma que aqueles que não conhecem o final da história (ver 1Tessalonicenses 4:13).

Nossa batalha contra o luto, a dor e a perda faz parte de vivermos em um mundo decaído, pecaminoso e corrupto. Inteirar-se da certeza absoluta da ressureição não chega a aliviar a dor no momento, mas nos dá força para suportá-la. É o bom resultado garantido que nos dá a fé necessária para sobreviver e vencer mesmo durante os momentos críticos em que tratamos das nossas feridas.

Se você não tem certeza sobre para onde irá na hora da morte, não deixe para tratar desse assunto mais tarde. A Bíblia diz: "Se você confessar com a sua boca que Jesus é Senhor e crer em seu coração que Deus o ressuscitou dentre os mortos, será salvo" (Romanos 10:9). Isso é tão simples e ao mesmo tempo tão profundo.

> Jesus, eu preciso de ti. Eu creio que tu morreste pelos meus pecados, que ressuscitaste, que estás vivo para todo o sempre. Eu confesso a ti como meu Senhor e Salvador. Obrigado por me salvar, me curar e me restaurar, e por me vivificar com o Senhor para sempre. Amém.

Se você tem certeza de onde vai passar a eternidade, mas o medo da morte ainda o assombra, em primeiro lugar avalie tudo o que você pode fazer para prolongar ou melhorar sua qualidade de vida, como se exercitar, controlar seus pensamentos, lidar bem com o estresse e investir em relacionamentos pessoais saudáveis. Então, passe um bom tempo lendo sobre como Jesus enfrentou a morte e o que a Bíblia diz sobre a derrota da morte; também observe como Jesus reagiu à morte do seu amigo Lázaro e o que ele disse sobre o fim, a vida e a ressurreição em João 11. Consulte ainda o tratado de Paulo sobre a morte e a ressurreição em 1Coríntios 15 e veja a descrição que ele fez da segunda vinda de Cristo em 1Tessalonicenses 4:13-18.

Um grupo de estudantes de teologia gostava de se reunir para jogar basquete no ginásio para relaxar. O zelador da escola, um homem idoso, geralmente se sentava lendo a Bíblia enquanto esperava que eles terminassem o jogo antes de fechar a escola toda noite. Uma noite os estudantes perguntaram a ele:

— O que o senhor está lendo?

— O Livro do Apocalipse — o zelador respondeu.

— Como você consegue entender o significado desse livro? — Os estudantes perguntaram. — Achamos bem difícil entender o Apocalipse mesmo com toda a nossa formação.

O velho homem não vacilou:

— Ah, eu sei o que ele significa. Significa que Jesus vencerá!

É claro que Jesus vencerá! Podemos ter certeza absoluta disso, pois a morte não conseguiu segurá-lo na sepultura e nem conseguirá segurar você desde que esteja do lado de Deus. Uma das promessas mais agradáveis da Bíblia é: "Ele enxugará dos seus olhos toda lágrima. Não haverá mais morte, nem tristeza, nem choro, nem dor, pois a antiga ordem já passou" (Apocalipse 21:4).

Mesmo se tivéssemos tudo na vida, o medo da morte seria suficiente para nos manter cativos, mas, graças a Deus, há algo além da vida. Portanto, encha seu coração com a derrota da morte por Jesus na ressurreição e com a garantia de que você também poderá viver, e deixe a presença do Senhor aumentar sua fé no final dessa batalha que certamente o medo desaparecerá, assim como os monstros no armário.

Deixe o que está em Apocalipse 22:20 ser a sua oração: "Amém. Vem, Senhor Jesus!"

VENCENDO O MEDO DA MORTE

O medo, e mais especificamente o medo da morte, é uma das armas mais fortes do inimigo contra nós; entretanto, quando desfrutamos da vitória de Cristo, nossa libertação do medo nos faz invencíveis aos ataques de Satanás. Alcançamos um lugar no qual sabemos que venceremos mesmo se formos feridos na batalha. Seja o que for que aconteça durante o resto da nossa vida terrena, o diabo já tentou de tudo conosco — e ele perdeu.

Chegar a esse local de vitória é um processo, e, nesse sentido, as batalhas menores nos preparam para as maiores. Portanto, não aceite a derrota nos desafios menores que você enfrenta e use-as como um meio para desenvolver a perspectiva, o pensamento, a vida de oração e o caráter. A fé em uma vitória garantida não nos isenta da dor no momento, mas torna possível aguentarmos e até prosperarmos até o final. O medo da morte irá embora quando você permitir que a derrota que Cristo causou à morte, sua ressurreição e sua promessa de vida eterna encham o seu coração.

Querido Senhor, o medo da morte ainda me prende e meu luto pelos entes queridos ainda dói demais. Minha batalha no momento parece insuportável, e eu preciso desesperadamente de ti, da tua presença e da tua vitória.

Mesmo passando pela perda, pela dor ou pelo medo, eu opto pela fé e acredito que tu morreste e ressuscitaste, e que está vivo para todo o sempre. Creio que a tua ressurreição derrotou a morte e que ela não tem poder sobre mim porque sou teu servo. Também creio que tu estás para voltar e que eu — junto com todos os que creem em ti — também viverei para sempre. A morte acabará, e o teu Reino jamais terá fim. Minhas lágrimas serão limpas dos meus olhos. Seja o que for que aconteça durante o resto da minha vida aqui, tenho toda a certeza de vida eterna em ti.

Neste momento, eu tomo posse da tua vitória sobre a morte. O inimigo não tem mais poder sobre mim — seja por meio da morte ou qualquer outro meio, pois o teu sangue me faz permanecer firme contigo. Também tomo posse da libertação do medo que a tua vitória me disponibiliza e reconheço a tua presença como mais forte do que a morte — agora e para sempre. Amém.

PERGUNTAS PARA MEDITAÇÃO E DISCUSSÃO

1. Qual a participação do medo da morte nas suas dificuldades? Você está tentando superar o luto de algum ente querido ou tem medo de morrer?
2. "O inimigo tentou de tudo contigo". Converse sobre o que isso significa para você.
3. Que certeza você tem da Ressurreição? O que a vitória de Jesus sobre a morte e a sua promessa de vida eterna significam para você?

CAPÍTULO 14

Estratégia cinco: envolva-se na adoração

O valor de estar na presença de Deus

O porto seguro: se você é pai ou mãe, seus braços representam esse lugar para seu filho. Quando eles se machucam, quando estão doentes, quando um cachorro late, em meio a pessoas estranhas ou quando o som do trovão os assusta, eles levantam os braços para que você os pegue ou os coloque na cama à noite. Sua presença pode fazer os monstros desaparecerem e as pessoas queridas se sentirem bem melhor, e então os ânimos acirrados se acalmam. Se isso faz muito tempo, reserve um momento para se lembrar de como era para seu filho pequeno abraçá-lo com toda a força que podia quando ele estava com medo.

Isso é exatamente o que a presença de Deus pode fazer por você. Na batalha espiritual, o único lugar seguro é os braços dele, e a adoração o único modo de chegar nesse lugar.

Chamamos corretamente o reino de Satanás de reino da escuridão, pois esse é o lugar no qual o medo e a ansiedade habitam, juntamente com todas as outras coisas dolorosas, e, como você sabe, a escuridão não se retira de alguma parte da sua vida simplesmente por tentar expulsá-la; na verdade, ela sai quando se acende a luz. Jesus se identificou como a luz do mundo (João 9:5), portanto, onde ele está, a escuridão não pode existir. Quando ele está presente, o reino da escuridão desaparece, e, quando você está na presença dele, a escuridão não tem poder sobre você. "Eu vim ao mundo como luz, para que todo aquele que crê em mim não permaneça nas trevas" (João 12:46). Sendo assim, entendemos que entrar em sua presença é acender a luz.

Provavelmente, houve momentos em que você sentiu a presença de Deus de uma maneira excepcionalmente poderosa. Sabemos que ele está conosco sempre, mas há momentos que nossa sensibilidade espiritual finalmente desperta e nos tornamos conscientes da sua presença. Não dá para viver nessa intensidade emocional continuamente, ainda que desejemos estar nesse lugar sempre, mas você pode permanecer na sua presença bem mais do que imagina. Para isso, seja como a criança que corre para os braços do pai ou da mãe e encontra consolo, segurança, cura, paz e muito mais!

Como precisamos desse porto seguro quando estamos na batalha espiritual! É isso que a adoração fará por você.

O MODO COMO A ADORAÇÃO IMPACTA A BATALHA ESPIRITUAL

Quando você percorre os Evangelhos, fica bem claro que Satanás e seus demônios não suportavam permanecer na presença de Jesus. Este nunca recuou, e os demônios tinham de bater em retirada, e se havia alarde, era da parte dos demônios, não de Jesus. Bastava ele aparecer, que tudo o que era mal tinha de sair, do mesmo modo que a escuridão deixa o lugar onde a luz aparece.

É assim que acontece também na sua vida. Se você se sentir aflito ou atormentado quanto a entrar na presença de Deus, pode ser uma prova de que o inimigo exerce um poder grande sobre você. Está na hora de pedir para que outros guerreiros espirituais orem por você, de confessar qualquer coisa que tenha permitido entrar em sua vida deixando a porta aberta para o diabo e de clamar pelo sangue de Jesus. Sua escolha de permanecer na presença de Deus, mesmo que seja difícil, será o meio para a sua libertação, portanto, fique na presença de Deus o suficiente e toda influência demoníaca terá de sair.

Espero que você fique bem à vontade na presença de Deus, uma vez que os ataques do inimigo se distanciam ao máximo nesses momentos, e o poder do mal na sua vida é quebrado. A confusão se dissipa, sua mente fica calma e a sua alma se sente completa. Até certo ponto, você perde a noção do que se passa ao seu redor, e tudo o que você vê é Jesus. Enquanto estiver nesse lugar, o inimigo não pode tocar você.

Às vezes, os momentos em que estamos na presença de Deus surgem de modo espontâneo. Como em *As crônicas de Nárnia*, Aslan pode surgir no momento em que ele quer: as vezes com um rugido, às vezes com uma voz chamando nosso nome, outras vezes no silêncio, mas não o vemos. Da nossa parte, a maneira melhor e mais consistente de entrar na presença de Deus é por meio da adoração.

A diferença entre louvor e adoração

Boa parte da música cristã contemporânea geralmente é chamada de "música de louvor e adoração", porém, louvor e adoração são, na realidade, bem diferentes. O louvor é maravilhoso, e somos incentivados a louvar ao Senhor: "Como é bom cantar louvores ao nosso Deus! Como é agradável e próprio louvá-lo!" (Salmos 147:1). Os anjos no céu louvam continuamente, e a palavra *Aleluia* na Bíblia significa "louvem ao Senhor" em todas as suas ocorrências.

A essência do louvor é divulgar como Deus é bom e grande, contar as grandes coisas que ele fez pelas outras pessoas e por você, expressar como ele venceu o reino da escuridão e proclamar as coisas boas que ele prometeu fazer para você e para todos os seus filhos. O louvor tem seu papel na batalha espiritual, e os Salmos dizem: "Altos louvores estejam em seus lábios e uma espada de dois gumes em suas mãos" (Salmos 149:6). O louvor faz parte da confissão da verdade sobre Deus e faz com que as forças do inimigo recuem, uma vez que pode animá-lo e ajudá-lo a manter o foco em Deus em vez de nos seus problemas. Não há nada de errado com o louvor, e a vida espiritual tem de incluir de forma absoluta essa dimensão vital.

A adoração, no entanto, consiste em mais do que isso. O louvor trata de contar às pessoas a respeito de Deus, ao passo que a adoração é sempre dirigida ao próprio Deus. O louvor inclui exaltar a Deus pelas suas obras poderosas e pelo seu amor, ao passo que a adoração simplesmente permanece em reverência de quem ele é. O louvor é exuberante, a adoração traz tranquilidade à alma e a tudo que há em você. O louvor pode ser feito por uma pessoa ou coletivamente; a adoração, mesmo se for feita na presença de outras pessoas, é sempre uma questão pessoal do seu coração diante de Deus. A adoração é a postura deste versículo: "Parem de lutar! Saibam que eu sou Deus! Serei exaltado entre as nações, serei exaltado na terra" (Salmos 46:10). Além disso, é na adoração que ele se manifesta.

Quando você vê Deus como ele é, não tem alternativa senão adorá-lo. Na ilha de Patmos, João recebeu a visita do Jesus glorificado que já tinha ascendido ao céu. Palavras não eram suficientes para João ao descrevê-lo: olhos como chama de fogo, a voz como o som de muitas águas, o brilho tão grande como o sol em todo o seu fulgor (Apocalipse 1:14-15). Além do mais, qual foi a reação de João? Não foi de entusiasmo, ou de dança, ou de clamor, ou mesmo de alegria. "Quando o vi, caí aos seus pés como morto" (v. 17). Isso é adoração. Esteja o corpo ajoelhado ou não, na adoração o coração está prostrado e silencioso diante dele. Não se consegue dizer nem fazer nada. A pessoa se aquieta no corpo e na alma.

Não existe lugar de maior segurança contra os ataques do inimigo. Você corre e se joga nos seus braços, e nesse lugar nada mais pode alcançar você.

Purificação e cura na adoração

Não há como passar muito tempo na presença de Deus e continuar a mesma pessoa. Certamente, os medos e as preocupações vão embora, e todos os problemas terrenos ficam bem pequenos, mas algo mais acontece: as partes do seu ser que precisam de mudança são transformadas, as que estão quebradas são curadas. "E todos nós, que com a face descoberta contemplamos a glória do Senhor, segundo a sua imagem estamos sendo transformados com glória cada vez maior, a qual vem do Senhor, que é o Espírito" (2Coríntios 3:18). Os joelhos estão se dobrando; os olhos se fechando e as mãos, se levantando, mas os olhos espirituais estão bem abertos, totalmente vidrados nele e, à medida que a presença dele o enche pelos olhos do coração, todo o seu ser é transformado.

Talvez você tente levar tudo a ferro e fogo ao tentar vencer o medo, a ansiedade ou qualquer outro pensamento ou comportamento que não se enquadre na vontade de Deus. Quase posso sentir seus músculos se contraírem e seus punhos cerrarem. Você está magoado e tenta desesperadamente juntar todos os pedacinhos do seu ser. Está tentando desesperadamente ter uma boa aparência, um bom caráter e fazer boas obras. Como você está se saindo? Está exausto e se sente inútil?

Não dá para ter um bom caráter pelo simples esforço humano, por maior que seja. Não é possível curar a si mesmo colocando curativo nas feridas, pois isso seria como limpar um balde de água suja jogando a sujeira fora gota a gota, ou seja, não vai funcionar. O único modo de encontrar a purificação, a cura e a transformação; a única esperança de se tornar puro e pleno é investir um bom tempo na presença de Deus — nesse lugar secreto de intimidade com Deus onde suas partes rachadas ou quebradas são transformadas e unidas novamente de um modo que só ele pode fazer.

> **Não dá para se ter um bom caráter pelo simples esforço humano, por maior que seja. Só é possível ser transformado voltando várias vezes para a presença de Deus e deixando que ele mude seu coração.**

Entrar na presença de Deus em adoração envolve estar disposto a ser transformado por ele nas áreas em que não consegue mudar a si mesmo. Isso pode proporcionar crescimento; a mudança pode ser incômoda, mas é a única maneira pela qual você pode se tornar a pessoa que ele o criou originalmente para ser e na qual ele prometeu transformá-lo. É o lugar onde você deseja estar por causa de quem ele é e por causa da pessoa que você se torna em virtude desse encontro.

Sujeite-se a Deus, resista ao diabo

Lembre-se de que toda essa guerra cósmica não é uma disputa de poder ou território, mas sim de lealdade, e se refere a quem você vai respeitar, honrar, acreditar, seguir, amar e adorar. Até mesmo Jesus se deparou com essa mesma tentação. Quando Satanás o tentou no deserto, ele mostrou a Jesus toda a grandeza do mundo: "Tudo isto lhe darei, se você se prostrar e me adorar" (Mateus 4:9). Mas Jesus deixou bem clara a sua lealdade: "Jesus lhe disse: 'Retire-se, Satanás! Pois está escrito: Adore o Senhor, o seu Deus, e só a ele preste culto'" (v. 10).

Você também tem de escolher a quem vai adorar, e precisa agir com base nessa escolha várias vezes. Quando entra de cabeça na adoração a Deus, você demonstra de que lado da guerra espiritual está, e, mesmo que não esteja pensando na batalha espiritual, seu ato de adoração claramente o coloca do lado de Deus. Tiago disse: "Submetam-se a Deus. Resistam ao diabo, e ele fugirá de vocês" (Tiago 4:7). Será que existe alguma maneira mais completa de se submeter a Deus do que o adorando? Quando você faz isso, está resistindo ao diabo, e ele fugirá.

Quem cativa sua atenção, o cativa como um todo. É toda pessoa com a qual você passa tempo continuamente e em quem você pensa, a quem observa, se submete, e a qual você admira e é leal. Você acaba se tornando semelhante à pessoa que adora, e esse é o modo pelo qual Deus criou a natureza humana; não há como escapar disso. Portanto, se você deseja se parecer com Deus, passe tempo com ele, contemplando sua face, admirando-o. Se sua escolha é resistir ao diabo e declarar sua lealdade para o Deus do céu, adore Jesus, lembrando que a adoração diz respeito a esquecer-se de si mesmo e preencher sua vida, sua alma e tudo o que há em você com ele.

O MODO DE ENTRAR NA ADORAÇÃO

Você pode ter se sentido várias vezes na presença de Deus enquanto está com outros cristãos na igreja ou em algum outro evento cristão. Esses são momentos incríveis, e Deus ama se manifestar quando seu povo se reúne. Existe uma força numérica na batalha espiritual, portanto, nós precisamos congregar com frequência.

No entanto, há poder em adorar quando ninguém está perto. Você não é obrigado a esperar até o próximo culto na igreja ou o próximo evento cristão para entrar na presença de Deus e sentir seu poder, sua segurança e sua cura. Boa parte, se não for a maioria, dos ataques do inimigo não ocorre enquanto você está com outros cristãos, mas sim quando você está sozinho, e essa é a razão pela qual é importante ter bons contatos e aprender como entrar na presença de Deus sempre que precisar, sem que seja necessário que haja alguém com você.

> **A pessoa que cativa sua atenção, cativa você como um todo. Você acaba se tornando semelhante àquele que adora e admira.**

Existem muitas práticas espirituais que podem ser úteis no seu crescimento espiritual: o estudo da Bíblia, a oração intercessória, ministrar aos outros nas suas necessidades, a oração de concordância; todas elas são importantes, mas estamos falando neste capítulo sobre a adoração. Isso não invalida os benefícios dessas outras práticas espirituais, mas, se você não passar tempo se desligando de todas as questões terrenas — inclusive de si mesmo — nem concentrar toda a sua alma no próprio Deus, acabará esgotado e enfraquecido na batalha espiritual.

Você já deve saber como entrar na presença de Deus por meio da adoração. Se esse for o caso, valorize e pratique isso com mais frequência; se não for, ou se você precisa de outras sugestões sobre como entrar na adoração, discutirei em seguida várias maneiras de fazer isso. Lembre-se de que a adoração é se concentrar em Deus sem dar lugar a mais nada, ou seja, é uma função espiritual mais profunda, não do intelecto, e começa com uma escolha e depois abrange suas emoções, seus sentidos físicos, seus pensamentos e todo o seu ser.

Adore com outras pessoas

Nem todas as reuniões cristãs possibilitam que a verdadeira adoração aconteça, mas algumas dão essa possibilidade. A adoração não é uma canção entoada por um grupo de artistas em um palco, mesmo que a música, as luzes e toda a atmosfera sejam maravilhosas. Os líderes cristãos que verdadeiramente entendem a adoração usam esses elementos para criar uma oportunidade na qual você possa adorar, ainda que esses elementos por si só não constituam a adoração.

A música que cria energia e entusiasmo é louvor, não adoração; o ensino inspirador da Bíblia o ajuda a crescer espiritualmente, mas não é adoração; e congregar com outros cristãos em comunhão e amor é uma parte essencial em participar do corpo de Cristo, mas não é uma adoração em si. A vida de adoração integral incluirá todas essas coisas, mas tem de haver momentos em que sua alma esteja solitária com Deus.

Você terá a plena certeza de que teve um momento de adoração quando perder o interesse no que está acontecendo ao seu redor e toda a sua concentração estiver no próprio Deus, pois, nesse momento, ele se faz mais presente para você do que as pessoas ao seu redor ou a música que está sendo tocada. Você não se lembra do que está vestindo ou do que aconteceu antes de você começar, e também não se importa nem nota o que os outros possam pensar sobre você, ou mesmo que horas são. Todo o seu ser está quieto.

A música entoada para Deus por líderes que sabem como invocar a presença de Deus pode ajudá-lo a entrar na adoração, mas isso não o dispensa da escolha que você tem de fazer. Você pode sentir um convite no seu coração para dar um passo em direção a um lugar mais profundo do que está acostumado; ouça esse convite. Quem sabe você feche os olhos, ou mesmo levante as mãos, ajoelhe-se, curve a cabeça, levante os olhos para o céu. Às vezes as lágrimas podem rolar no seu rosto. Tudo o que acontece ao seu redor vai desaparecendo à medida que os sentidos se concentram na presença de Deus. É mais do que um sentimento, ainda que sentimentos maravilhosos possam envolver sua alma, pois você está adorando a Deus, e ele é tudo o que importa.

Valorize as oportunidades de se reunir com outros cristãos em verdadeira adoração, e se a sua igreja não for um lugar que encoraje esse tipo de adoração, frequente outras reuniões cristãs, conferências ou eventos além da sua igreja local, pois isso fortalecerá seu caminhar com Deus e sua eficiência na batalha espiritual.

A adoração pessoal por meio da música

Quando estava enfrentando meus momentos mais sombrios, ouvia um CD de músicas de adoração que tinha muita importância para mim e me permitia entrar na presença de Deus na minha sala de estar. Você pode fazer o mesmo. Seja bem seletivo na música que escolher lembre-se de que está procurando músicas que acalmem sua alma e conduzam sua atenção para Deus e para sua presença. Essa é uma maneira ótima de entrar em adoração sempre que precisar, mesmo quando não houver pessoas por perto, uma vez que a própria música não é adoração, mas é um meio perfeito para ajudá-lo a entrar na presença de Deus.

Se você tiver problemas com o medo e a preocupação, pode levar algum tempo para que esses sentimentos o deixem. Coloque sua música de adoração para tocar e deixe a alma descarregar toda a agitação pela qual você está passando. Chore, ou peça, ou clame um pouco se precisar, mas permaneça o tempo suficiente para deixar sua alma se aquietar de modo que você possa adentrar a presença de Deus. Isso não quer dizer que ele não esteja presente enquanto você chora, mas geralmente não responde a sua ansiedade unindo a voz dele com todo o barulho que está em sua mente. Sendo assim, lance sua preocupação sobre Jesus e depois se acalme.

Você não entraria na presença de um rei terreno todo agitado e falando desesperadamente; da mesma forma, é muito difícil entrar na presença de Deus sem ficar quieto, e isso pode exigir um aprendizado da sua parte. Deus é grande o bastante para cuidar de todas as suas coisas — da sua dor, das suas dúvidas, da sua raiva, das suas preocupações e dos seus medos, porém, para realmente se aproximar dele, você precisa deixar tudo isso na porta quando entra na sala do trono. Precisa parar de pensar nas suas coisas e se voltar completamente a ele, pois esse é o ponto onde você renuncia a si mesmo e pula para os braços do pai.

O momento mais impactante da adoração pessoal é quando você consegue esquecer-se do relógio e dá a Deus todo o tempo que ele achar necessário. Entretanto, você não precisa esperar por um dia de folga ou por uma noite solitária para experimentar esses benefícios. Você pode colocar uma música de adoração para tocar enquanto estiver indo de carro para o trabalho; desfaça-se dos medos e das preocupações, e concentre-se na presença de Deus; e também pode esquecer-se dos problemas e entrar em adoração enquanto corta a grama ou faz o jantar. Use a música como uma ferramenta, e depois treine a mente para se concentrar em Deus sem se importar com onde você está.

A oração que escuta

Do mesmo modo que acontece quando você conversa com o cônjuge ou com o melhor amigo, existem muitos tipos de oração — de conversa com Deus — todos eles adequados, mas o tipo de oração que o traz completamente para a presença de Deus é a adoração, e a adoração é sempre quieta.

Elias estava fugindo para salvar sua vida, desanimado e esgotado. Ele acabou chegando ao deserto, no monte Horebe, onde Deus teve um encontro com ele. Houve um grande vento, depois um terremoto, depois um fogo, mas Deus não estava em nenhum deles. Quando tudo estava calmo, Deus se manifestou de forma quieta, bem baixa, "o murmúrio de uma brisa suave" (1Reis 19:12). Qual foi a reação de Elias? Ele reagiu cobrindo o rosto, aquietando-se e escutando (v. 13).

Uma das melhores maneiras de usar as Escrituras é ler uma passagem até que ela fale algo ao seu coração, depois dar uma pausa e simplesmente ter uma hora silenciosa — essa pode ser uma maneira de entrar em uma oração de adoração. Ou seu coração pode estar tão perturbado que você não consegue concentrar-se na leitura e passa somente a derramar sua aflição diante de Deus. Os ombros de Deus são grandes o bastante para carregar tudo isso, mas se lembre de permanecer em sua presença o tempo suficiente para aquietar-se. Depois de esvaziar o coração diante de Deus, fique em silêncio. Simplesmente permaneça quieto e escute, e escolha de forma consciente abrir mão das suas coisas e dirigir a atenção a ele.

Às vezes não acontecerá muita coisa, e não há problema nisso; outras vezes você sentirá a presença de Deus de forma breve e consoladora, um momento de renovação e encorajamento. Ele também pode se manifestar de um modo mais dramático e sua presença se prolongará enquanto ele cura seu coração e fala com você. Como em todo relacionamento humano, cada encontro é diferente, mas, quanto mais encontros você tiver, mais importante será a presença dele para você. A cada vez que vier, você sentirá sua presença mais facilmente, e, por fim, será capaz de sentir sua presença mesmo quando os sentimentos não estiverem impactados.

A presença de Deus na natureza

A arquitetura urbana, as distrações digitais, o ruído do comércio, das conversas, dos meios de comunicação — mesmo no seu melhor, não se comparam com a criação de Deus. Ás vezes, a melhor maneira de entrar em adoração é ir aonde se manifesta o melhor das obras de Deus. É possível que você já tenha vivido momentos como esse, quando o barulho das ondas no oceano ou a majestade das montanhas o recordou que Deus é maior do que todos os seus problemas.

Passar algum tempo meditando sobre a criação de Deus na natureza pode ser uma maneira ótima de entrar na sua presença em adoração. Lembre-se de que o segredo é aquietar a alma e voltar sua atenção a ele; nesse sentido, a natureza pode relembrá-lo do quanto ele é maior do que você e seus problemas; da atenção dele aos detalhes; de sua criatividade e seu poder; e de sua extravagância, sua alegria e seu amor. Você aprende mais sobre Deus por meio da observação das coisas que ele fez, sem contar que isso pode ajudar a acalmar sua alma e colocá-lo em um lugar onde você possa ouvir sua voz.

Faça uma caminhada à beira de um rio ou sente-se em uma praia e deixe as ondas lavarem a alma. Saia à noite e olhe para as estrelas — realmente observe. Escute seu poder no relâmpago e no trovão e observe sua glória no nascer ou no pôr do sol. Até mesmo uma flor delicada ou o canto de um pássaro pode lembrá-lo de quem realmente está à frente de tudo isso. Se ele criou e cuida das aves, será que ele não fará o mesmo por você? (ver Mateus 6:26).

Encontrando a presença de Deus

No momento em que você estiver preocupado, confuso, com medo, sobrecarregado ou com dor, corra para a presença de Deus; em outras palavras, seja como a criança que corre para o braço do pai ou da mãe, abraça bem forte e não larga mais. Não fique remoendo sua aflição, até porque não há nenhum porto seguro igual à presença de Deus, onde nenhum mal pode atingi-lo.

Não se esqueça de voltar várias vezes. Todas as outras passagens da Bíblia continuam sendo verdadeiras; estamos em território inimigo, e neste mundo teremos problemas, mas na sua presença podemos encontrar a verdadeira alegria, a segurança real, a libertação legítima e a transformação autêntica. É isso que a adoração fará por você.

A ADORAÇÃO

A presença de Deus é um lugar seguro contra os ataques do inimigo, uma vez que o reino da escuridão não pode permanecer diante da presença de Deus. Deus pode se manifestar e realmente o fará sempre quando quiser, mas o modo mais seguro de entrar na sua presença é por meio da adoração. Adorar é afastar-se conscientemente de tudo, inclusive dos problemas e da atividade do inimigo, e concentrar-se totalmente em Deus. Indo além do louvor, a adoração aquieta a alma, traz a cura e a obra transformadora de Deus para sua vida, e é uma maneira poderosa de resistir ao diabo.

Você pode entrar voluntariamente na adoração tanto na companhia de outras pessoas quanto de forma solitária. Nos ambientes coletivos, esteja atento ao convite no seu coração rumo a uma maior profundidade, esqueça-se do que está ao redor e veja o próprio Deus. Quando estiver sozinho, você também pode entrar na adoração por meio de uma música que ajude a aquietar a alma e a concentrar-se nele, por meio da oração que escuta e da dedicação de algum tempo com a criação de Deus na natureza.

Querido Deus, eu escolho entrar na tua presença, pois tu és maior do que os meus problemas. Na tua presença, o inimigo não tem poder, e na tua presença estou livre dos ataques do mal. Eu venho a ti como uma criança que corre para os braços do pai ou da mãe que ama. Preciso da tua proteção, do teu consolo, da tua cura, da tua purificação, da tua transformação. Preciso de ti!

Escolho tirar a atenção de tudo ao meu redor e olhar somente a ti. Trago todas as minhas mágoas, as minhas necessidades, o meu quebrantamento, as minhas batalhas, e as abandono na porta da tua presença. Escolho aquietar minha alma de todo o ruído e toda a agitação, e estar quieto na tua presença. Afasto o olhar de mim mesmo e fixo os meus olhos em ti, na tua face.

E agora, enquanto estou ainda na tua presença, peço que fales comigo. Fala no meu coração o que eu preciso. Estou simplesmente aqui, esperando em ti. Amém.

PERGUNTAS PARA MEDITAÇÃO E DISCUSSÃO

1. Em que momento você sentiu a presença de Deus de forma extraordinária? Qual era o cenário? De que modo você foi transformado depois dessa experiência?
2. O que a palavra adoração significa para você? Consegue descrever a qualidade essencial da adoração que a diferencia do louvor ou das outras práticas espirituais?
3. Fale sobre o que você pode fazer esta semana para entrar na presença de Deus por meio da adoração.

CAPÍTULO 15

Estratégia seis: ande em vitória

Aplicando de modo consistente a obra final de Cristo à sua vida

Sou uma profissional. No trabalho que faço como médica, prescrevo receitas e faço partos; realizo cirurgias e dou instruções aos outros membros da equipe de assistência médica. As pessoas esperam que eu dê uma assistência de alta qualidade para meus pacientes usando as melhores informações disponíveis, e essas expectativas são as mesmas independente de como eu me sinta a cada dia. Não posso terminar uma cirurgia de um modo menos habilidoso simplesmente porque estou cansada, chateada com um e-mail desagradável ou ansiosa para ir a uma festa de aniversário de um dos meus netos.

Escrever receitas, fazer cirurgias e dar ordens médicas não fazem de mim uma médica; se eu tentasse fazer essas coisas sem o treinamento, nem a experiência, nem as credenciais adequadas, eu seria levada para a prisão. Eu faço essas coisas porque eu *sou* uma médica e porque eu *sou* uma profissional. Isso é o que os médicos profissionais fazem. Meu comportamento flui de quem eu sou. Na verdade, eu não tenho muita escolha nessa questão. Ou eu sou uma médica, ou não.

Será que faço essas coisas com perfeição o tempo todo? Claro que não! Mas sou responsável por me empenhar ao máximo toda vez que interajo com um paciente ou com outro profissional da área da saúde. Eu não tento fazer nada; simplesmente faço. Eu também sou responsável por cuidar de mim mesma o suficiente para que eu possa fazer o meu melhor e continuar a aprender, de modo que eu permaneça na linha de frente da minha profissão.

Você também é um profissional. Se é cristão, se aceitou Jesus como Senhor e Salvador e escolheu fazer parte do Reino de Deus, você é um profissional. Você pode não se sentir assim a maior parte do tempo, mas é, e não recebe um passe livre nos dias que não tem vontade. Quem sabe você não faça tudo "certo" o tempo todo, mas ou é cristão, ou não, e é nisso que você foi alistado quando se apresentou a Jesus.

É semelhante ao casamento ou à gravidez. Ou você está grávida, ou não está; ou você está casado ou não está. Você não pode estar ligeiramente grávida nem um pouquinho casado, assim como também não pode ser um pouquinho cristão.

Então, o que significa ser cristão? Do mesmo modo que os médicos prescrevem receitas, fazem cirurgias e dão ordens médicas, existem algumas coisas que os cristãos fazem. Alguns cristãos têm mais experiência do que os outros em algumas coisas, e alguns se especializam em algumas áreas mais do que em outras, mas existem coisas que eles fazem simplesmente por serem cristãos:

- Deixar a velha vida de pecado para trás (Romanos 6:1-4).
- Crescer para ser cada vez mais como Jesus (Romanos 8:29; 2Coríntios 3:18).
- Vencer Satanás e o reino da escuridão (Apocalipse 12:11).
- Andar em uma nova vida de vitória em Cristo (Romanos 8:4; Efésios 5:8).
- Esperar com vontade pela expressão final do Reino de Deus quando ele fizer novas todas as coisas (Hebreus 12:1-2; Apocalipse 21:1).

Existem algumas coisas que você simplesmente faz por ser cristão. Permanecer como vencedor contra o reino das trevas é uma delas.

Os cristãos não fazem essas coisas perfeitamente o tempo todo, e certamente, esse é o meu caso e também o seu. Mas fazer essas coisas não o transforma em um cristão; é pelo fato de ser cristão que você faz todas essas coisas, por causa de quem você é e por causa de quem você deseja ser.

Esse é um privilégio incrível! A batalha espiritual não é uma questão de reunir coragem suficiente para enfrentar o diabo ou lançar nervosamente qualquer arma espiritual ao seu alcance para se defender de um ataque. Jesus simplesmente era, e ser quem ele era tanto provocava oposição quanto demonstrava sua vitória. Você também simplesmente é cristão, e toda a batalha — e, de forma mais importante, a vitória — decorre disso.

Portanto, vamos observar como é *ser* um cristão e como você pode manter-se firme nessa vitória.

PERMANECER FIRME NA VITÓRIA

A palavra *permanecer* é importante. Quando se pensa em batalha espiritual, deve-se pensar geralmente em Efésios 6, quando Paulo fala sobre colocar a armadura de Deus. Bem no começo dessa passagem, ele fala sobre permanecer: "Por isso, vistam toda a armadura de Deus, para que possam resistir no dia mau e *permanecer inabaláveis*, depois de terem feito tudo. Assim, *mantenham-se firmes* [...]" (Efésios 6:13-14, grifos nossos). O verbo grego usado aqui às vezes é traduzido como "ser" e significa manter a posição de modo consistente, colocado firmemente em um lugar inabalável para algum propósito.[1] Esse é o lugar da vitória.

Você não é obrigado a sair e fazer algo específico para provar que é vencedor, pois, quando nasceu de novo, passou a ser um vencedor (Apocalipse 12:11). Em Cristo, você é uma nova criatura e participa da vida nova da ressurreição de Cristo (2Coríntios 5:17). Nele você é aquele que vence pela superação e participa da vitória dele sobre o mal. Seu papel é só perceber isso e permanecer firme. Sair para lutar com o diabo não faz de você um vencedor, do mesmo modo que eu prescrever uma receita não me faz uma médica. A vitória sobre o diabo decorre de ser um vencedor.

Espero que essa verdade queime na sua alma como uma marca feita em brasa, pois todas as coisas que você faz como cristão, especialmente as estratégias de batalha espiritual que discutimos neste livro, se tornarão vazias e ineficazes se você simplesmente aplicá-las como técnicas. Se, por outro lado, você as utilizar a partir de uma convicção profunda de quem você é em Cristo, da sua nova natureza como cristão, elas fluirão de um modo natural e poderoso da sua vida como parte do rio de água viva que o Senhor prometeu (João 7:38).

Na batalha espiritual, isso significa que você precisa priorizar seu tempo e sua energia investindo no seu caráter. A leitura da Bíblia, a frequência à igreja, a oração diária, o contato com outros cristãos, falar a verdade e clamar pelo sangue de Jesus são mais eficazes se você assumir e reforçar sua posição como parte do Reino de Deus do que qualquer outro apelo exterior. As técnicas e as estratégias exteriores podem parecer diferentes com o passar do tempo e a cada situação, mas a sua posição por ser cristão nunca muda; sendo assim, quando você investe no caráter cristão desse modo, se envolve na batalha espiritual.

Isso também significa que você não deve aceitar a derrota. Sempre que a mente quiser se concentrar nos problemas, simplesmente a traga de volta à firmeza na vitória de Cristo. Sempre que acontecer algo que tenha gosto de derrota — uma doença, um problema financeiro, uma emoção negativa insuportável, um pecado —, você deve se recusar a permitir que isso defina seu ser e encarar a situação de forma honesta (voltando ao paradoxo Stockdale); depois, volte sua atenção ao seu líder Jesus, em cuja vitória permanece.

Sua definição de vitória não será a mesma do mundo, uma vez que você não está se exaltando sobre os outros, mas sim os servindo. Possivelmente você continue a passar por desafios emocionais, físicos, materiais ou de relacionamento; é o fogo cruzado pelo qual passamos por viver nesse mundo pecaminoso até o momento em que Cristo voltar. Mas nenhuma dessas coisas o afetam (Atos 20:24), e você simplesmente permanece onde está como vencedor, confiante na vitória final.

Haverá coisas que você fará por causa desse novo caráter, visto que permanecer não é algo passivo. Você está em uma missão aqui na terra, e as disciplinas espirituais farão parte dela para permanecer conectado com Deus e com seu povo, expressando o amor de Cristo a quem ele enviar e levando o reino da escuridão a recuar por meio da declaração do nome de Jesus quando enfrentar o mal. Tudo isso fluirá do seu interior, de um coração que está sendo transformado por causa do investimento de tempo na presença de Deus, pois seu comportamento espiritual vem de quem você é por dentro.

PREENCHENDO OS LUGARES VAZIOS

"A natureza abomina o vácuo" não é somente uma frase feita da filosofia; ela é verdadeira tanto na natureza como na vida. Quando algo sai da sua vida, outra coisa ocupa o lugar, e isso é verdadeiro quanto aos pensamentos, o tempo, a atenção e os relacionamentos. Quando a coisa que sai estava ocupando uma parte grande da sua vida, como ir à escola, cuidar dos filhos, alguma carreira ou um casamento, pode haver alguma sensação de desconforto até que esse lugar da sua vida seja preenchido novamente. Essa é uma grande razão pela qual o divórcio, a aposentadoria ou mesmo a habitação vazia geralmente são tão traumáticos.

Como sua vida seria se você não tivesse mais medo de nada? O que você faria com sua vida se não estivesse ansioso? Por que não começar a viver desse modo hoje?

Quando algo doentio, ímpio ou até ruim deixa sua vida, você pode ter uma sensação tremenda de alívio, tendo em vista que seu medo se foi e você não precisa se retorcer de dor. Suas correntes se quebraram e agora você respira livremente. Aleluia! Mas esse espaço na sua vida precisa ser preenchido novamente, ou outras pessoas — inclusive o inimigo — o preencherá para você. Jesus falou sobre o que acontece quando um espírito maligno deixa a vida de uma pessoa. Se o espaço ocupado por esse espírito é deixado vazio, o inimigo voltará e o encherá com mais espíritos malignos ainda, e "o estado final daquele homem torna-se pior do que o primeiro" (Mateus 12:45).

Você precisa querer preencher o espaço que o medo, a ansiedade ou qualquer outra coisa que não agradava a Deus estava ocupando e tem uma escolha bem importante aqui sobre como sua vida será de agora em diante. Quando você se acostuma a ser escravo, pode levar algum tempo e esforço para aprender como viver como uma pessoa livre. Você pode ter odiado o medo, a ansiedade e os transtornos de causa psicológica ou outras causas, mas essa situação era tudo o que você vivia, e isso se tornou confortável de alguma maneira. Você tinha um culpado pela maneira como passava o tempo, pela sua incapacidade de dar às pessoas o que elas precisavam e pelo seu fracasso em alcançar algo significativo para o Reino de Deus, mas agora isso já foi embora e está na hora de escolher o que colocar no lugar.

E se você não tivesse medo de mais nada? Como sua mente veria os problemas? Sobre o que você pensaria? Como se relacionaria com as pessoas que não se parecem muito com você? Que riscos você assumiria nos relacionamentos, nos negócios, ou no ministério? O que poderia começar a fazer para alcançar a missão que Deus lhe deu do melhor modo como você a entende?

E se você não tivesse mais ansiedade? No que sua mente se concentraria, ou ruminaria, ou imaginaria? Em que o dia seria diferente — como passaria seu tempo e como seria ir para cama à noite? Que tipo de energia adicional você teria e como você poderia investi-la? Em que atividades você se envolveria para o benefício das pessoas?

Deus não apenas o libertou *da* escravidão, *do* medo e *da* ansiedade e *de* tudo o mais que o inimigo trouxe contra você, como também o libertou *para* alguma coisa. Ele não criou você e eu para simplesmente existir no próprio conforto e para o próprio prazer; em outras palavras, há algo maior para o qual ele o criou e para o qual ele o libertou. "Porque somos criação de Deus realizada em Cristo Jesus para fazermos boas obras, as quais Deus preparou de antemão para que nós as praticássemos" (Efésios 2:10).

O que seu medo ou sua ansiedade ou qualquer outra escravidão está impedindo que você faça? Que parte você conhece neste instante do propósito para o qual Deus o colocou neste planeta? Você pode se sentir como se não soubesse muito sobre qual é esse propósito, então, comece a avançar em pequenos passos em qualquer área que conheça, pois, enquanto avança, Deus esclarecerá um pouco mais do seu propósito para a sua vida. Ele não mostra toda a jornada diante de você de uma vez; ele geralmente lhe faz dar alguns passos e, quando você é obediente nas coisas pequenas, ele esclarece mais coisas para você.

> **Deus não o libertou somente para tirá-lo do reino da escuridão, mas também para um propósito, portanto, comece a tomar essa direção agora!**

Não cometa o erro de pensar que o propósito de Deus é limitado a algo grande ou separado da sua personalidade, das suas habilidades ou das suas paixões; simplesmente comece de onde está, talvez com algumas coisas parecidas com estas:

- Dê um sorriso ou um abraço em alguém que está sofrendo.
- Seja uma pessoa presente — realmente presente — para seus filhos.
- Conte sua história de vitória para alguém que está passando por um conflito similar ao seu.
- Escreva uma postagem incentivadora no Facebook sobre algo que Deus fez por você.
- Ofereça-se para um desafio maior no trabalho, e esforce-se ao máximo.
- Observe alguém que está interessado no que você pode ensinar — um colega, um adolescente, alguém desempregado — e invista nele.
- Crie um produto que ajude as pessoas e comece a vendê-lo.

Deus lhe dará oportunidades para usar o que ele tem dado a você — na família, na igreja, na vocação ou no mundo —, basta que você dê um passo à frente e comece a doar a si mesmo. Seu propósito não é algo que Deus derrama em você em um momento dramático; é mais o que você descobre e desenvolve enquanto você e Deus trabalham juntos, e está sempre ligado com alguém ou com alguma causa que seja maior do que você mesmo. Pode ser a família, os colegas, os alunos, os empregados ou a família da igreja; ou pode ser um grupo maior cuja dor você sinta.

QUANDO VOCÊ SE SENTE FALHANDO NOVAMENTE

Seria bom se sua vitória sobre o medo, a ansiedade ou qualquer um dos ataques do inimigo fosse um momento único e que nunca mais tivesse de enfrentar esses desafios, mas as coisas geralmente não funcionam dessa maneira. Já existem coisas suficientes nesse nosso mundo pecaminoso para levá-lo à ansiedade e ao medo na maior parte do tempo, e as vulnerabilidades do seu corpo, seus hábitos mentais, sua personalidade, as cicatrizes que você leva da batalha espiritual, tudo isso pode aparentemente atormentá-lo especialmente quando você estiver cansado ou sozinho. O inimigo gosta de iniciar mais ataques se ele achar que tem alguma chance de sucesso — ou simplesmente para incomodá-lo.

Certamente haverá momentos no futuro em que sentirá que falhou novamente. Você terá algum momento de medo ou ansiedade e se perguntará se toda a sua vitória não foi uma farsa, e também será tentado a questionar se realmente ganhou alguma batalha espiritual verdadeira e se até vale a pena esperar pela vitória.

Não acredite nessas mentiras. Às vezes a mente tenta desconsiderar o processo pelo qual você passou porque o desafio no momento parece insuportável. Do mesmo modo, o inimigo fará tudo o que puder para tirar a sua atenção da vitória de Cristo fazê-lo se concentrar nas suas fragilidades e nos seus "fracassos". Você será tentado a fazer de tudo, exceto permanecer, mas esses pensamentos, sejam da sua cabeça, sejam vindos do inimigo, são apenas mentiras. Esse é o momento em que você precisa ficar mais firme do que nunca, é o momento em que você recorre às estratégias que aprendeu sobre a batalha espiritual e as usa novamente.

Você não fracassou só por conta do sentimento momentâneo parecido com o que o estava mantendo em escravidão no passado, até porque agora você tem opção sobre de que modo reagirá a esses sentimentos. Certamente você poderia admitir a derrota, encolher-se na sua prisão e sentar-se lá com pena de si mesmo, pensando: "Essa história de batalha espiritual não funciona. Não há esperança para mim". Ou pode negar-se a deixar que os pensamentos e os sentimentos negativos dominem você. Você pode escolher se lembrar da liberdade a qual teve acesso em Cristo e concentrar-se em dar o próximo passo da maneira correta.

Veja algumas perguntas rápidas para ajudá-lo a avaliar o que pode estar acontecendo quando você se sente atacado e mais uma vez precisa permanecer firme na vitória de Cristo:

- Existe algum lugar onde eu permiti que o inimigo tivesse acesso a minha vida recentemente?
- Que pensamentos e sentimentos se passam em minha cabeça? Será que eles são fundados nas mentiras do inimigo ou na realidade — inclusive na Palavra do Senhor?
- Estou fazendo todo o possível para manter o contato com os irmãos na fé de um modo saudável?
- Sobre qual verdade eu posso falar neste momento? Por que situação ou pessoa preciso pedir para ser coberto pelo sangue de Jesus neste momento?
- Do que eu tenho medo? O que Deus tem a dizer sobre esse medo?
- Tenho corrido para a presença de Deus recentemente em adoração? Como posso fazer isso neste instante?

Passar por essas perguntas não precisa levar muito tempo, e você pode fazer isso em poucos minutos, certamente durante uma hora silenciosa com o Senhor pela manhã ou antes de dormir. Esse hábito simples pode chamar sua atenção de volta, e, claro, o ajudará a ver em qual área você precisará prestar atenção da próxima vez. Orar em espírito nesses momentos é uma maneira ótima de conectar seu espírito com o céu novamente, lembrando que se sentir um fracassado não significa que você perdeu; esse é o momento exato para ir além dos sentimentos e manter a posição participando da vitória de Cristo.

A MAIOR PROVA A FAVOR DO REINO DE DEUS

Você mesmo é uma arma, e, pela sua existência como vencedor em Cristo, você é uma arma da batalha espiritual. Além da morte e da ressurreição de Jesus, sua decisão de participar do Reino de Deus em vez do reino da escuridão é a derrota mais importante do inimigo. Nessa batalha pela sua lealdade, sua posição ao lado de Deus é a prova de que Jesus venceu.

Além disso, quanto mais tempo você permanece no Reino de Deus e quanto mais firme e decidido você fica, mais forte essa prova se torna, e quanto mais seu caráter se assemelha ao de Cristo, quanto mais você se recusa a acreditar nas mentiras do inimigo ou a permitir que seus ataques o derrubem, e quanto mais permite que o Espírito Santo o transforme em todo o seu ser — espírito, alma e corpo — na pessoa que Deus o criou para ser, mais eficiente você será como um agente, demonstrando a verdade da vitória de Jesus sobre o mal.

A maior prova de todas de que Deus existe, de que ele é quem disse ser, de que Satanás foi derrotado e de que Jesus venceu é quem você é como cristão, vencedor em Cristo. Você, como um seguidor de Jesus regenerado e vitorioso, também é a propaganda mais eficiente a favor do Reino de Deus, uma vez que as pessoas o verão e acreditarão que Deus pode fazer a mesma coisa por elas. Sua vida como vencedor as ajudará a também serem vencedores, e isso ampliará o Reino de Deus e ajudará outras pessoas a saírem do reino da escuridão — esse é o momento em que você se torna extremamente perigoso para o inimigo.

> **Você — sua existência como cristão vencedor sendo transformado à semelhança de Cristo — é a melhor prova de que Deus existe, de que ele é quem ele disse ser e que ele foi vitorioso sobre o reino da escuridão.**

"Foi para a liberdade que Cristo nos libertou, portanto, permaneçam firmes e não se deixem submeter novamente a um jugo de escravidão" (Gálatas 5:1). Jesus teve a vitória completa sobre o pecado, então, que tal se apropriar da vitória que ele ofereceu? Que tal permanecer firme nessa vitória como cristão?

Os outros estão olhando, o universo também, e Deus precisa de você. Nós também, portanto, não nos decepcione!

VIVA EM VITÓRIA

Vencer o medo e a ansiedade e tudo o mais que vier do inimigo não acontece de uma só vez. Por ser seguidor de Jesus, você é um vencedor, e parte da sua nova natureza como cristão é que você permanece firme contra o inimigo diante de tudo que ele investe contra você. Os ataques futuros não significam fracasso, e você pode enfrentá-los com a mesma certeza de vitória.

Não foi só *do* mal que Jesus o libertou; ele também o libertou *para* um propósito específico. No processo de desfrutar da liberdade do medo e da ansiedade, você precisará preencher as lacunas que essas coisas deixaram na sua vida dirigindo-se rumo ao propósito que Deus tem para você. À medida que você dá pequenos passos à frente, Deus esclarecerá que passos terá de dar em seguida.

Sua existência como cristão vencedor que está sendo transformado à semelhança de Jesus é a maior prova — e a maior propaganda — do Reino de Deus.

Querido Senhor, eu escolho continuar firme na liberdade que tu disponibilizaste para mim. Recuso-me a aceitar a derrota em qualquer ataque que o inimigo intentar contra mim, sabendo que tu tens me dado tudo de que preciso para viver em vitória. Quando sou tentado a acreditar nos meus sentimentos ou nas circunstâncias externas que parecem demonstrar minha derrota, eu escolho acreditar que, como teu seguidor, sou um vencedor. Aceito toda a vida vitoriosa que tens para mim aqui e agora, e mal posso esperar pela vitória final, o momento em que o mal será completamente eliminado quando tu fizeres novas todas as coisas.

Creio que tu me libertaste com um propósito, então, escolho seguir adiante nesse propósito com o melhor que sei sobre ele e peço que esclareças os próximos passos para mim. Também escolho manter toda a minha atenção em ti e o agradeço pela vida que disponibilizaste para mim e para a qual tu me chamas. Faço parte do teu Reino para sempre. Amém.

PERGUNTAS PARA MEDITAÇÃO E DISCUSSÃO

1. O que o conceito de "profissional" tem a dizer sobre ser cristão? O que o cristão faz simplesmente por ser quem ele é e em virtude da pessoa que ele está se tornando?
2. O medo, a ansiedade ou outro transtorno ocupou um espaço determinado na sua vida. O que você fará para preencher esse espaço agora?
3. Que hábitos você planeja incorporar em sua vida espiritual diária que o ajudarão a permanecer firme contra tudo que o inimigo investir contra você?
4. Que tipo de propaganda para o Reino de Deus você quer ser?

NOTAS

AGRADECIMENTOS

1. PETERS-TANKSLEY, Carol. *Decreasing Anxiety Through Training in Spiritual Warfare* [Minimizando a ansiedade por meio do treinamento de batalha espiritual]. tese de doutorado em ministério, Oral Roberts University, 2009.

INTRODUÇÃO

1. STOCKDALE, Jim; STOCKDALE, Sybil. *In Love and War* [No amor e na guerra]. Nova York: Harper and Row, 1984. "Vice Admiral James B. Stockdale". United States Naval Academy. Disponível em: <http://usna.edu/Ethics/bios/stockdale.php>. Acesso em: 19 dez. 2016.
2. COLLINS, Jim. *De bom a excelente*. Alfragide: Casa das Letras, 2007.
3. Ibid.
4. Ibid.
5. Ibid.

CAPÍTULO 1. O QUE HÁ DE ERRADO COMIGO?

1. KROENKE, Kurt et al. Anxiety Disorders in Primary Care: Prevalence, Impairment, Comorbity, and Detection. [Transtornos de ansiedade na atenção primária: prevalência, comprometimento, comorbidade e detecção]. *Annals of Internal Medicine* 146, n. 5, março de 2007, p. 317-325.
2. KESSLER, Ronald et al. Prevalence, Severity and Comorbidity of Twelve Month DSM-IV Disorders in the National Comorbidity Survey Replication (NCS-R)". ["Prevalência, gravidade e comorbidade de distúrbios baseado no DSM-IV de doze meses na replicação nacional de pesquisa de comorbidades (NCS-R)] *Archives of General Psychiatry* 62, n. 6, junho de 2005, p. 617-627.
3. SONI, Anita. *Anxiety and Mood Disorders*: Use and Expenditures for Adults 18 and Older [Ansiedade e transtornos do humor: uso e gastos para adultos com 18 anos ou mais], U.S. Civilian Noninstitutionalized Population,

2007, Statistical Brief #303. *Agency for Healthcare Research and Quality*, dezembro de 2010. Disponível em: <https://meps.ahrq.gov/data_files/publications/st303/stat303.pdf>. Acesso em: 12 jan. 2017,
4. HANNA, Fred J.; RITCHIE, Martin H. Seeking the Active Ingredients of Psychotherapeutic Change: Within and Outside the Context of Therapy. [Buscando os ingredientes ativos da mudança psicoterapêutica: dentro e fora do contexto da terapia]. *Professional Psychology*: Research and Practice 26, n. 2, abril de 1995, p. 180.

CAPÍTULO 2. CAUSAS FÍSICAS DO MEDO E DA ANSIEDADE

1. SELYE, Hans. Stress and the General Adaptation Syndrome [O estresse e a síndrome da adaptação geral], *British Medical Journal* 1, n. 4667, junho de 1950, p. 1383-1392.
2. WASZCZUK, M. A.; ZAVOS, M. S.; ELEY, T. C. Genetic and Environmental Influences on Relationship between Anxiety Subscales in Children [As influências genéticas e ambientais sobre o relacionamento entre as subescalas de ansiedade nas crianças]. *Journal of Anxiety Disorders* 27, n. 5, junho de 2013, p. 475-484.
3. BLUMENTHAL, James A.; SMITH, Patrick J. Risk Factors: Anxiety and Risk of Cardiac Events [Fatores de risco: a ansiedade e o risco de problemas cardíacos]. *Nature Reviews Cardiology* 7, n. 11, novembro de 2010, p. 606-608.
4. Statistics About Diabetes [Estatística sobre o diabetes], American Diabetes Association, atualizado em 12 de dezembro de 2016. Disponível em: <http://www.diabetes.org/diabetes-basics/statistics/?referrer=https:/www.google.com/>. Acesso em: 19 dez. 2016.

CAPÍTULO 3. SITUAÇÕES QUE CAUSAM MEDO E ANSIEDADE

1. FEDER, Adriana et al., Posttraumatic Growth in Former Vietnam Prisioners of War [Crescimento pós-traumático em ex-prisioneiros da Guerra do Vietnã], *Psychiatry* 71, n. 4, 2008, p. 359-370.
2. LOUDENCACK, Jeremy. The "Silent Epidemic" of Child Trauma [A "epidemia silenciosa" do trauma infantil], *The Chronicle of Social Change*, 24 de março de 2016. Disponível em: <https://chronicleofsocialchange.org/los-angeles/child-trauma-as-a-silent-epidemic/16869>. Acesso em: 19 dez. 2016.
3. TAKIZAWA, R.; MAUGHAN, B.; ARSENEAULY, L., Adult Health Outcomes of Childhood Bullying Victimization: Evidence From a Five-Decade Longitudinal British Birth Cohort [Vitimização da agressão infantil e o resultado

na saúde de adultos: as provas de cinco décadas da corte longitudinal britânica], *American Journal of Psychiatry* 171, n. 7, julho de 2014, p. 777-784.
4. Encontre mais informações em <http://www.grupocasulo.org/> ou em outro grupo de apoio ao luto.
5. Para consultar um resumo representativo, veja ANO, Gene G.; VASCONCELLES, Erin B. Religious Coping and Psychological Adjustment to Stress: A Meta-Analysis [O tratamento religioso e o ajuste psicológico ao estresse: uma meta-análise], *Journal of Clinical Psychology* 61, n. 4, abril de 2005, p. 461-480.

CAPÍTULO 5. O PAPEL DO ESTILO DE VIDA

1. Descubra o índice glicêmico dos alimentos em: <www.glicemicindex.com>.
2. Encontre mais informações em: <www.juiceplus.com>.
3. American Psychological Association Survey Shows Money Stress Weighing on Americans' Health Nationwide [A pesquisa da Associação Psicológica Americana aponta o estresse que pesa sobre a saúde dos norte-americanos por todo o país]. *American Psychological Association*, comunicado de imprensa, 4 de fevereiro de 2015. Disponível em: <http://www.apa.org/news/press/releases/2015/02/money-stress.aspx>. Acesso em: 13 jan. 2017.

CAPÍTULO 7. "NÃO ANDE[ ]ANSIOSOS POR COISA ALGUMA"

1. PARGAMENT, Kenneth et al. Religion and the Problem-Solving Process: Three Styles of Coping [A religião e o processo de solução de problemas: três estilos de abordagem], *Journal for the Scientific Study of Religion* 27, n. 1, mar. 1988, p. 99.
2. Blue Letter Bible, s.v. "epiriptō", Etta B. Disponível em: <https://www.blueletterbible.org/lang/lexicon/lexicon.cfm?Strongs=G1977&t=KJV>. Acesso em: 9 fev. 2017.

CAPÍTULO 8. "NÃO TENHA MEDO"

1. Etta B. Degering, *My Bible Friends Book Two* [Meus amigos da Bíblia, livro dois]. Mountain View: Pacific Press Publishing Association, 1977.
2. *American Heritage Dictionary of the English Language*, 5. ed., s.v. "strong nuclear force". Disponível em: <http://www.thefreedictionary.com/strong+nuclear+force>. Acesso em: 13 jan. 2017.

3. SILTON, N. R. Beliefs About God and Mental Health Among American Adults [A crença em Deus e a saúde mental entre os norte-americanos adultos], *Journal of Religion and Health* 53, n. 5, outubro de 2014, p. 1285-1296.
4. SONG, M.; GIOVANUCCI, E. Preventable Incidence and Mortality of Carcinoma Associated With Lifestyle Factors Among White Adults in the United States [A incidência evitável e a mortalidade do carcinoma associado com fatores do estilo de vida entre adultos de cor branca nos Estados Unidos], *JAMA Oncology* 2, n. 9, setembro de 2016, p. 1154-1161.

CAPÍTULO 9. COMO JESUS TRATOU O MEDO

1. JOSEFO, Flávio. *História dos Hebreus*, Parte I — Antiguidades Judaicas, Oitavo livro, Capítulo 2. Rio de Janeiro: CPAD, 2001.
2. C. S. Lewis, *Carta de um diabo ao seu aprendiz*. Rio de Janeiro: Thomas Nelson Brasil, 2017.
3. PETERS-TANKLEY. *Decreasing Anxiety Through Training in Spiritual Warfare*.
4. *Castelo Forte*, de Martinho Lutero, versão de J. Eduardo Von Hale. Domínio Público.
5. BOYD, Gregory. *God at War*: The Bible and Spiritual Conflict [Deus em Guerra: a Bíblia e o conflito espiritual]. Downers Grove: Inter-Varsity, 1997, p. 186, grifos no original.
6. Blue Letter Bible, s.v. *"exousia"*. Disponível em: <https://www.blueletterbible.org/lang/lexicon/lexicon.cfm?Strongs=G1849&t=KJV>. Acesso em: 9 fev. 2017.

CAPÍTULO 10. ESTRATÉGIA UM: GUARDE SEU CORAÇÃO

1. *The 9/11 Comission Report: Executive Summary* [Relatório da Comissão sobre o 11 de setembro: sumário executivo], National Commission on Terrorist Attacks Upon the United States, agosto de 2004. Disponível em: <http://govinfo.library.unt.edu/911/Report_Exec.htm>. Acesso em: 22 dez. 2016.
2. LARSEN, B. A. et al. The Immediate and Delayed Cardiovascular Benefits of Forgiving [Os benefícios imediatos e cardiovasculares do perdão], *Psychosomatic Medicine* 74, n. 7, 20 de julho de 2012, p. 745-750.
3. TOUSSAINT, L. L.; OWEN, A. D.; CHEADLE, A. Forgive to Live: Forgiveness, Health, and Longevity [Perdoe para viver: perdão, saúde e longevidade], *Journal of Behavioral Medicine* 35, n. 4, agosto de 2012, p. 375-386.

4. REED, C. L.; ENRIGHT, R. D. The Effects of Forgiveness Therapy on Depression, Anxiety, and Posttraumatic Stress for Women After Spousal Emotional Abuse [Os efeitos da terapia do perdão sobre a depressão, a ansiedade e o estresse pós-traumático das mulheres depois do abuso emocional conjugal], *Journal of Consulting and Clinical Psychology* 74, n. 5, 2006, p. 920-929.
5. Corrie ten Boom, I'm Still Learning to Forgive [Ainda estou aprendendo a perdoar], *Guidepost*, novembro de 1972.

CAPÍTULO 11. ESTRATÉGIA DOIS: NÃO SE ISOLE

1. PARGAMENT, Kargament et al. Patterns of Positive and Negative Religious Coping With Major Life Stressors [Padrões positivos e negativos da religião no convívio com os fatores estressantes principais], *Journal for the Scientific Study of Religion* 37, n. 4, abril de 1998, p. 710-724.

CAPÍTULO 12. ESTRATÉGIA TRÊS: FALE!

1. MACLEOD, Colin et al. The Production Effect: Delineation of a Phenomenon [O efeito da produção: a definição de um fenômeno], *Journal of Experimental Psychology: Learning, Memory and Cognition* 36, n. 3, maio de 2010, p. 671-685.

CAPÍTULO 13. ESTRATÉGIA QUATRO: NÃO TENHA MEDO

1. TERTULIANO. *Apologia*, capítulo 50. Disponível em: <http://www.tertullian.org/brazilian/apologia.html>.

CAPÍTULO 15. ESTRATÉGIA SEIS: ANDE EM VITÓRIA

1. Frederick Danker, ed., *Léxico do N.T. Grego/Português*. São Paulo: Vida Nova, 1984, p. 193.

Sobre a autora

Carol Peters-Tanksley, MD, DMin (conhecida entre amigos como "Doutora-Doutora"), é licenciada em ginecologia e obstetrícia e também é doutora em ministério. São mais de 25 anos na profissão, sendo uma referência em ginecologia, obstetrícia e endocrinologia reprodutiva feminina. Atualmente, atende em meio período para dedicar mais tempo para escrever e atuar em outros projetos do ministério.

Enquanto trabalhava na área médica, dra. Carol buscou treinamento e se formou Doutora em Ministério pela Oral Roberts University. Posteriormente, ela fundou o Totally Free Ministries (agora Dr. Carol Ministries) como um ministério sem fins lucrativos dedicado a ajudar pessoas a descobrirem o tipo de vida plena que Jesus veio dar a cada um de nós.

Dra. Carol e o marido, Al Tanksley, apresentaram o programa de rádio Dra. Carol Show por mais de cinco anos até um pouco antes da morte de Al, em 2016. É extremamente motivada a falar para grupos na igreja, grupos de mulheres, médicos residentes, entre outros.

Carol Peters-Tanksley mora no Texas, Estados Unidos, onde é a vovó Carol para seus netos maravilhosos.